連雅堂著

臺灣通史

上册

《台湾通史》影印版出版说明

《台湾通史》是台湾著名史学家连横先生一生中最重要的著作，一九二〇年至一九二一年在台湾分上、中、下三册初版，抗战胜利前夕，商务印书馆首次在大陆印行。

一八九五年，清政府签订了丧权辱国的《马关条约》，日本帝国主义出兵侵占台湾。五十年的殖民统治，使中华民族的历史、文化在台湾遭受了空前的浩劫。其间，台湾一批文化人为保存民族的历史和文化，继承和弘扬民族的精神与传统进行了长期不懈的努力，连横先生就是其中的杰出代表。连横先生以一腔爱国热忱，秉持中国知识分子的良心、责任和使命感，写成了《台湾通史》，明确指出台湾自古以来就是中国领土，是中华民族一代一代先贤开发、建设的美丽宝岛。

《台湾通史》详细记述了台湾人民反抗外族侵略的历史，对反对日本侵略者占领台湾的斗争，更是高度赞扬，体现了先辈台胞爱国爱乡的高尚情怀和抵御外来侵略的不屈不挠的斗争精神。

《台湾通史》全书三十六卷，含纪、志、传共八十八篇，记述了自隋大业至清光绪一千二百余年台湾的历史变迁。书中对台湾的职官、田赋、军备、刑法、宗教、风俗乃至典礼、度支等社会制度和社会生活的诸多方面都有记述，对台湾岛上的动植物、矿产等自然资源，作了详细的记录，并以六十篇传记载了台湾历史上有不同代表性的知名人物。史料翔实，据实列述，是一部学术价值很高的史学著作。

《台湾通史》自上个世纪二十年代初问世以来，海峡两岸先后翻印了十几种版本。经过近一个世纪的时间，最初版本的《台湾通史》几无存世，曾有学者遍寻两岸，欲求一本而不得。

我社经多方寻访，终觅得一珍本。蒙收藏者慨然允助，现将最初版本的《台湾通史》按其原貌影印出版，以飨读者。

台海出版社

二〇一三年九月于北京

著者連雅堂

温故
知新

龙凯题

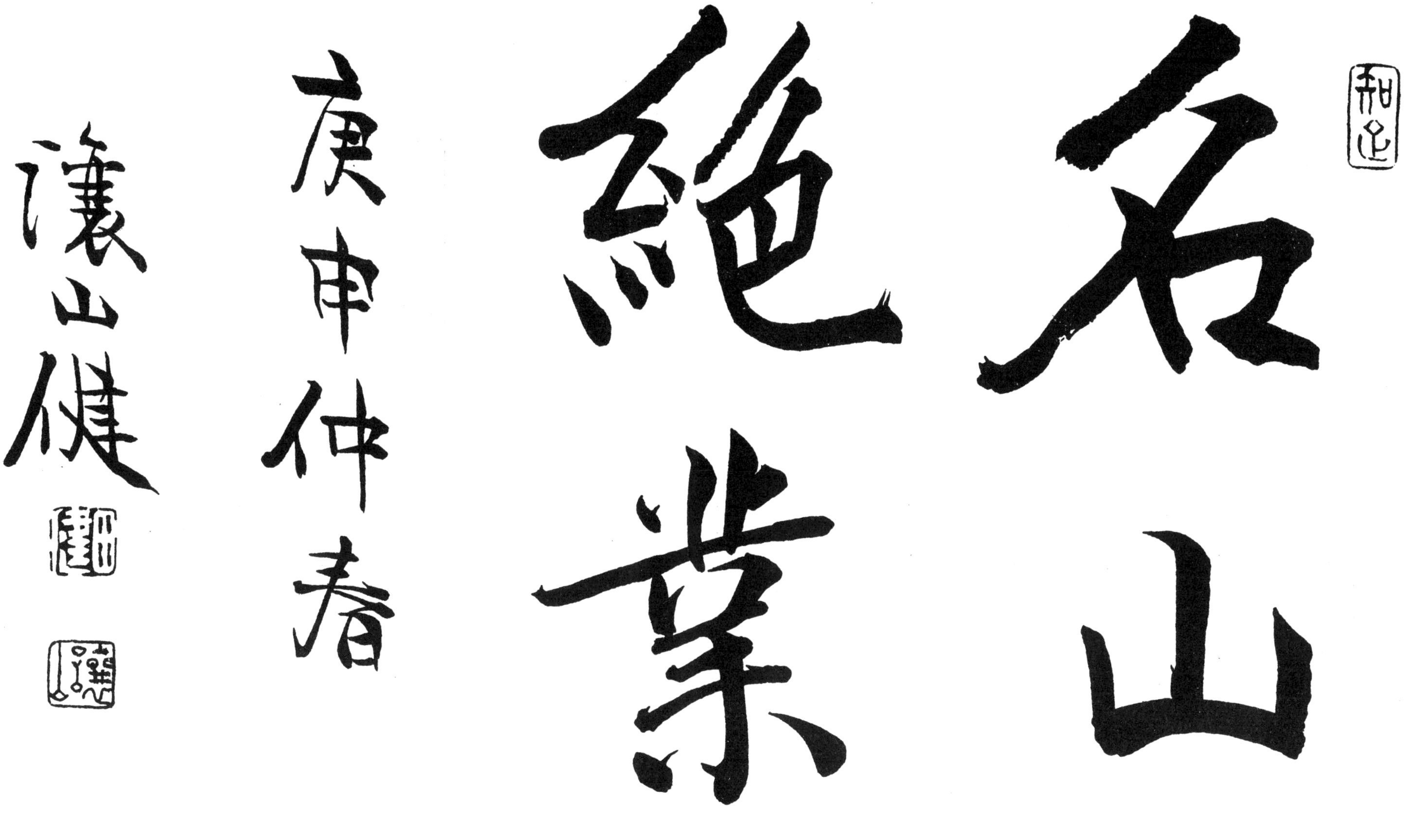
名山
絶業
庚申仲春
瀼山健

序

連雅堂氏當代逸民也久寓緄溟著述頗富頃寄臺灣通史稿本請序於余余披而閱之俶載於蘭人占據獲麟於乙未變革至其叙凊朝經營事蹟則典據精深記述詳明乃與江日昇臺灣外記首尾相接可謂文獻大宗矣竊以唐巡撫獨立倡亂之事寔非所以忠於凊朝仁於臺疆愆義喪理蒙昧殊甚與鄭氏護持明朝殘局者全異其選惟以

我朝視之則勝國游魂寧爲可憫耳狂暴何咎較諸臺灣外記恨史材既有軒輊余頗爲雅堂氏惜之雖然江氏外記體裁酷近稗官小說讀者往往顰眉通史則不然專仿龍門格式紀傳志表分類有法矧又氣象雄渾筆力遒健論斷古今吾幾不能測其才之所至蓋近世巨觀也卽題此言返之

大正庚申秋九月穀旦　　　海南下村宏

序

日俄戰後余游韓國馳聘八道察地理探人情欲以知其二千年間之歷史涉獵古書旁及野乘而韓國之史不全僅有單簡之正史記其治亂興廢之事而民族進化之徑路國家裡面之實狀終不得知深以爲憾昨年夏游越南欲求其史而考之亦同此感蓋以東洋諸國古來編史者多重於治亂興廢典禮職制述載繁冗而國民之生活思想之變遷民族發達之裡面反若不甚置意者近時研究支那古史者前後輩出而學者之所苦則在此點現際所傳支那古代裡面之眞相多係後人之稽查考斷而於古史之上殆不能捕捉也余客臺灣閱今四載常蒐本島攸關史書以裨補寡聞而其書悉爲鄭氏以後之政治史書名雖異其所紀載大略相同總督府置史官正史之外多集資料研究考察雖得便宜而未見有通史以一貫之是欲究其全史能無隔靴搔癢之感乎畏友連君雅堂臺南文壇之翹楚也文章雄健學問該博讀破萬卷之書議論天下大勢其所以啓發島民者固爲不尠而史學尤極蘊奧足備一家之見頃著臺灣通史將以上梓余見其全書凡三十有六卷起開闢紀次

建國經營職官戶役田賦以及商務工藝風俗事關史實悉纂錄之殊如虞衡一篇網羅本島所關博物之資料史實以外更俾大爲識見之該博考察之周詳誠堪敬服此書刊行不特足資本島之文明更足以貢獻帝國學界者爲不少著者之勞有足多焉故爲之序

大正七年秋九月巒洲西崎順太郎序於臺南新報社

序

史何以作乎史爲人類進化得失之林不可不作也環地球而族之人類莫不有史惟野蠻無史無史所以長終古而蠻野也抑史爲世界人類所共有無貴賤無畛域髮櫛緡貫昭示來今立言貴碩大光明不偏不黨發潛德之幽光除奸囘於旣死者非國家編纂事業世界的史家之事業也臺灣之見於史者始於隋之大業六年其後西踞荷爭忽而鄭忽而淸治亂相承波瀾重疊文獻上固無可徵者然而茫茫上古純野蠻民族自生自滅之世無從寫起史之稍修不過有淸領臺二百餘年間所著臺灣府縣廳志而已而其編纂多出於淸代吏人之手非史家也其筆削往往爲識者所譏顧欲個人獨力編纂良難大史眼不易得難一得之而不肯肩自銳任譬如唐之韓柳尙躊躇觀望餘可知矣難二材料散佚探討無從難三今連子讀萬卷書行萬里路鎔鑄經史貫穿古今其史眼卽禪家最上乘正法眼也憤臺灣史乘未備世方熙熙攘攘競競逐逐於利此獨超然物外閉戶著書前無古人後無來者非肩自銳任者曷克臻此臺灣史料當以撫墾拓殖最爲偉觀而前賢之蓽路藍縷往往見

遺小儒湮沒不彰連子獨搜羅剔刮廓而明之或摭採父老口碑或徵於北京史館綱舉目張探討極富故能蔚然成爲臺灣通史雖曰人事豈非天之誕降其奇使完茲編纂使命哉連子非官也一介之史家也臺灣南國長春四時若夏花開子結獸走禽飛沿海波翻濤湧魚嘯龍悲天之蒼蒼其正色耶三光在上照見古來許多民族憑陵剪屠興亡淘汰天何言哉史家代爲之言也臺灣今日當我國圖南關門海峽爲東西文化潮流折衝樞紐臺灣雖小業成爲世界的臺灣烏乎若然則連子之編纂臺灣通史其使命一爲此後之豫言者

大正戊午中秋前三日白水尾崎秀眞序於臺灣讀古村莊之桂子香處

臺灣開闢紀序

臺灣背歸墟而面齊州豈卽列子之所謂岱輿員嶠耶志言臺灣之名不一或曰大宛或曰台員審其音蓋合岱輿員嶠二者之名而一之爾其地自鄭氏建國以前寔爲太古民族所踞不耕而飽不織而溫以花開草長驗歲時以日入月出辨晝夜岩居谷飲禽視獸息無人事之煩而有生理之樂斯非古之所謂仙者歟抑亦因生齒未繁乃得以坐享天地自然之利爾聞之故老言吾族適此之先嘗傭耕於諸番爲之誅荆榛立阡陌終歲勤動不遑寧處所贏者卽節衣縮食之餘也彼坐收十五之稅而常苦不足終且貨其產於我則我勞而彼逸我儉而彼奢也故觀夫草衣木食之時天之福諸番不可謂不厚矣使其閉關自守無競於人雖至今嘯傲滄洲可也一旦他人入室乘瑕蹈隙月進而歲不同乃彼昏不知猶懵焉無改夫因陋就簡之習則其得於天而失於人也固宜抑又聞之吾先民之墾草此土也其塟於蛇豕之腹埋於榛莽之墟者不知凡幾故又呼之曰埋寃然卒底於成者則前仆後繼慘淡經營之力也訖於今休養生息數百年取益多而用益宏食者衆而生者寡雖微大力

耆負之而走吾知喬木先疇猶將易主而況巧拙相懸强弱異勢乎彼深山窮谷中雕題鑿齒之遺固已竊笑於旁而議其後矣世之讀此書者其亦念華路藍縷之勤而憮然於城郭人民之變也哉

丙辰夏五東寧林賁修序於霧峰之麓

自序

臺灣固無史也荷人啓之鄭氏作之清代營之開物成務以立我丕基至於今三百有餘年矣而舊志誤謬文采不彰其所記載僅隸有清一朝荷人鄭氏之事闕而弗錄竟以島夷海寇視之烏乎此非舊史氏之罪歟且府志重脩於乾隆二十九年臺鳳彰淡諸志雖有續脩侷促一隅無關全局而書又已舊苟欲以二三陳編而知臺灣大勢是猶以管窺天以蠡測海其被囿也亦巨矣夫臺灣固海上之荒島爾篳路藍縷以啓山林至於今是賴顧自海通以來西力東漸運會之趨莫可阻遏於是而有英人之役有美船之役有法軍之役外交兵禍相逼而來而舊志不及載也草澤羣雄後先崛起朱林以下輒啓兵戎喋血山河藉言恢復而舊志亦不備載也續以建省之議開山撫番析疆增吏正經界籌軍防興土宜勵教育綱舉目張百事俱作而臺灣氣象一新矣夫史者民族之精神而人羣之龜鑑也代之盛衰俗之文野政之得失物之盈虛均於是乎在故凡文化之國未有不重其史者也古人有言國可滅而史不可滅是以郢書燕說猶存其名晉乘楚杌語多可採然則臺灣無史豈非臺

人之痛歟。顧脩史固難。脩臺之史更難。以今日而脩之尤難。何也。斷簡殘編。蒐羅匪易。郭公夏五。疑信相參。則徵文難。老成凋謝。莫可諮詢。巷議街譚。事多不實。則考獻難。重以改隸之際。兵馬倥偬。檔案俱失。私家收拾。半付祝融。則欲取金匱石室之書。以成風雨名山之業。而有所不可。然及今爲之。尚非甚難。若再經十年二十年而後脩之。則眞有難爲者。是臺灣三百年來之史。將無以昭示後人。又豈非今日我輩之罪乎。横不敏。昭告神明。發誓述作。兢兢業業。莫敢自遑。遂以十稔之間。撰成臺灣通史。爲紀四。志二十四。傳六十。凡八十有八篇。表圖附焉。起自隋代。終於割讓。縱横上下。鉅細靡遺。而臺灣文獻。於是乎在。洪維我祖宗渡大海。入荒陬。以拓殖斯土。爲子孫萬年之業者。其功偉矣。追懷先德。眷顧前途。若涉深淵。彌自儆惕。烏乎念哉。凡我多士。及我友朋。惟仁惟孝。義勇奉公。以發揚種性。此則不佞之幟也。婆娑之洋。美麗之島。我先王先民之景命。實式憑之。

大正七年秋八月朔日臺南連横雅堂自序於劍花室

凡例

一此書始於隋大業元年終於清光緒二十一年凡千二百九十年之事網羅舊籍博採遺聞旁及西書參以檔案而追溯於秦漢之際故曰通史

一此書略倣龍門之法曰紀曰志曰傳而表則入於諸志之中圖則見於各卷之首尤爲前史所無蓋著史莫難於表而讀書必藉夫圖故特詳焉

一前人作史多詳禮樂兵刑而於民生之豐嗇民德之隆汚每置缺如夫國以民爲本無民何以立國故此書各志自鄉治以下尤多民事

一輿地一志或曰地理或曰疆域夫地理屬於自然山嶽河川是也疆域由於人爲府縣坊里是也故此書僅志疆域而地理別爲撰述

一臺灣地名多譯番語如宜蘭未入版圖之時曰蛤仔難或作甲子蘭設廳之際稱噶瑪蘭改縣之後又稱宜蘭故必照其時之名以記庶免誤會

一臺灣虞衡之物多屬土名著者特爲考證釋以漢名疑者則缺

一宦游士夫僅傳在臺施設之事若臺灣人物則載其一生

一作史須有三長棄取詳略尤貴得宜顧臺灣前既無史後之作者又未可知故此書寧詳毋略寧取毋棄

臺灣通史上册目錄

卷首

卷一
開闢紀起隋大業元年終於明永歷十五年……一
卷二
建國紀起明永歷十五年終於三十七年……二九
卷三
經營紀起清康熙二十二年終於光緒二十年……六五
卷四
過渡紀起清光緒二十一年終於是年九月此篇原名獨立紀以字義未妥故易之……一〇一
卷五
疆域志……一一九
卷六
職官志……一五五
卷七

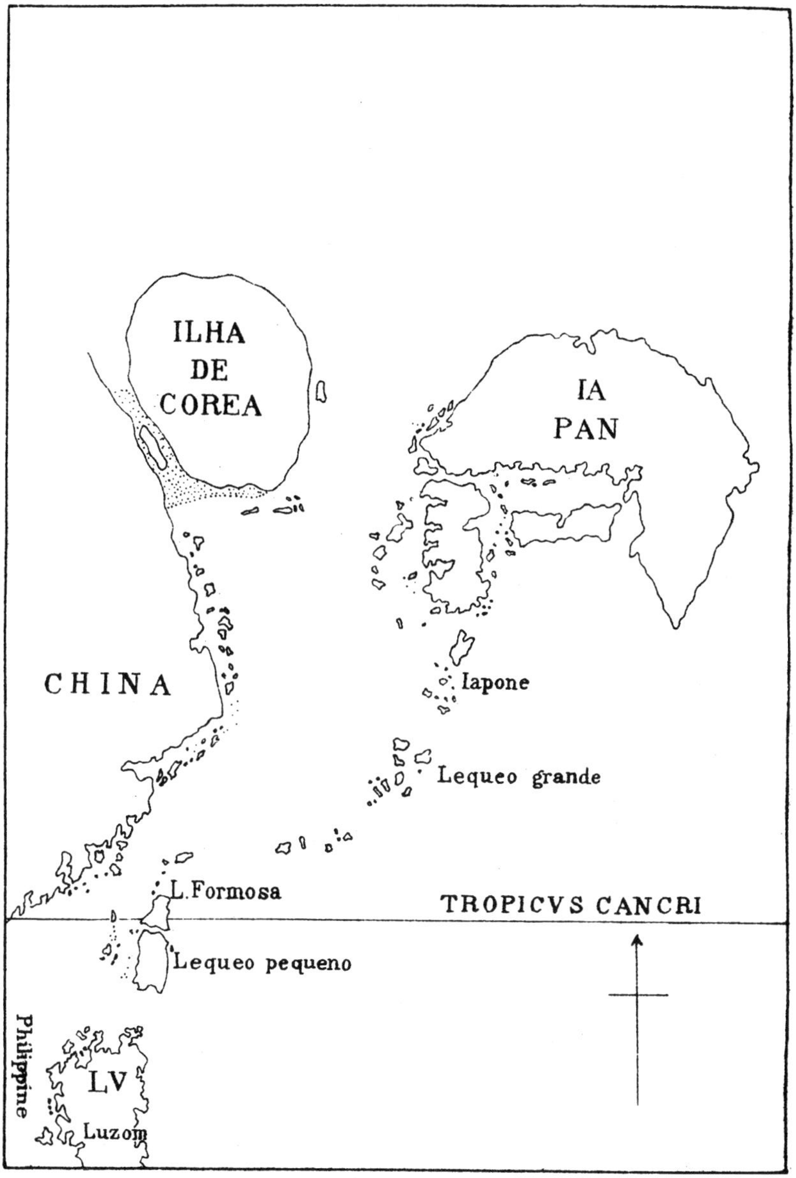
ILHA
DE
COREA
IA
PAN
CHINA
Iapone
Lequeo grande
L.Formosa
TROPICVS CANCRI
Lequeo pequeno
Philippine
LV
Luzom

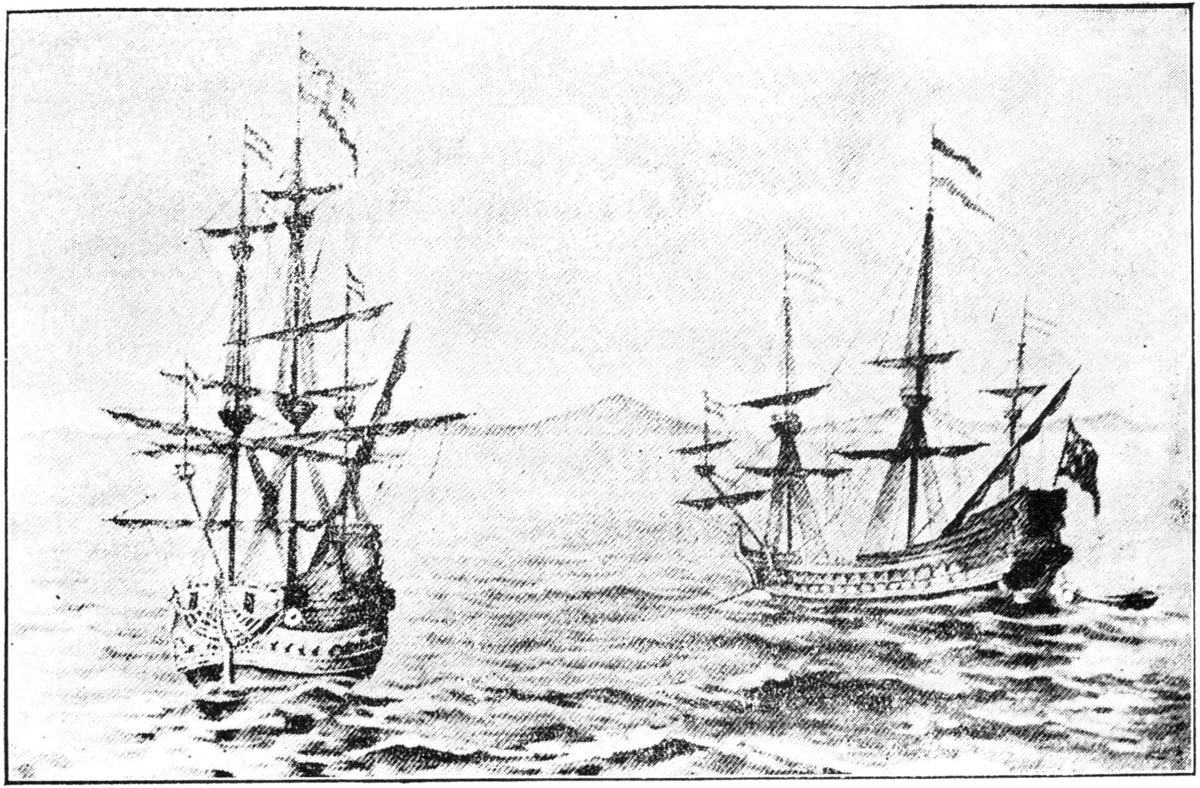

荷蘭軍艦東航臺灣圖

荷人初至澎湖圖

熱蘭遮城圖　此城爲荷人所築即赤嵌城在今安平海隅經已荒廢前臨大海旁之邱陵則當時之七鯤身也

羅岷古城圖此城爲西班牙人所建即今淡水之英國領事館也

荷人約降鄭氏圖　此圖爲荷人所畫現藏荷蘭博物館十數年前曾揭於某雜誌上爲載於此並題一詩

殖民略地日觀兵　夾板威風撼四溟　莫說東方男子少　赤嵌城下拜延平　雅堂

延平郡王手植之梅

此梅相傳爲延平郡王手植至今二百四十餘年舊在鴻指園中爲承天府署之址光緒元年建祠之時乃移於此詠者甚多余亦有延平郡王祠古梅歌一首錄之於左

我聞諸葛廟前古柏柯如銅堅貞不拔回天工又聞岳王墳上古檜高摩空萬枝南向表臣衷我謂古木無知何得人推崇千古見者猶思二人之精忠諸葛存漢岳驅戎繼其武者唯我延平眞英雄延平祠宇凌穹窿中有古梅繽紛開花紅巨幹杈枒葉葱蘢暗香浮動度春風我謂古梅無知何得精神通直使游者觀者弔者詠者猶思延平羅心胸延平義憤起孤童登天直欲跨飛熊手提長劍倚崆峒不能魯陽麾戈日再中亦當立馬天山早掛弓如何北征南渡半挫功闢地開天乃在東海東神鯨一去水濛濛毘舍江山漲妖烽桑田滄海幾度難尋踪唯見古梅歲歲開花花愈濃盤根錯節生氣充下有雪凍上雲封千秋萬刧神帡幪直使夭桃俗李未敢爭纖穠紅墻一角月玲瓏中霄夜冷劍光衝我來歌歎尤無窮放眼九州心冲冲不見高岡威鳳鳴梧桐不見青天一鶴棲喬松但見梅花如海春溶溶我欲召廣平命和靖使之挾筆寫花容二子載拜辭未工粗才恐被梅花同銅瓶紙帳小家風高士美人亦惺忪我時已飲酒千鍾我氣特盛口吐虹手把巨筆畫天畫地寫萬叢花大如斗枝如龍古香古色不與凡花同擲筆大笑眼朦朧醉臥梅下魂何從夢見延平對我拍手驚相逢

後山總圖

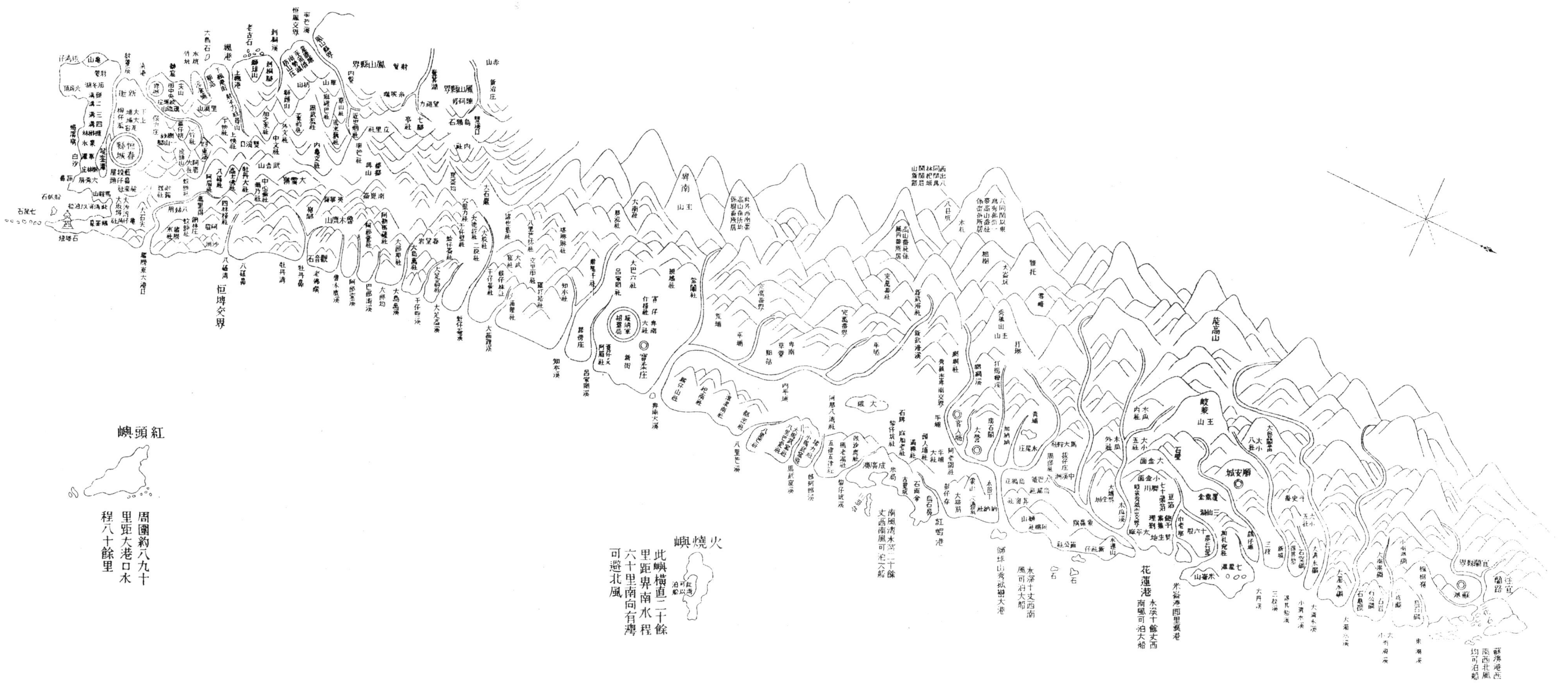
紅頭嶼
周圍約八九十里距大港口水程八十餘里
火燒嶼
此嶼橫直二十餘里距卑南水程六十里南向有灣可避北風
恒埤交界
卑南
花蓮港
璞石閣
岐萊
紅蝦港

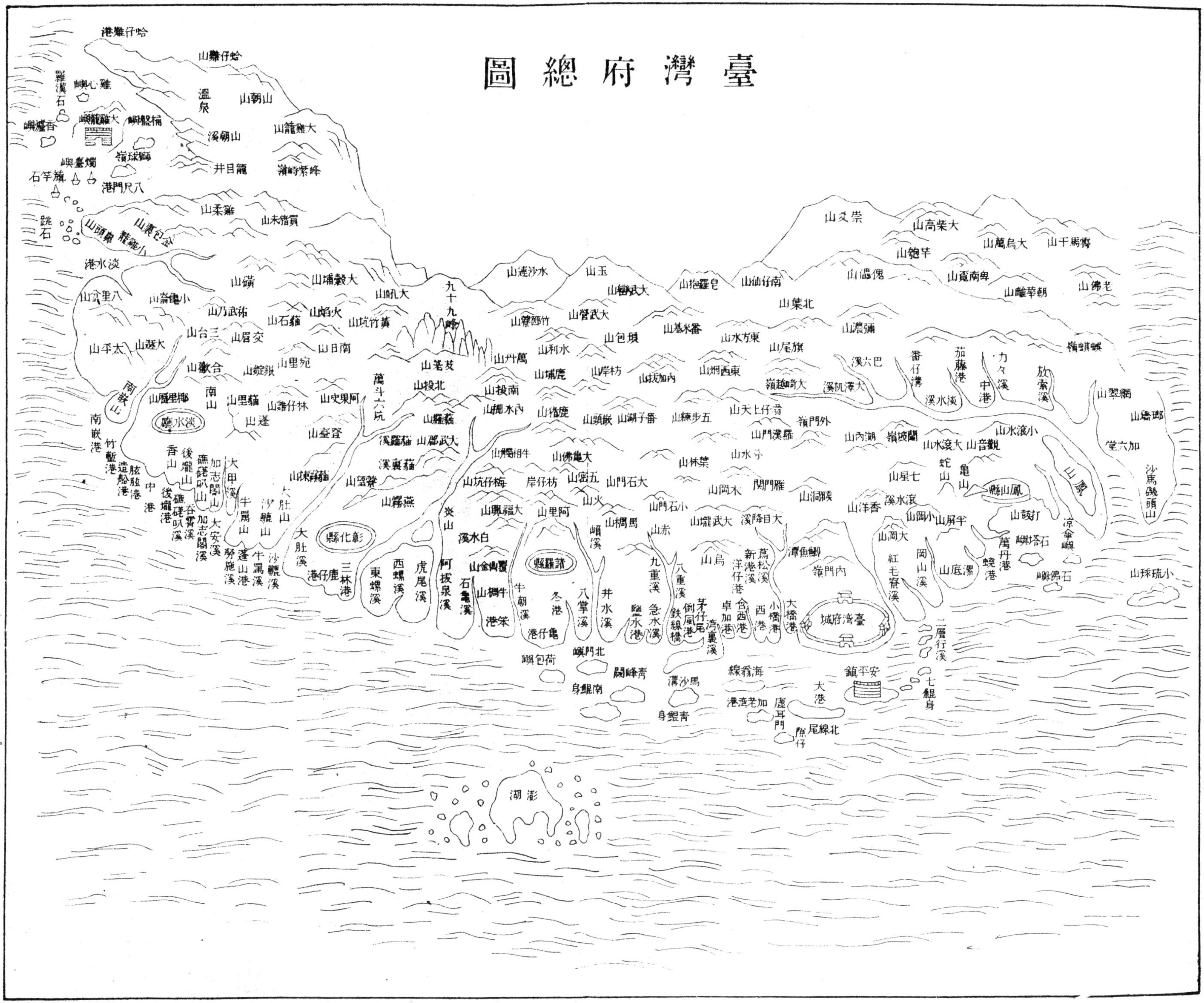
臺灣府總圖
哈仔難港
哈仔難山
雞心嶼
溫泉
朝山
大雞籠山
香爐嶼
桶盤嶼
朝山溪
獅球嶺
龍目井
燭臺嶼
旗竿石
八尺門港
峰紫峙嶺
雞柔山
跳石
金包裏山
淡水港
八里坌山
大屯山
太平山
三台山
南嵌山
南嵌港
竹塹港
中港
後壠港
淡水廳
大甲溪
大肚山
大肚溪
彰化縣
九十九峰
萬斗六坑
崇爻山
水沙連山
玉山
南仔仙山
北葉山
諸羅縣
阿里山
白水溪
笨港
八掌溪
急水溪
鐵線橋
茅仔寮
大橋港
臺灣府城
內門嶺
二層行溪
鳳山縣
打鼓山
萬丹港
石佛嶼
小琉球山
加六堂
郎嶠山
沙馬磯頭山
北門嶼
安平鎮
七鯤身
大港
鹿耳門
北線尾
南鯤身
青鯤身
馬沙溝
海翁線
加老灣港
澎湖

臺南延平郡王祠

臺灣通史卷一

臺南 連雅堂 撰

開闢紀

臺灣固東番之地。越在南紀。中倚層巒。四面環海。荒古以來。不通人世。土番魋結。千百成群。裸體束腰。射飛逐走。猶是游牧之代。以今石器考之。遠在五千年前。高山之番。寔為原始。而文。獻。無。徵。搢紳。之。士。固。難。言。者。按史秦始皇命徐福求海上三神山。去而不返。又曰。自齊威宣燕昭使人入海。求蓬萊方丈瀛洲。此三神山者。其傳在渤海中。去人不遠。患且至。則船風引而去。蓋嘗有至者。諸僊人及不死之藥皆在焉。其物禽獸盡白。而黃金銀為宮闕。未至。望之如雲。及到。三神山反居水下。臨之。風輒引去。終莫能至云。世主莫不甘心焉。及至秦始皇并天下。至海上。則方士言之。不可勝數。始皇自以為至海上而恐不及矣。乃使人齎童男女入海求之。船交海中。皆以風為解。曰未能至。望見之焉。或曰。蓬萊。方。丈。為。日。本。琉。球。而臺。灣。

則瀛洲也。語雖鑿空。言頗近理。蓋以是時航術未精。又少探險。海外飄渺。虛無疑爲僊境。陋矣。臺灣與日本琉球。鼎立東海。地理氣候。大略相同。山川美秀。長春之花。不黃之草。非方士所謂僊境也歟。徐福有來臺灣。今雖無可確證。而五百男女之散處日本琉球者。後嗣不絕。然則秦時男女。或有往來臺灣者。未可知也。或曰。澎湖則古之方壺。而臺灣爲岱員。於晉寔似。列子夏革曰。渤海之東。不知幾億萬里。有大壑焉。寔維無底之谷。其下無底。名曰歸虛。其中有五山焉。一曰岱輿。二曰員嶠。三曰方壺。四曰瀛洲。五曰蓬萊。其山高下周旋三萬里。其頂平處九千里。山之中相去七萬里。而五山之根無所連著。常隨潮波上下往還。不得暫峙焉。僊聖毒之。訴之於帝。帝怒流於西極。失群聖之所居。乃命禺彊使巨鼇十五舉首而戴之。迭爲三番。六萬歲一交焉。五山始峙。夫澎湖與臺灣密邇。巨浸隔之。黑流所經。風濤噴薄。瞬息萬狀。寔維無底之谷。故名落漈。又有萬水朝東之險。而言風輒引去也。臺灣之山有高至海拔一萬三千六百餘尺。爲東洋群山之特出者。長年積雪。其狀如玉。故曰望之如雲也。或曰。臺灣爲古之東鯷。後漢書東夷傳曰。會稽海外有東鯷人。分爲二十餘國。又有夷洲澶洲。傳言秦始皇遣方士徐福將童男女數千人入海。求蓬萊神仙不得。徐福畏誅。遂止此洲。會稽東冶縣人有入海行。遭風流移至澶洲者。所在絕遠。不可往來。然則臺灣之爲瀛洲爲東鯷。澎湖之爲方壺。其說固有可信。而澎湖之有居人。尤遠在秦漢之際。或曰楚滅越。越之子孫遷於閩。流落海上。或居於澎湖。是澎湖之與中國通也已久。而其見於載籍者。則始於隋代。爾海防考曰。隋開皇中。嘗遣虎賁陳稜略澎湖地。其嶼屹立巨浸中。環島三十有六。如排衙。居民以苫茅爲廬舍。推年大者爲長。畋漁爲業。地宜牧牛羊。散食山谷間。各鬣耳爲記。稜至撫之。未久而去。是爲中國經略澎湖之始。而亦東入臺灣之機也。當是時。宇內既平。南北混一。聲靈所布。訖於南蠻。而澎湖地近福建。海道所經。朝發夕至。漳泉沿海之黎民。早已來往。耕漁并耦。不侵不畔。幾爲熙皞之世。唯是書所言。頗有錯謬。陳稜之拜虎賁。事在大業三年。而此爲開皇中。相去幾十餘載。豈爲追述之辭。若其經略臺灣。則詳於隋書之琉球傳也。其傳曰。流求國在海中。當建安郡東。水行五日而至。土多山洞。其王姓歡斯氏。名渴剌兜。不知其由來有國世數也。彼土人呼之爲可老羊。妻曰多拔茶。所居曰波羅檀洞。塹柵三重。環以流水。樹棘爲藩。王所居舍。其大一十六間。琱刻禽獸。多鬬鏤樹。似橘而葉密。條纖如髮之下垂。國有四五帥。統諸洞。洞有小王。往往有村。村有鳥了帥。並以善戰者爲之。自相樹立。主一村之事。男女皆以白紵繩纏髮。從項後盤繞至額。其男子用鳥羽爲冠裝。以珠貝飾以赤毛。型制不同。婦人以羅紋白布爲帽。其形方正。織鬪縷皮並雜毛以爲衣。製裁不一。綴毛垂螺爲飾。雜色相間。下垂小貝。其聲如風。綴璫施釧。懸珠於頭。織藤爲笠。飾以毛羽。有刀矟弓箭劍鈹之屬。其處少鐵。刄皆薄小。多以骨角輔助之。編紵爲甲。或用熊豹皮。王乘木獸。令左右輿之。而導從不過數十人。小王乘機鏤爲獸形。國人好相攻擊。人皆驍健善走。難死耐創。諸洞各自爲部隊。不相救助。兩陣相當。勇者三五人出前跳躁。交言相罵。因相擊射。如其不勝。一軍皆走。遣人致謝。卽共和解。收取鬪死者聚食之。仍以髑髏將向王所。王卽賜以冠。便爲隊帥。無賦歛。有事均稅。用刑無常準。皆臨事科決。犯罪皆斷於鳥了帥。不服則上請於王。王令臣下共議定之。獄無枷鎖。唯用繩縛。決死刑以鐵錐。大如筯。長尺餘。鑽項殺之。輕罪用杖。俗無文字。望月盈虧。以紀時節。候草木榮枯。以爲年歲。其人深目長鼻。頗類於胡。亦有小慧。無君臣上下之節。拜伏之禮。父子同床而寢。男子拔去髭鬢。身上有毛皆除去。婦人以墨黥手。爲蟲蛇之文。嫁娶以酒珠貝爲聘。或男女相悅。便相匹耦。婦人產乳。必食子衣。產後以火自炙。令汗出。五日便平服。以木槽中暴海水爲鹽。木汁爲酢。釀米麴爲酒。其味甚薄。食皆用手。偶得異味。先進尊者。凡有宴會。執酒者必待呼名而後飲。上王酒者亦呼王名銜杯。其飲頗同突厥。歌舞蹋蹴。一人唱。衆皆和。音頗哀怨扶女子上膊。搖手而舞。死者氣將絕。舉至庭前。親朋哭泣相弔浴其屍。以布帛纏縛之。裹以葦草。襯土而殯。上不起墳。子爲父者數月不食肉。其南境風俗少異。人有死者。邑里共食之。有熊羆豺狼。尤多猪雞。無牛羊驢馬。厥田良沃。先以火燒。而引水灌。持一插以石爲刄。長尺餘。濶數寸。而墾之。土宜稻粱禾麥麻赤豆胡黑豆等。木有楓栝樟松楩楠枌梓竹籐。菓藥同於江表。風土氣候與嶺南相類。俗祀山海之神。祭以肴酒。戰鬬殺人。便將所殺之人祭其神。或倚茂樹起小屋。或懸髑髏於樹上。以箭射之。或累石繫幡以爲神主。王之所居。壁下多聚髑髏。以爲佳。人間門戶上必安獸類骨角。大業元年。海師何蠻奏言。每春秋二時。天清風靜。東望依稀似有烟霧之氣。亦不知幾千里。煬帝令羽騎尉朱寬入海訪異俗。何蠻言之。遂與蠻同往。因到流求。言語不通。掠一人而反。明年。帝復令寬慰撫之。不從。寬取其甲布而還。時倭國使來朝。見之曰。此夷邪久國人所用。帝遣虎賁陳稜朝請大夫張鎭州率兵自義安浮海。至高華嶼。又東行二日至䵷鼊嶼。又一日便至流求。初稜將南方諸國人從軍。有崑崙人頗解其語。遣人慰諭之。流求不從。拒逆官軍稜擊走之進至其都焚其宮室載軍實而還自爾遂絕其陳稜傳曰大業三年拜虎賁中郎將後三歲與朝靖大夫張鎮州發東陽兵萬餘人自義安泛海擊流求國月餘而歸流求人初見船艦以爲商旅往往詣軍貿易稜率衆登岸遣鎮州爲先鋒其主歡斯渴刺兜遣兵拒戰鎮州頻擊破之稜進至低沒檀洞小王歡斯老模率兵拒戰稜擊破之斬老模其日霧雨晦冥將士皆懼稜刑白馬祭海神旣而開霽分爲五軍趨其都邑渴刺兜率衆數千逆拒稜又遣鎮州爲先鋒擊走之乘勝逐北至其柵渴刺兜背柵而陣稜盡銳擊之從辰至未苦鬭不息渴刺兜自以軍疲引入柵稜遂塡塹攻破之斬渴刺兜獲其子島槌虜男女數千而歸閩書亦曰福州之福廬山當隋之時曾掠琉球五千戶置此尚有其裔是琉球者臺灣之古名今之琉球古曰沖繩當隋之時天孫氏初建其國制度略備必不是如之野且其所言風俗與今日之土番尚無差異蓋以僻陋在夷文化不通歷歲千年猶保其朔故蓉洲文稿曰臺灣海中番島考其源則琉球之餘種自哈喇分支近通日本遠接呂宋控南澚阻銅山以澎湖爲外援哈喇之音似爲渴刺而波羅檀之地今在何處或以爲葫蘆墩於音相近或以爲琅璚之部落當隋之時大安大甲兩溪滙合一流濁水以北猶巨海也波羅檀爲海濱

高原。王都於是。以岡險也。故自隋書以至宋元所言之琉球。多屬臺灣。先是仁壽三年八月。商人欽良暉歸自日本。與倭僧圓珍同船。為北風漂至琉球。見岸上數十人各執刀戈。良暉大驚。圓珍力祈不動尊。既而風回。乃至福建。是為華人發見臺灣之始。而早於陳稜之征伐者四年。其後遂不往來也。

唐貞觀間。馬來群島洪水。不獲安處。各駕竹筏避難。漂泊而至臺灣。當是時歡斯氏遭隋軍之後。國破民殘。勢窮蹙。馬人乃居於海澨。以殖其種。是為外族侵入臺灣之始。故臺灣小誌曰。生番之語言。出自馬來者六之一。出自呂宋者十之一。迤北十七村多似斐利賓語。說者謂自南洋某島遷來。其言近似。而統一之者為卑南王。王死之後。各社分立。以至今日。及唐中葉。施肩吾始率其族。遷居澎湖。肩吾汾水人。元和中舉進士。隱居不仕。有詩行世。其題澎湖一詩。鬼市鹽水。足寫當時之景象。而終唐之世。竟無與臺灣交涉也。歷更五代。終及兩宋。中原板蕩。戰爭未息。漳泉邊民漸來臺灣。而以北港為互市之口。故臺灣舊誌有臺灣一名北港之語。北港在雲林縣西。亦謂之魍港。當是時馬人之在臺灣者。族與勢大。遂攘土番而分據南北焉。淳熙之間。琉球酋長率數百輩猝至泉之水澳圍頭等村。肆行殺掠。喜鐵器及匙筋人閉戶則免。但刓其門鐶而去。擲以匙筋則頫拾之。見鐵騎爭刓其甲。駢首就戮。而不知悔。臨敵用鏢鎗。繫繩十餘丈。爲操縱。盖惜其鐵而不忍棄也。不駕舟楫。縛竹爲筏。急則群舁之。泅水而遁。與那國者。沖繩之一島也。昔有長耳國人渡來。掠人爲害。與那國人謀防禦。造巨屨。投之海。長耳國人見而驚去。是爲臺灣番族侵掠外洋之始。而此爲馬人也。其黠者且乘艋舺。渡大海。至呂宋。以物交物。轉貿於高山之番。至今猶有存者。故宋史曰。流求國在泉州之東。有海島曰澎湖。烟火相望。旁有毗舍耶國。語言不通。袒裸盱睢。殆非人類。蒙古崛起。侵滅女眞。金人泛海避亂。漂入臺灣。宋末零丁洋之敗。殘兵義士亦有至者。故各爲部落。自耕自贍。同族相扶。以資捍衞。

元世祖既宅區夏。餘威震於殊俗。南洋諸島悉入帡幪。至元十八年。元師伐日本。至九州海上。遇颶熸焉。諸將各擇堅艦遁。至澎湖及臺灣西岸。再遇風。乃歸福建。二十三年。整兵造艦。謀再舉。未發而止。二十八年秋九月。命海船副萬戶楊祥合迷張文虎竝爲都元帥。將兵征瑠求。置左右兩萬戶府。官屬皆從祥選辟。既又用福建吳志斗言。祥不可信。宜先招諭之。乃以祥爲宣撫使。佩虎符。阮鑒兵部員外郎。志斗禮部員外郎。竝銀符。賷詔往瑠求。明年。不得達瑠求而還。夫元之謀伐琉球。蓋欲以扼日本也。故元史曰。瑠求在南海之東。漳泉興福四州界內。澎湖諸島與瑠求相對。亦素不通。天氣清明時。望之隱約若烟若霧。其遠不知幾千里也。西南北岸皆水。至澎湖漸低。近瑠求則謂之落漈。漈者水趨下而不回也。凡西岸漁舟至澎湖已下。遇颶風發作。漂流落漈。回者百一。瑠求在外夷最小而險者也。漢唐以來史所不載。近代諸番市舶不聞至其國者。世祖至元二十八年九月。海船副萬戶楊祥請以六千軍往降之。不聽命則遂伐之。朝廷從其請。繼有書生吳志斗者上言生長福建。熟知海道利病。以爲若欲收附。且就澎湖發船往諭。相水勢地利。然後興兵未晚也。冬十月。乃命楊祥充宣撫使。給金符。吳志斗禮部員外郎。阮鑒兵部員外郎。並給銀符。使往瑠求。詔曰。收撫江南已十七年。海外諸番。罔不臣屬。唯瑠求邇在閩境。未曾歸附。議者請卽加兵。朕維祖宗立法。凡不庭之國。先遣使招諭。來則安堵如故。否則必致征討。今止其兵。命楊祥阮鑒往諭汝國。果能慕義來朝。存爾國祀。保爾黎庶。若不效順。自恃險阻。舟師奄及。恐貽後悔。爾其愼擇之。二十九年三月二十九日。自汀路尾澳舟行。至是日巳時。海洋中正東望有山長而低者。約去五十里。祥言爲瑠求國。鑒謂不知的否。祥乘小舟至低山下。以人衆不敢自上岸。命軍官劉閏等二百餘人。以小舟十一艘。載軍器。領三嶼人陳煇者登岸。岸上人衆不諳三嶼人語。爲其殺死者三人。遂還。四月二日。至澎湖。祥責鑒志斗已到瑠求文字。二人不從。明日不見志斗踪跡。覓之無有也。先是志斗嘗斥言祥生事要功。欲取富貴。其言誕妄難信。至是疑祥害之。祥顧稱志斗初言瑠求不可往。今祥已至瑠求而還。志斗懼罪逃去。志斗妻子訴於官。有旨發祥鑒還福州置對。後遇赦。不竟其事。成宗大德元年。福建省平章政事高興言。今立省泉州。距瑠求爲近。可伺其消息。或宜招宜伐。不必它調兵力。興請就近試之。九月。高興遣省都鎮撫張浩福州新軍萬戶張進赴瑠求國。擒生口一百三十餘人而還。是爲中國再略臺灣之事。當是時。澎湖居民日多。已有一千六百餘人。貿易至者歲常數十艘。爲泉外府。至元中。乃設巡檢司。隸同安。澎湖之置吏行政自茲始。

明初宇內未平。桀驁之徒。聚爲海寇。出入澎湖。以掠沿海。洪武五年。信國公湯和經略海上。議徙澎民於近郭。以絕邊患。廷議可之。二十年。遂廢巡檢。盡徙其人於漳泉。而墟其地。自是澎湖遂爲海寇巢窟。永樂中。太監鄭和舟下西洋。諸夷靡不貢獻。獨東番遠避不至。東番者臺灣之番也。和惡之。率師入臺。東番降服。家貽一銅鈴。俾掛項間。其後人反寶之。富者至掇數枚。是爲中國三略臺灣之事。初和入臺。舟泊赤嵌。取水大井。赤嵌番社名。爲今臺南府治。其井尙存。而鳳山有三寶薑。居民食之疾瘳。云爲鄭和所遺。則和入臺且至內地。或謂在大岡山也。嘉靖四十二年。海寇林道乾亂。遁入臺灣。都督兪大猷追之。至海上。知水道紆曲。時哨鹿耳門以歸。乃留偏師駐澎湖。尋罷之。居民又至。復設巡檢。已亦廢之。道乾既居臺灣。從者數百人。以兵刼土番。役之若奴。土番憤。議殺之。道乾知其謀。乃夜襲殺番。以血釁舟。埋巨金於打鼓山。逸之大年。是爲華人殺番之始。

萬歷二十年。日本伐朝鮮。沿海戒嚴。哨者謂有將侵淡水雞籠之議。明廷以澎湖密邇。議設兵戍險。二十五年。始設游兵。春冬汛守。於是澎湖復爲中國版土。四十五年。日人入龍門港。遂有長戍之令。初日本足利氏之末葉。政亂民窮。薩摩肥前諸國之氓。相聚爲盜。駕八幡船。侵掠中國沿海。采入閩浙。而以臺灣爲往來之地。居於打鼓山麓。名曰高砂。或曰高山國。高砂爲日本播州濱海之地。白沙青松。其境相似。故名。或曰是番社之名也。當是時。日本征夷大將軍豐臣秀吉既伐朝鮮。謀併臺灣。二十一年十一月。命使者原田孫七郎至呂宋。途次賜書高山國。勸其入貢。書曰。夫日輪所照臨。雖至海岳山川草木禽蟲。莫不受他恩光也。予際欲處慈母胞胎之時。有瑞夢。其夜日光滿室。室中如晝。諸人不勝驚愕。相士相聚占卜之。曰壯年輝德色於四海。發威光於萬方之奇異也。故不出十年之中。而誅不義。立有功。平定海內。異邦遐陬嚮風者。忽出鄉國。遠泛滄海。冠盖相望。結轍於道。爭先而服從矣。朝鮮國者自往代於本朝。有牛耳盟。久背其約。況又予欲征大明之日。有反謀。此故命諸將伐之。國王出奔。國城付一炬也。聞信已急。大明出數十萬援兵。雖及戰鬭。終依不得其利。來勅使於本邦肥之前州。而乞降。繇之築十箇城營。收兵於朝鮮域中。慶尙道而履決眞僞也。如南蠻琉球者。年年獻土宜。海陸通舟車。而仰予德光。其國未入幕中。不進庭。罪彌天。雖然不知四方來享。分爲其地疏志。故原田氏奉使命而發船。若是不來朝。可令諸將攻伐之。生長萬物者日也。枯渴萬物者亦日也。思之不具。是爲日本經略臺灣之始。三十二年。山田長政赴暹羅。途次臺灣。於時日本人在臺日多。或採金於哆囉滿。或寄居小琉球。既復攻雞籠番。脅取其地。明朝憂之。乃增澎湖遊兵。秀吉死。德川家康嗣大將軍。戡平內亂。圖遠略。奬勵海外貿易。其船之出洋者。給朱印狀以保護之。四十三年。村山等安受高砂渡航朱印狀。等安肥前人。奉景教。家康委以經略臺灣之事。欲利用其教以收服土番。乃率其子來。家康以兵三千。與之欲取爲附庸。然以無援。故不成。先是中山遣使於明。曰日本有取臺灣之議。明廷命警備沿海。及是而罷。

天啓元年。海澄人顏思齊率其黨入居臺灣。鄭芝龍附之。事在其傳。於是漳泉人至者日多。闢土田。建部落。以鎭撫土番。而番亦無猜焉。居無何。思齊死。衆無所立。乃奉芝龍爲首。芝龍最少。才冠其群。陸梁海上。官軍莫能抗。朝議招撫。以葉善繼習芝龍。爲書招之。芝龍感激歸命。及降。善繼坐戟門。令芝龍兄弟泥首。芝龍屈意下之。而一軍皆譁。竟叛去。復居臺灣。刼截商民。往來閩粵之間。六年。泊於漳浦之白鎭。與官軍戰。勝。遂趣中左所。中左所者。廈門也。督師俞咨臯與戰。敗。又佚之。中左人開門納之。崇禎元年九月。率所部降於督師熊文燦。而其黨有留臺灣者。當是時。海寇曾一本。李魁奇先後據澎湖。以侵掠福建。嗣爲官軍所滅。

先是萬歷初。有葡萄牙船航東海。途過臺灣之北。自外望之。山嶽如畫。樹木靑葱。名曰科摩沙。譯言美麗。是爲歐人發見臺灣之始。越三十餘年。而荷人乃至矣。荷蘭爲歐洲強國。當明中葉。侵奪爪哇。殖民略地。以開東洋貿易之利。萬歷二十九年。荷人駕夾板。携巨礮。薄粵東之香山澳。乞互市。粵吏難之。不敢聞於朝。當是時。中國閉關自守。不知海外大勢。而華人之移殖南洋者已數百萬。政府且欲禁之。海澄人李錦久居大年。習荷語。其友潘秀郭震亦賈於南洋者。錦見荷酋麻韋郎曰。若欲通商。無如漳州。漳州之南有澎湖。南北交通之要地也。誠能踞而守之。則互市不難。麻韋郎曰。守土官不許奈何。曰。稅使高寀嗜金錢。無遠慮。若厚賄之。必奏聞。得天子一報可。而守土官誰敢抗哉。錦乃爲作書一。移寀及兵備守將。令秀震齎往。守將陶拱聖大駭。亟白當事。繫秀於獄。震懼不敢入。而荷人俟之久。三十七年秋七月。駕二巨艦抵澎湖。時明兵已撤。遂登陸。伐木築屋。爲久居計。錦潛入漳州。詭言被獲逃歸。守吏知其事。竝下獄。遣使說荷人去澎。不諧。高寀亦令密使周之範往見荷人。說以三萬金餽寀。卽許互市。荷人喜。與約事垂成矣。總兵施德政偵其事。檄都司沈有容將兵往諭。有容負膽智。大聲論辯。荷人心折。曰。我從未聞此言。索還所餽金。以貨物贈寀。寀不答。福建巡撫徐學聚亦嚴禁國人下海。犯者誅。錦等旋論死。而荷人亦去澎湖。

天啓二年。荷人再乞互市。不許。遂侵掠沿海。冬十月。荷將以船艦十七艘再至澎湖。據之。澎民數千。謀拒守。荷人刼以兵。奪漁舟六百餘。築城媽宮。役死者千三百人。復於風櫃尾金龜頭蒔裡白沙漁翁諸島。各造礮臺。以防守海道。初荷人撤退澎湖之時。巡撫南居益上疏請修防備。未舉。而荷人再至。復上疏請逐。天啓三年夏六月。以兵二千入鎮海港。破礮臺。進攻媽宮城。荷人恐。潛結海寇。以八船窺福建。出沒金廈間。四年春正月。居益復遣總兵俞咨皋伐之。荷人大敗。禽其將高文律。斬之。八月。荷人請和。許之。與互市。乃退澎湖而東入臺灣。先是海澄人顏思齊居臺灣。鄭芝龍附之。旣去。而荷人來借地於土番。不可。紿之曰。願得地如牛皮。多金不惜。許之。乃剪皮爲縷。周圍里許。築熱蘭遮城以居。駐兵二千八百人。附近土番多服焉。

六年夏五月。西班牙政府自呂宋派遠征軍。以朗將之。率戰艦入據雞籠。築山嘉魯城。駐兵防守。而臺之南北。遂爲荷西二國所割據。當荷人入臺之前。日本人已先在此。以臺灣爲南洋所經之地。往來頻繁。及荷人至。課丁稅。日人以先來之故。不從。法令亦不能强其奉行。於是始與臺灣領事有隙。爪哇總督嘉爾扁芝如欲挫日本貿易。擢其子俾勅爾盧爲臺灣領事。且命至長崎。理交涉之案。俾勅爾盧蒞任未久。而濱田彌兵衛之事起。初長崎代官末次平藏受幕府命。航海往福州。途次澎湖。爲荷人所苦。歸大憤。欲雪恥。謀諸長崎市人濱田彌兵衛。彌兵衛素負勇俠。慨然許之。與其弟小左工明子新藏。率市中壯士十二人。以崇禎八年春三月二十日至臺。同船華人某告荷人。荷人驗其船。搜奪兵器及楫。留之。牒報爪哇總督。請處分。彌兵衛淹留四月。不得歸。罄售貨物。久之無所得食。憤甚。六月二十九日。率衆三人至領事廳。豫伏援兵。面求解纜。不聽。彌兵衛大怒。直前刦之。左右愕眙。伏兵盡起。有執兵入衞者。新藏揮刀斬之。諸皆畏懼。莫敢動。乃拉領事歸旅館。領事告其屬。示媾意。若日人果有復仇之心。則以兵拒之。彌兵衛亦慮有變。乃與立約。曰以領事之子及官一荷人三爲質。而日本亦以末次平藏之姪及五人交質。曰荷蘭領事須放前捕土番十一人及華人通譯。竝歸其財產。曰應以相抵之物贈彌兵衛。以洗前恥。曰日本人所失華絲二萬觔。須以八萬六千盾賠償之。凡約五日而成。七月初四日交質。明日。囚荷人於長崎。旣而領事之子瘐死獄中。其後七年。始放荷人歸國。自是。日人之勢力。始震於臺灣。及鎖港之令行。而後絕跡。二年。西人復入淡水。築羅岷古城。爲犄角。駐領事。闢土田。以鎭撫土番。當是時。雞籠淡水均爲荒穢之地。華人亦少至者。草莽瘴毒。居者輒病死。故西人亦大費經營也。五年。西船遭颶至蛤仔難海岸。爲土番刦殺。發兵討之。六年。西人始至大浪泵南訖竹塹。謀殖民。而神甫輒遭番害。乃止。

當荷人入臺之時。福建沈鐵上書巡撫南居益曰。紅夷潛退大灣。蓄意叵測。征兵調兵。殊費公帑。昨偕陳移檄暹羅委官宣諭。約爲共逐。未知可允行否。澎湖雖僻居海外。實漳州門戶也。無論紅夷灣泊。則日本西洋呂宋諸國亦所必經。地最險要。山尤平坦。南有港門。直通西洋。紅夷築城據之。北有港門。名鎭海港。官兵渡澎。居之中間一澚。從南港門而入。名曰暗澚。可泊舟數百隻。四圍山地。可作園栽種黍稷瓜菓。牧養牛羊牲畜。未可遽墾爲田。以山多頹土。無泉可灌也。今欲使紅夷不敢去住澎湖。諸國不得往來澎湖。其策有六。一曰專設遊擊一員。鎭守湖內。二曰招募精兵二千餘名。環守湖外。三曰造大船。製火器。以備用。防守。四曰招集兵民。開墾山蕩。以助糧食。五曰建設公署營房。以妥官兵。六曰開通東西洋呂宋商船。以備緩急。此六議似當斟酌舉行者。夫澎湖險地。什倍南澳。地在海島。夙盜藪也。萬歷初年。撫臺劉凝齋公祖移會廣東制臺。題設副總兵。坐鎭於中。祗合兵民。完叙田土。開闢屹爲海邦重鎭。俾夷不敢窺伺。漳潮賴以安枕。信明驗矣。今澎湖可倣而行之。請設游擊一員。坐鎭湖內。仍設左右翼把總。哨官爲之輔佐。擇閩中慣歷風濤。諳練水路者充之。無事則演藝守汛。有事則料敵出奇。俾諸夷不得復窺中土。併議久任責成。凡兵之進退。糧之出入。咸游擊是賴。三載加銜。六載成勣。特陞大將。每歲或委廉幹佐貳。不時查點。如兵士有虛捏。月糧有尅減。參處查究。追出銀兩以充兵餉。庶知勸懲。永奠沃壤。殆與南澳一鎭。竝爲閩中屛翰矣。此議設游擊之策一也。夫有官守。必有兵戍。戍守哨操之兵。非二千餘名不可。每名月糧九錢。此定例也。其糧或出自漳泉二府。或支自布政司庫。原有定議。沿海捕魚之民。愼擇以充之。或撥出洋遠探若干名。遇賊則攻擊之。或撥守港內若干。有警則應援之。游擊標下親兵與把總哨官人役。各自另設。不許占用水陸戍兵一人。不許虛冒戍兵月糧一分。其月糧按季開支。該道委海防館。照名數鑿鑿包封。逐名唱給。不許將官總哨代領。以防尅減。尤不許防館吏書需索常例。以奪兵食。此游兵營堡宿弊。亟宜申明禁革之。凡汛地之守。探具數總報院道。以便查考夷情之緩急。飛報院道防館。以便調度。一或誤事。自有軍法。庶水陸竝進。犬牙相制。澎島一帶。可保無虞。此議戍兵之策二也。夫各寨游船。每板薄釘稀。委官製造價銀十不給半。一遇海濤。便自潰裂。安可出戰。今宜令駕船者領價監造。每船歷幾汛。方許修理。載幾汛。方許改造。僅給半價。則造船駕船均出一手。或不敢以僘漏之舟。自試蛟龍之窟耳。若火藥尤紅夷所懼者。中左所火攻。已破其膽。大舟四集。自爾宵遁。則火器當多備。明甚。

而大銃大船尤不可少者。宜造大船十餘隻。安置大銃十餘門。布列港口。俟賊至夾攻之。夷酋憚我長技。不惟不敢侵我疆土。且遠遁無敢再出。此議造船火器之策三也。澎湖山地雖云頑土不堪墾田。而遍度膏腴之區。或可播種禾穀者。即黍稷麻豆甘蔗果木。均可充兵民口食之需。須廣招同安海澄濱海黎庶。乏田園可耕者。多四五百人。少亦二三百人。俾挈犁鋤種子以往。就居撥地。聽其墾種。每人量給二三十畝。仍帶妻子。方成家業。併畜牛羊捕釣魚類。少資糊口。仍禁游擊總哨各官。不許索租粒食。各戍兵下班之日。有能用力種植者。亦聽之。明示十年以內。決不抽稅。俟十年以後。田園果熟。酌量每畝抽銀二三分。以爲犒賞官兵之費用。務使民兵相安。永遠樂業。此議招民開墾園地之策四也。夫官既守海。必有公廨居之。戍兵寓民。亦須藉營房蓁舍爲藏身計。今議蓋游擊府公署。或在鎭海港口。或在娘媽宮前。當查舊基。擴充量撥百名。環列左右。仍設倉廒數間。爲貯糧之所。擇寬廣爲較場。以備操練。而暗澳口相對二銃城及東北面大中墩。各量置營舍。以爲守禦。方免各兵暴露。船兵營兵輪流撥用。少均勞逸。即招募種植民居。就令自蓋房舍。或官量給房價。咸附兵營居住。相依爲命。守望相助。此議設官廨兵營之策五也。夫澎湖大灣上下。官兵船隻把港。則番船不許出入。紅夷不許互市無待言者。然泉漳二郡商民。販東西兩洋。以代農賈之利。比比然也。自紅夷肆掠。洋船不通。海禁日嚴。民生憔悴。一夥豪右奸民。倚藉勢官。結納游總官兵。或假給東粵高州閩省福州及蘇杭買貨文引。載貨物出外海。徑往交趾日本呂宋等國買賣覓利。中以硝礦器械違禁接濟更多。不但米糧飲食也。禁愈急而豪右出沒愈神。法愈嚴而衙役賣放更飽。且恐此輩營生無路。東奔西竄。如李旦黃明佐之儔。仍走夷鄉。代爲畫策。更可慮也。故不如俟澎湖島設兵鎭後。紅夷息肩。暫復舊例。聽洋商明給文引。往販東西二洋。經過澎湖。赴游府驗引放行。不許需索阻滯。回船之日。若有夷人在船。即拿送上司。以奸細論。庶可生意飽商民之腹。亦可以夷增中國之利。俟澎湖設官建城之後。可徐議爲之。此議通商便民之策六也。以上迂議六款。似可爲澎湖善後之一助。而通商一款。亦聊備後日變通之微權。伏望憲臺不棄迂朽。仍會藩臬巡海守巡司道洎總兵副參等衙門。面議停妥。一面題請。一面舉行。非但澎湖一島。堪與南澳竝稱重鎭。而八閩士民。永有攸賴矣。居益不從。

八年。給事中何楷奏陳靖海之策。其言曰。今欲靖寇氛。非墟其窟不可。其窟維何。臺灣是也。臺灣在澎湖島外。距漳泉止兩日夜程。地廣而腴。初貧民至其地。窺漁鹽之利。後見兵威不及。往往聚而爲盜。近則紅毛築城其中。與奸民互市屹。然一大部落。墟之。之。計。非。可。干。戈。從。
事。必嚴。通。海。之。禁。俾紅毛無從謀利。奸民無從得食。出兵四犯。我乘其虛而擊之。可大得志。
紅毛舍此而去。然後海氛可靖也。不聽。
十年。荷人犯粵東。乞互市。不許。歸而整理臺灣。先是東印度公司經營爪哇。及據臺灣。更增
勢力。數年之間。地利日闢。厥土黑壤。一歲三熟。而華人來者日多。凡有一萬五六千人。以與
中國日本互市。守吏俸祿簿。不足用。亦各營商業。博私利。於是。荷。人。商。務。冠。於。東。洋。然課稅
繁重。制王田。募民耕之。計田以甲。每丁徵稅四盾。領臺之初。歲收三千一百盾。其後增至三
萬三千七百盾。蓋移殖者衆。而歲入亦巨也。十二年。東印度公司派員來臺。視行政。六月。荷
將郎必卽里哥率夾板犯閩浙。閩撫鄒維璉拜鄭芝龍爲將。破之。自是。不。敢。窺。閩。海。
十三年。荷人以西人之據北鄙也。上書爪哇總督。欲發兵逐之。而西人方與葡萄牙合。謀奪
其海權。然荷人國力方盛。夏五月。臺灣領事波宇烈士致書西人。請撤退。曰余不忍生民羅
禍。女其速舉城降。西領事昂薩路復曰。城固在也。女其來取。八月。荷人以戰艦攻雞籠。不勝。
己而呂宋有事。裁戍兵。荷人乘勢攻之。翌年春三月。又以兵五百伐淡水。西人戰不利。閉城

守久而援絕。九月初四日。乃棄城走。凡西人據臺十六年。而爲荷人所逐。

宏光元年。臺灣領事集歸化土番之長老。設評議會。以布自治之制。分番社爲南北二路。立村長。理民政。奉領事約束。每年三月初八日開於北路。四月初四日開於南路。其時歸化番社。曰新港。曰目加溜灣。曰蕭壠。曰蔴荳。曰大穆降。曰大傑顚。每年五月初二日。主計官集公所。召商贌社。謂之社商。凡番耕獵之物。悉畀之。而與以日用之物。其令嚴密。番莫敢犯。當是時。土地初闢。森林未伐。麋鹿之屬。滿山谷。獵者領照納稅。其皮折餉。售於日本。肉則爲脯。荷人以牧畜之利。南北二路。設牛頭司。放牧生息。千百成群。犢大。設欄禽之。以耕以輓。

永歷二年。荷人始設耶蘇教堂於新港社。入教者已二千餘人。各社設小學。每學三十人。課以荷語荷文及新舊約。牧師嘉齊宇士。又以番語譯耶教問答及摩西十誡。授番童。拔其畢業者爲教習。於是番人多習羅馬字。能作書。削鵞管。略尖斜。注墨於中。揮寫甚速。凡契劵公文均用之。三年。五學學生凡六百餘名。荷人又與番婦婚。教化之力日進。

十年。荷人復築城赤嵌。背山面海。置巨礮。增戍兵。與熱蘭遮城相犄角。華人移住雖多。終爲所苦。遂進而謀獨立。十一年。甲螺郭懷一集同志。欲逐荷人。事洩被戮。懷一在臺開墾。家富尚義。多結納。因憤荷人之虐。思殲滅之。九月朔。集其黨。醉以酒。激之曰。諸君爲紅毛所虐不久皆相率而死。然死等耳。計不如一戰。戰而勝。臺灣我有也。否則亦一死。唯諸君圖之。衆皆憤激欲動。初七夜伏兵於外。放火焚市街。居民大擾。屠荷人。乘勢迫城。城兵少不足守。急報熱蘭遮。荷將富爾馬率兵一百二十名來援。擊退之。又集歸附土番。合兵進擊。大戰於大湖。郭軍又敗。死者約四千。是役華人株夷者千數百人。

懷一之謀既挫。數年無事。及聞延平郡王鄭成功威震東南。荷人恐。增兵備。而成功以中原多故。未遑征討。金陵敗後。窮蹙兩島。乃稍稍議遷。荷人亦大戒嚴。輒捕華人之富家爲質。遇有嫌疑。即囚之。或殺之。華人含恨。遂洶洶欲動。十四年。臺灣領事鄂易度請援於印度公司。命爪哇派艦十二。運兵來守。於是臺灣戍兵計有三千五百人。艦將以爲無恐。移書廈門。詰成功曰。若欲戰乎。抑欲和乎。成功答曰。余不欲戰也。而臺灣領事終不釋。荷蘭評議會謂其多事。召歸兵艦。艦長既還。遂劾鄂易度畏怖。將召歸。以郭冷谷代之。未至而鄭師來伐。十五年。成功在兩島。地蹙軍孤。議取臺灣。適荷蘭甲螺何斌負債走廈。盛陳沃野千里。爲天府之國。且言可取狀。成功覽其圖。歎曰。此亦海外之扶餘也。召諸部計議。吳豪對曰。藩主以進取臺灣下問豪聞其水路險惡礟臺堅利縱有奇謀亦無所用不無勿取成功曰此常俗之見不足用於今日黃廷曰果如吳豪之言是以兵與敵也勿取爲便成功又曰此亦常見爾馬信曰藩主所慮者以諸島難以久拒清人也夫欲壯其枝葉必先固其根本此萬全之計今乘將士閒暇不如先統一旅往視其地可取則取否則作爲後圖亦未爲晚而諸將終以險遠爲難唯楊朝棟力陳可取成功意銳捩舵束甲率兵二萬五千三月泊澎湖令陳廣楊祖林福張在守之狥曰本藩矢志恢復念切中興曩者出師北討未奏膚功故率我將士冒波濤欲闢不服之地暫寄軍旅養晦待時非敢貪戀海外苟延安樂也唯天唯祖宗之靈其克相余至鹿耳門則水驟漲丈餘大小戰艦啣尾而渡縱橫畢入荷人大驚以爲自天而下引兵登陸克赤嵌城荷人退保熱蘭遮以兵二百四十擊鄭師鄭師四千繞城戰荷軍大敗亡一隊長而鄭艦亦擊沉荷艦餘悉遁荷艦摩阿利走報爪哇阻風五十三日始達鄭師攻城不下四月二十六日成功命使者以書告曰執事率數百之衆困守城中何足以抗我軍而余尤怪執事之不智也夫天下之人固不樂死於非命余之數告執事者蓋爲貴國人民之性命不忍陷之瘡痍爾今再命使者前往致意願執事熟思之執事若知不敵獻城降

則余當以誠意相待。否則我軍攻城而執事始揭白旗。則余亦止戰以待後命。我軍入城之時。余嚴飭將士秋毫無犯。一聽貴國人民之去。若有願留者。余亦保衞之。與華人同。夫戰敗而和。古有明訓。臨事不斷。智者所譏。貴國人民遠渡重洋。經營臺島。至勢不得已而謀自衞之道。固余之所壯也。然臺灣者中國之土地也。久爲貴國所踞。今余既來索。則地當歸我。珍瑤不急之物。悉聽而歸。若執事不聽。可揭紅旗請戰。余亦立馬以觀。毋游移而不決也。生死之權在余掌中。見機而作。不俟終日。唯執事圖之。鄂易度復書不從。其明日果樹紅旗。聚男子於城中。毀市街。鄭師攻之不克。乃築長圍以困之。出略平野。於是多殺荷人。報宿怨也。鄭師捕其商人羅谷具。令入城勸降。荷人不從。又捕其民五百。悉斬以狥。爪哇評議會既劾鄂易度。以郭冷谷代之。方二月而摩阿利至。始知鄭師伐臺。乃復鄂易度之職。派兵七百船十艘馳援。郭冷谷既至臺灣。遠望紅旗。而港口又鄭艦雲集。懼。向日本而去。既而爪哇援兵踵至。城兵亦乘勢出擊。鄭師力戰。荷軍又敗。失船二。乃召回雞籠淡水戍兵。潛載婦孺逃歸。謀死守。於是鄭師暫息。會淸使自福州來。約荷人先取金厦。荷人從之。調軍艦五艘往。遭風破沒。餘艦又歸爪哇。而臺灣之兵力愈薄。當鄭師之按兵也。有華人自城中出。請急攻。陷其南隅。荷人恐成功又告之。乃降。十二月初三日。率殘兵千人而去。而臺灣復爲中國有矣。是役也。陷圍七月。荷兵死者千六百人。自天啓四年至永歷十五年。荷蘭據有臺灣凡三十八年。而爲成功所逐。於是鄭成功之威名。震乎寰宇。

連橫曰。臺灣之名。始於何時。志乘不詳。稱謂互異。我民族生斯長斯。聚族於斯。而不知臺灣之名義。毋亦數典而忘其祖歟。余嘗考之史籍。驗之地望。隋唐之際。以及宋元。皆稱琉球。明人不察。乃呼東番。故鳳山縣誌曰。或元以前。此地與澎湖共爲一國。而同名琉球。臺灣小誌亦曰。閩人初呼臺灣爲大琉球。而稱沖繩爲大琉球。稱臺灣爲小琉球。不知其何所據。文獻通考謂琉球在泉州之東。有島曰澎湖。水行五日而至。旁爲毗舍耶。臺海使槎錄謂毗舍耶則指臺灣。非也。毗舍耶爲呂宋群島之一。密邇臺灣。其名猶存。故曰其旁也。而舊時之稱者曰北港。方輿紀略曰。澎湖爲漳泉門戶。而北港即澎湖之唇齒。失北港則唇亡齒寒。不特澎湖可慮。即漳泉亦可憂也。北港在澎湖東南。亦謂之臺灣。按北港一名魍港。即今之笨港。地在雲林縣西。曩爲海舶出入之口。而往來者遂以北港名臺灣也。臺灣縣志曰。荷蘭入北港。築城以居。因稱臺灣。然臺灣之名。果始於荷人否。志稱荷蘭設市於北。築磚城。制若崇臺。海滄沙環水曲曰灣。又泊舟處概謂之灣。此臺灣所由名也。如志所言。拘泥文字。以爲附會之說。臺灣果出荷人。則荷人著書。當用其名。何以又稱爲小琉球耶。蓉洲文稿曰。萬歷間海寇顏思齊踞有其地。始稱臺灣。思齊踞臺。早於荷人三年。若徵此說。則臺灣非出於荷人也。明矣。然蓉洲之說。亦有未確者。瀛壖百詠序曰。明季周嬰遠遊篇載東番一篇。稱其地爲臺員。蓋閩音之譌也。臺灣之名。入中國始於此。據是則土番之時。閩人已呼東番爲臺灣矣。周嬰閩之莆田人。當明中葉。漳泉人已有入臺僑住者。一葦可航。聞見較確。或曰。臺灣原名埋寃。爲漳泉人所號。明代漳泉人入臺者。每爲天氣所虐。居者輒病死。不得歸。故以埋寃名之。志慘也。其後以埋寃爲不祥。乃改今名。是亦有說。延平入處。建號東都。經立。改名東寧。是則我民族所肇造。而保守勿替者。然則我臺人當溯其本。右啓後人。以毋忘蓽路藍縷之功也。

臺灣通史卷二

臺南　連雅堂　撰

建國紀

永歷十五年冬十二月。招討大將軍延平郡王鄭成功克臺灣。居之。成功福建南安縣石井人。初名森。父芝龍娶日本士人女田川氏。以天啓四年七月十四日。誕於千里濱。是夜萬火齊明。遠近異之。數歲。芝龍與顏思齊黨中爲盜。居臺灣。往來閩粵之間。朝議招撫。未久而去。崇禎元年。乃率所部降於督師熊文燦。三年。以平粵盜。征生黎。焚荷蘭。收劉香功。遷都督。於是成功在日本已七歲矣。芝龍屢使人請之。不能得。已而歸焉。成功丰儀整秀。倜儻有大志。每東向而望其母。常爲季父芝豹所屈。叔父鴻逵獨偉視焉。讀書穎敏。而不治章句。先輩王觀光一見。謂芝龍曰。是兒英物。非爾所及也。年十五。補博士弟子員。試高等。食餼。二十人中。聞虞山錢謙益之名。執贄求學。謙益字之曰大木。金陵有術士視之曰。此奇男子。骨相非凡。

命世雄才。非科甲者。北京既陷。福王立江左。改元宏光。封芝龍南安伯。鴻逵靖西伯。二年。唐王卽位福京。改元隆武。晉芝龍平西侯。鴻逵定西侯。俱加太師。已而成功陛見。帝奇之。撫其背曰。惜無一女配卿。卿當盡忠吾家。毋相忘也。因賜姓朱。改名成功。字明儼。封御營中軍都督。賜尙方劍。儀同駙馬。自是中外皆稱國姓云。是年日本送歸其母。芝龍以擁立非本意。日與文臣忤。一日成功見帝愁坐。跪奏曰。陛下鬱鬱不樂。得無以臣父有異志耶。臣受國厚恩。義不反顧。臣以死捍陛下矣。及兩浙破。關門不戒。芝龍出師。駐不發。三年六月。封成功忠孝伯。八月。帝親征。駐建寧。武毅伯施福撤關兵歸。駕陷汀州。成功南潰。清軍猝入泉州。田川氏死焉。芝龍退保安平。軍容甚盛。猶豫未敢迎師。清貝勒博洛遣人招之。大喜。召成功計事。成功泣諫。不從。遂進降表。至福州。博洛挾以俱北。成功雖遇主列爵。寔未嘗一日與兵權。意氣狀貌。猶儒書也。既力諫不聽。又痛母死非命。悲歌慷慨。謀起師。攜所着儒巾襴衫。赴文廟焚之。四拜先師曰。昔爲孺子。今作孤臣。向背棄留。各有作用。謹謝儒服。唯先師鑒之。高揖而出。禡旗糾旅。聲淚併俱。與所善陳輝張進施琅陳霸施顯洪旭等。願從者九十餘人。乘二巨艦。斷纜行。收兵南澳。得數千人。文移稱忠孝伯招討大將軍罪臣國姓。時年二十有三也。翌年。

遙聞永明王卽位肇慶改元永歷則奉朔提師歸自南澳舊衆稍集時廈門金門爲鄭彩及弟聯所踞乃泊鼓浪嶼與廈門隔帶衣廈門者中左所也金門者浯州也隸同安爲兩島七月會鄭彩兄弟伐海澄不克而還八月與鴻逵合攻泉州敗清提督趙國佐於桃花山追至城下清軍來援成功回島鴻逵艤舟泉港所在起應二年春帝在桂林三月成功伐同安克之以葉翼雲爲知縣進攻泉州七月佟國器陳錦李率泰率清軍至鴻逵入潮成功回島使如日本請兵不報已而清軍攻同安守將邱縉林壯猷及翼雲悉死十月帝遣使至島封成功威遠侯三年春帝在肇慶成功募兵銅山三月以施琅楊才黃廷柯宸樞康明張英伐漳浦守將王起鳳降尋下雲霄抵詔安屯分水關清軍力攻宸樞死焉七月封成功爲延平公隨使貢方物率師入潮至碣石衞是年全粵俱奉正朔四年春伐潮陽未能下時兩島爲彩聯所踞其將章雲飛恣肆不道成功密語諸將曰兩島吾家臥榻之側豈容他人鼾睡乃嚴部勒中秋抵廈門遂併聯軍可四萬餘人威稜日振已而殺之彩率所部之南中漁獵數年復之卒於家十一月帝在南寧十二月清軍狥廣州鎭帥杜永和奔瓊州成功謀往接之五年春正月率師而南二月舟次平海衞鴻逵棄揭陽回島閩撫張學聖按泉以馬得功襲廈

門。鴻逵未至。鄭芝莞無設備。未戰而潰。大學士曾櫻死之。鴻逵至。攻得功。得功不得退。使謂鴻逵曰。公等家屬皆在安平。脫得功不出。恐不利公家。鴻逵患之。且不虞成功之驟至也。逸之。四月。成功至自平海。得功去兩日矣。以失律罪殺芝莞。芝莞。成功從叔也。諸將悚懼。兵威復振。凡六萬餘人。鴻逵泊白沙。築寨以居。左先鋒施琅得罪。逃於清。是時帝在安隆所。五月。伐南溪。十一月。敗清提督楊名高於小營嶺。十二月。伐漳浦。守將楊世德陳堯策降。六年春正月。帝在安隆所。成功攻海澄。守將郝文興降。遂取長泰。中提督甘輝遇清將王進於北溪。鏖戰竟日。進敗。圍之。總督陳錦來援。復敗之。錦走泉州。遂破長泰。諸邑俱下。五月。清金衢總兵馬逢知來援。突入漳城。成功圍之。弗下。防鎮門山。以水灌之。堤壞不浸。城中食盡。枕藉死者七十餘萬人。七月。陳錦軍於鳳山尾。其奴庫成棟刺之。以首來獻。成功歎曰。僕隸之人而背其主。是天下無刑也。賞其功而終殺之。十月。清帥金固山援至。乃解圍。收兵保海澄。七年春。帝在安隆所。五月。金固山來攻。城壞百餘丈。成功親立雉堞。左右死者層積。指揮自若。益治軍。既而矢礮雨下。成功大呼曰。天尚贊吾。無落吾軍。須臾下息。礮碎其座。忽一夜。空礮遽發。成功詐謂諸將曰。是將臨城矣。勒兵持斧以待。曰。敵至方砍。清軍落濠。入郛。衆禦之。固山宵遁。澄守益堅。當是時沿海騷俶。饑饉不贍。以黃愷爲餉鎭。愷少有才。陰事招權。成功收而殺之。鄭氏軍興以來兵律嚴肅無所淫戮軍行之間婦人孺子至與爭道故民尤愛之。八年春。清廷以鄭賈二員來講。封成功海澄公。芝龍同安伯。鴻逵奉化伯。芝豹左都督。成功不從。於是質芝龍於高俎。戍芝豹於寧古塔。成功不顧。十月。伐漳州。鎭標劉國軒開門降。十邑俱下。乘勢略泉州屬邑。守將韓尚亮力守。當是時水陸兵勢。熛至風起。浸尋衍溢。分所部爲七十二鎭。改中左所爲思明。以鄧會知州事。立儲賢館儲材館察言司賓客司。設印局軍器諸局。令六官分理國事。以壬午舉人潘賡昌爲吏官。兼戶官。丙戌舉人陳寶鑰爲禮官。世職張光啓爲兵官。浙人程應璠爲刑官。戊子舉人馮澄世爲工官。奉監國魯王瀘溪王寧靖王居金門。凡諸宗室。悉贍給之。禮待避亂搢紳王忠孝盧若騰沈佺期辜朝薦徐孚遠紀許國等。皆名客也。軍國大事時諮問焉。凡所便宜封拜。輒朝服北向稽首。望永歷帝座疏而焚之。九年春。帝在安隆所。正月。以林勝伐仙游。五月。拜定西侯張名振爲元帥。忠靖伯陳輝副之。以二十四鎭入長江。加戶官洪旭爲水師右軍。北鎭陳六御爲五軍戎政。偕伐舟山。克之。已而清軍來襲。六御死焉。台州鎭馬信寧波鎭張宏德均來歸。六月。墮安平鎭及漳州惠安南安同安。七月。使如日本修舊好也。十一月。清定遠大將軍濟度入閩。成功回島。十年春。帝在安隆。所嗣。入雲南。正月。濟度輙侵略沿海。三月。攻兩島。遇風而還。四月。以蘇茂黃梧伐碣陽不克。斬茂以狥。梧懼誅。以海澄降清。重地也。甘輝聞亂。進攻不勝。乃入土城。取蓄積歸。遂奉成功破閩安。逼福州。轉略溫台等郡。浙東俱震。十一年春三月。帝在雲南。鴻逵卒於浯州。成功回島。尋遣將城福州峽江牛心塔。以陳斌林銘杜輝等守之。清軍來攻。銘輝退。斌無援。降嗣被殺。甘輝周全斌等攻寧德。斬滿帥阿克襄。一軍大震。十二年春正月。帝在滇城。遣漳平伯周金湯航海至思明。晉成功延平郡王。甘輝崇明伯。張萬禮建安伯。黃廷永安伯。郝文興慶都伯。王季山祥符伯。餘各拜爵有差。乃議大舉往復南京。七月。以黃廷爲前提督。洪旭爲兵官。鄭泰爲戶官。留守兩島。部署諸將。排力士身披鐵畫。以朱碧彪文留其兩目。執斬馬大刀。陳於行首。但砍馬足。號曰鐵人。望者以爲神兵。左虎衞陳魁統之。甲士十七萬。習流五萬。習馬五千。鐵人八千。號八十萬。戈船八千。揚帆北上。至浙江。克樂清等縣。次於羊山。爲颶所破。飄沒八千餘人。幼子睿裕溫皆死。乃泊滃洲理檝。十三年春正月。帝在永昌。五月。師出崇明。諸將請先取之。不聽。六月。移吳淞江口。入江陰。七月。至焦山。祭告天地百神及太祖崇禎隆武諸帝痛哭誓師眾皆感激時清軍已據上流防禦甚堅以鐵鎖橫江謂之滾江龍成功謂諸將曰瓜鎮爲金陵門戶須先取之授諸將機宜令程應璠督右提督馬信前鋒鎮余新等進奪譚家洲礮城又遣材官張亮督善水者盪舟行即進據瓜州上游燬木城大船由南小舟由北自督親軍及中提督甘輝左鎮提督翁天佑先鋒鎮楊祖建大將旗鼓直擣瓜州清將朱衣祚左雲龍等率滿漢騎兵一萬背港而軍戰方合張亮已斷滾江龍揚帆直進右武衞周全斌率兵帶甲浮水登岸直破其陣斬雲龍於橋下衣祚奔城正兵鎮韓英奪門而入登城樹幟全斌登江介之山以望麾兵疾進陷西北隅以入滿兵盡殲獲衣祚逸之後提督萬禮亦繞瓜州之後潰其餘卒清軍大敗死者不可勝數以援剿左鎮守瓜州監紀推官柯平爲江防命兵部侍郎張煌言督理戎政楊朝棟兵部主事袁起震督阮美及羅蘊章等進取蕪湖遂亂揚子趨鎮江清提督管效忠率雲南之兵數萬分道馳至夜紮銀山以騎兵當大路成功以銀山爲必爭之地奪而據之列陣以待遲明清軍分五道而來三萃鄭壘不動騎射如雨成功令發火礮多鼓鈞聲屋瓦皆震清軍下馬死戰薄午鄭軍益奮遂大敗之喋血塡濠效忠僅以身免明日鎮江守將高謙知府戴可進等來降成功登京峴之山大饗

士卒慷慨。賦詩命全斌黃昭守鎮江。屬邑俱下。以張煌言楊朝棟招撫江南。袁起震徐長春招撫江北。於是常州徽州池州太平滁和六合等府豪傑多起兵應。清廷大恐。議援兵。甘輝進曰。瓜鎮爲南北咽喉。但坐鎮此。斷瓜州則山東之師不下。據北固則兩浙之路不通。南都可不勞而定矣。不聽。率師登舟。逕取南京。傳檄四方。八月至觀音門。以黃安總督水師守三叉河口。率所部由鳳儀門登岸。軍於獅子山。招諸將登閱江樓。以望建業王氣。令諸舟列於江東門外。自率十餘騎。躬歷城下。度營壘。分屯漢西門觀音山。獨與五親軍駐岳廟山。留先鋒鎮中衝鎮於獅子山。欲久困之。南京守將梁化鳳約期降。許之。甘輝諫曰。以臣觀之。尙速也。夫兵貴先聲。彼衆我寡。及其熸且未定。則勢可拔。若彼集禦固。緩難圖也。君必悔之。不聽。既而清軍以千騎試前鋒營。余新敗之。遂輕敵無備。縱軍捕魚。成功令張英馳讓之。新猶故。化鳳知其弛。由鳳儀門穴城。乘夜啣枚直薄新營。新不及甲。倉皇拒戰。遂被禽。副將董延中藺拱柱死焉。成功聞鳳儀門礮聲。遣翁天佑援之。已無及矣。越二日。清軍以步卒數千出觀音門。直擣中堅。成功率親軍右虎衞陳鵬右衝鋒張萬祿擊敗之。清軍復以數萬從山後出薄左先鋒營。楊祖拒之。三合三却。後勁鎮楊正援剿右鎮姚國泰敗走。前衝鋒鎮藍衍行軍司馬張英死於堪岩之下。清軍從山上而擊。右武衞林勝左虎衞陳魁俱力戰死。後提督張萬禮獨戰於大橋頭。殺人最多。無援而覆。副將魏標樸世用洪復督理戶官潘賡鍾儀衞等皆戰沒。唯左右提督右虎衞右衝鋒援剿後鎮之軍獨全。成功麾軍退。爭舟而渡。甘輝殿且戰且却。至江。騎能屬者三十餘人。凡所擊殺數百十人。馬蹶被獲死焉。成功既至鎮江。議還島。以馬信韓英督舟師守江口。周全斌黃昭吳豪爲殿。餘軍次第而退。九月。攻崇明不下。正兵鎮王起鳳陣沒。以陳輝阮美羅蘊章等守舟山。劉猷與清軍戰於溫州。敗績死之。十月。師至思明。建忠臣祠。以甘輝爲首。十四年春。帝在緬甸。五月。清廷以將軍達素總督李率泰會師來伐。大船出漳州。小船出同安。檄廣東降將許隆蘇利等分道而至。成功以陳鵬督諸部守高崎。遏同安。鄭泰出浯州。絕廣東。而自勒諸部扼海門。海門在海澄之口。命五府陳堯策傳令諸將碇海中流。按軍不動。揚徽而鼓。令未畢。漳船猝至。諸將倉卒受命。莫敢先發。閩安侯周瑞爲清軍所乘。與堯策俱死。陳輝舉火滿兵。高躍船。乃得出。既得上流。成功自手旗起師。引巨艦橫擊之。風吼濤立。一海皆動。北人不諳水。皆退。眩暈而不能軍。僵屍布海。有滿兵二百餘人棄舟登圭嶼。命之降。宵溺之。是日。同安船趣高崎。陳鵬約降。飭所部勿動。清軍特應船未近涉水爭先其將陳蟒不與謀曰事急矣當決死麾所屬與殿兵鎭陳章合擊清兵披甲退陷於淖死者十七八首領哈喇土星止焉殺滿兵一千六百餘人收輝戮之以蟒代蘇利等後二日至知諸路告艱望太武山而還素自殺於福州於是竟成功之世無敢議覆島者十五年春帝在緬甸成功議取臺灣克之語在開闢紀十二月以熱蘭遮城爲安平鎭改名王城建桔柣門志故土也赤嵌城爲承天府總曰東都設府一縣二以楊朝棟爲承天府尹祝敬爲天興知縣莊之列爲萬年知縣澎湖別設安撫司各戍重兵以周全斌總督南北諸路已而楊朝棟祝敬有罪殺之以鄭省英爲府尹黃安守安平率何斌馬信楊祥蕭拱辰等帶銃手三百牌手三百弓手三百巡視番社錫以烟布番酋大說率衆歸誠聽約束既歸大會諸鎭成功曰爲治之道在於足食足食之後乃可足兵今賴皇天之靈諸將之力克有茲土豈敢爲宴安之計然而食之者衆作之者寡倘一日匱餉師不宿飽則難以固邦家今臺灣土厚泉甘膏壤未闢當用寓兵於農之法庶可以足食而後足兵然後觀時而動以謀光復也黃安曰開疆闢土創業萬世諸將自當遵行但其法何如願垂明教成功曰夫法古者可以制宜明時者可以圖治古者量人受田量地取賦至商雖變爲井田亦行九一

之法。周代因之。鄉出師。徒里出車馬。兵民無分。及秦始廢井田。後代不改。故兵自爲兵。民自爲民。籌餉轉輸。屢爲國患。故善爲將者。不得不行屯兵之法。如充國之屯羌中。諸葛之屯斜谷。姜維之屯漢中。杜預之屯襄陽。而後戰無乏糧。守無饑色。若夫元代之分地立法。太祖之設衛安軍。乃天下已平。恐虛糜空乏。故爲農者七。爲兵者三。非無故也。今臺灣爲新創之地。雖僻處海濱。安敢忘戰。故行屯田之法。僅留勇衛侍衛二旅以守安平承天。餘鎭各按分地分赴南北開墾。使野無曠土。而軍有餘糧。三年之後。乃定賦稅。農隙之時。訓以武事。俾無廢弛。有事則執戈以戰。無事則負耒而耕。而後可以圖長治也。諸將皆聽命而行。於是五軍果毅各鎭赴晉文溪之北。前鋒後勁左衝各鎭赴二層行溪之南。各擇地屯兵。插竹爲社。斬茅爲屋而養軍無患。

十六年春正月朔。成功朝諸將於安平鎭。遙拜帝座。嗣聞清人棄芝龍於北京。子孫皆被害。擗踊哭泣。令諸鎭守喪。先是清人從降將黃梧之策。遷山東江浙閩粵沿海居民。盡入內地。禁出海以絕接濟。幷毀鄭氏祖墳。成功聞之。歎曰。使吾徇諸將意。不自斷東征。得一塊土。英雄無用武之地矣。沿海幅員上下數千里。盡委而棄之。使田廬坵墟。墳墓無主。寡婦孤兒望哭天末唯吾之故以今雖披猖亦復何用但當收拾殘民移我東土闢地休兵養精蓄銳以待天下之清未晚也當是時帝在滇城或曰殺矣或曰幽矣或曰遁矣成功猶奉朔稱永歷成功治軍嚴諸鎮莫敢犯馬信諫曰立國之初宜用寬典成功曰不然法貴於嚴庶無積弊後之守者自爲易治是故子產治鄭孔明治蜀莫不用嚴況臺灣爲新創之地非嚴無以治軍非嚴無以統衆唯在制宜而已三月以洪開祁闢等十人管社事命諸將各移眷入臺南澳鎮陳豹不從討之以杜煇留守初羅馬神父李科羅在厦傳教成功禮之延爲幕客當是時華人之在呂宋者數十萬人久遭西人苛待諸將議取呂宋爲外府成功使李科羅至馬尼拉說呂宋總督入貢而陰檄華僑起事將以舟師援之事洩西人戒嚴集兵馬尼拉毀城裂砦以防竊踞而華人已起矣鏖戰數日夜終不敵死者數萬人或駕小舟至臺灣多溺死成功撫之而呂宋仍傲擾又慮鄭師往討乃命使者隨李科羅乞和諸將欲問罪未出師而成功病革矣成功有子十人世子經年十九居厦門與乳媪通生子以聞成功大怒令董昱洪有鼎至厦諭鄭泰監殺經及董夫人以教子不嚴也諸部大驚又聞成功病謀保全之謂經子也不可拒父諸部臣也不可拒君唯泰於成功爲兄行謂兄可拒弟乃殺乳媪及兒以

報成功不肯解佩劍與昱命再至廈適周全斌自南澳囘亦奉命諸將誘執之夏五月初八日成功病革尙登臺望海乃冠帶請太祖訓出坐胡床命左右進酒折閱三帙歎曰吾有何面目見先帝於地下哉遂薨於路寢年三十有九臺人以其弟襲爲護理十四日訃至經嗣位發喪修表達行在聞襲將爲東都主經駭然乃出全斌爲五軍都督陳永華爲諮議參軍馮錫範爲侍衛整師欲東秋七月淸靖南王耿繼茂閩浙總督李率泰遣人來講經不從泰等請經經曰吾將東諸君善圖之議照朝鮮事例派中軍都督楊來嘉答之不報來嘉還以忠振伯洪旭永安侯黃廷輔泰守廈門弁諭銅山南澳諸將毋廢戰守冬十月經至澎湖歷巡各島乃赴臺黃昭蕭拱辰謀拒經陳師海澨爲全斌所殺衆倒戈經免胄示之黃安大呼曰此吾君之子也其速往迎經遂入王城襲入見復爲叔侄如初十一月率全斌巡視南北二路鎭撫諸番

十七年春正月滇城訃至經猶奉朔稱永歷以統領顏望忠守安平勇衛黃安鎭承天提調南北軍務率全斌永華錫範至廈門以泰潛結黃昭蕭拱宸等謀抗拒事露夏六月置酒邀泰縊殺之泰子纘緒弟鳴駿亡歸淸冬十月繼茂率泰調投誠諸軍合荷蘭出泉州提督馮

得功出同安。降將施琅黃梧出漳州。分道並進。經部署諸將。令全斌禦之。十九日。會於金門烏沙港。荷蘭夾板十餘舟。巍巨如山。泉舟三百。箕張而下。全斌以艨艟二十艘往來奮擊。剽疾如馬。荷人發礮無一中者。清軍見之。瞬眙相視。雲翔而不敢下。得功殿爲全斌所殪。已而耿李各濟師。琅梧亦至。鄭師不敵。退守銅山。清軍入金厦。墮兩城。棄其地。收寶貨婦女而還。兩島之民爛焉。

十八年春正月。援剿右鎭林順降淸。二月。南澳護衞左鎭杜煇亦降淸。洪旭言曰。金厦新破。銅山難守。不如退保東都。以待後圖。經從之。命永華錫範扈董夫人先行。宗室寧靖王濾溪王巴東王魯王世子。曁鄉紳王忠孝辜朝薦盧若騰沈佺期郭貞一李茂春悉扁舟從至。澎湖與旭歷視諸島。旭曰。澎湖爲臺灣門戶。上通江浙。下達南洋。必須建設重鎭。以固海疆。若澎湖有失。則臺灣無所措手足。乃建壘媽宮左右峙。各築礮臺。烟火相望。令薛進思戴捷林陞等守之。初全斌奉檄與黃廷殿。而與洪旭有宿嫌。遲疑不往。遂降淸。廷亦受黃梧之誘。經既入臺。委政永華。永華善治國。與民休息。八月。改東都爲東寧。天興萬年爲二州。劃府治爲四坊。坊置簽首。理民事。制鄙爲三十四里。置鄉長。行鄉治之制。東寧初建。制度簡陋。乃敎民燒瓦建宮室衙署禮待避亂搢紳凡諸宗室皆贍給之分諸鎭土地又行寓兵於農之法臺灣以安初荷人旣喪臺灣謀恢復居於雞籠成功命黃安逐之旣去遂會清人攻兩島及金厦平徙民入界而率泰亦班師六月荷將波爾德入福州與清軍盟議伐臺率泰以兩蓬船援之然臺灣防守固不易取乃率舟北上次普陀山遇颶覆沒及是而罷九月英人來求互市許之十二月北路土番阿狗讓亂命勇衞黃安平之

十九年春正月朔經率文武賀帝於安平鎭聞施琅疏請攻臺集諸將計議洪旭曰前者荷人失守恃其礮火憑其港道而不防備澎湖故我先王一鼓而下夫澎湖爲東寧門戶無澎湖是無東寧也今宜建築安平礮臺以礮船十艘防守鹿耳別遣一將鎭澎湖嚴軍固壘以待其來則敵不易渡也經曰善以楊祥守鹿耳門顏望忠請自赴澎湖經撫其背曰得公一行吾無憂矣命旭調屯田軍十分之三益以勇衞侍衞各半旅合萬餘人分配礮船二十艘烏船趕繒各十艘以戴捷薛進思林陞林應等率之又慮北鄙空虛命劉國軒以一旅守雞籠何祐以一旅守大汕頭三月望忠至澎湖駐軍媽宮左右峙各修礮臺以戴捷林陞守之四月琅調投誠諸軍攻臺舟至外洋爲颶風飄散而還清廷命琅及全斌歸北京六月經令

望忠冏東寧以薛進思林陞守之檄各鎮歸屯七月勇衛黃安卒經大慟厚葬之以其子爲婿八月以諮議參軍陳永華爲勇衛永華親視南北鎮撫諸番勸各鎮墾田植蔗熬糖煮海爲鹽以興貿易而歲又大熟民用殷富請建聖廟立學校從之擇地於寧南坊面魁斗山旁建明倫堂

二十年春正月聖廟成經率文武行釋菜之禮環泮宮而觀者數千人雍雍穆穆皆有禮讓之風焉又命各社設學校延師以課子弟兩州三年一試州試有名者移府府試有名者移院院試取進者入太學三年再試拔其尤者補六科內都事三月以永華爲學院葉亨爲國子助教教之養之臺人自是始奮學洪旭諫曰有文事者必有武備今施琅雖出軍未定而心不忘我當訓勵將士以待其變經曰居安思危古之訓也習勞講武軍之則也不穀受國厚恩躬承先命其敢以此自逸願與諸公勉之檄各鎮屯墾之暇以時操演又命伐木造艦旭以商船往販日本購造銅熕刀劍甲冑並鑄永歷錢下至暹羅安南呂宋各處以拓商務歲又大有國以富强八月呂宋總督遣使者來聘且貢方物令賓客司禮之使者求設教永華不可經命以中國之禮入覲且申通商之約毋遏貢毋虐我華人使者唯唯忠振伯洪旭

卒。經親爲治喪。以其子磊爲吏官。永華之姪繩武爲兵官。楊英爲戶官。葉亨爲禮官。柯平爲刑官。謝賢爲工官。劉國軒爲左武衞。薛進思爲右武衞。何祐爲左虎衞。九月。永華以國內已治。商務當興。以江勝爲水師一鎭。駐厦門。與邊將交驩。毋擾百姓。當是時。厦門荒廢。爲陳白骨水牛忠所據。招集亡命。侵掠邊鄙。勝與邱輝破之。輝踞達濠。而勝事貿易。布帛無缺。凡貨入界者。以價購之。婦孺無欺。自是內外相安。轉運毋遏。物價愈平。十二月。調戍澎之兵屯田。

二十一年春正月朔。經賀帝於安平鎭。錫屯田之兵酒。臺人大說。道不拾遺。市物者不飾價。五月。河南人孔元章來議撫。禮之。議照朝鮮事例。元章回。而施琅又疏請攻臺。

二十二年夏四月。淸廷以琅爲內大臣。裁水師提督。焚戰艦。以馬化驥爲總兵。駐海澄。分投誠諸將於各省。六月。淸水師提標遊擊鍾瑞偕中軍守備陳陞謀獻海澄。密告江勝。經命統領顏望忠率船援之。事洩。瑞走厦門。入臺。望忠數其叛獻銅山之罪。經不究。改其姓爲金。賜名漢臣。十月。水沙連番亂。殺參軍林圮。討之。

二十三年春二月。淸廷下旨。展界。七月。刑部尚書明珠、兵部侍郎蔡毓榮至福州。與靖南王耿繼茂、總督祖澤沛集泉州。議和。命興化知府慕天顏賫詔書入台。經不肯接詔。唯閱明珠書曰。嘗聞安民之謂仁。識時之謂知。古來豪傑知天命之有歸。信殃民之無益。決策不疑。委身天闕。慶衍黎庶。澤流子孫。名垂青史。常爲美談。閣下通時達變。爲世豪傑。比肩前哲。若易易爾。而姓名不通於上國。封爵不出於天朝。浮沈海外。聊且一時。不令有識之士爲惋惜耶。今聖天子一旦惻然。念海濱之民。瘡痍未復。其有去鄉離井。漂流海嶼。近者十餘年。遠者二十餘載。骨肉多殘。生死茫然。以爲均在覆載之中。孰非光復之責。稅車閩甸。會同靖藩督撫提督。宣諭宸衷。禮當先之以信。耑遣太常寺卿慕天顏。都督僉事李佺等。聞於左右。閣下桑梓之地。無論聖天子痌瘝在抱。所當仰體。不遑卽閩之黃童白叟。大都閣下桑梓之父老子弟。而忍令其長相離散耶。況我國家與人以誠。待人以信。德意咸孚。遐邇畢達。是以車書一統之盛。振古無儔。窮荒絕域。尙不憚重譯來朝。閣下人中之傑。反自外於皇仁。此豈有損朝廷哉。但爲閣下惜之爾。誠能翻然歸命。使海隅變爲樂土。流離復其故鄉。閣下亦自海外而歸中原。不亦千古之大快。而事機不可再得者乎。我皇上推心置腹。具有璽書。閣下宣讀之餘。自當仰見聖主至仁至愛之心。佇候德音。臨穎神注。經大會文武。語天顏曰。本藩豈不能戰。因念生靈塗炭。故遠處海外。癸卯以來。業已息兵。又何必深求耶。天顏曰。朝廷頻頻招撫。

亦憐貴藩忠誠。不忘舊君。若能翻然削髮歸命。自當藩封。永爲柱石。不然豈少樓船甲兵哉。經曰。先王在日。前後招撫。祗差薙髮兩字。本藩豈肯墜先王之志哉。遣禮官葉亨刑官柯平報聘。並復書曰。蓋聞麟鳳之姿。非藩樊所能囿。英雄之志。豈游說所能移。頃自遷界以來。五省流離。萬里坵墟。是以不穀遠處海外。建國東寧。庶幾寢兵息民。相安無事。而貴國尚未忘情於我。以致沿海之人。流亡失所。心竊憾之。閣下銜命以來。欲爲生靈造福。流亡復業。海宇奠安。爲德建善。而貴使諄諄以迎敕爲辭。事必前定而後可以寡悔。言必先定而後可以踐跡。大丈夫相信於心。披肝見膽。磊磊落落。何必游移其說哉。特遣刑官柯平禮官葉亨等面商妥當。不穀躬承先訓。恪守丕基。必不棄先人之業。以圖一時之利。唯是生民塗炭。惄焉在懷。倘貴朝果以愛人爲心。不穀不難降心以從。尊事大之禮。至通好之後。巡邏兵哨。自當弔回。若夫沿海地方。俱屬執事撫綏。非不穀所與焉。不盡之言。俱存敝使口中。唯閣下敎之。俾寔稽以聞。議照朝鮮事例。明珠將許。而强令薙髮。經不從。於是明珠再以書來。復命天顏偕二使入臺。天顏曰。貴藩遁跡荒居。非可與外國之賓臣者比。經曰。朝鮮亦箕子之後。士各有志。未可相强。乃以書復之曰。蓋聞佳兵不祥之器。其事好還。是以禍福無常。倚强弱無常勢。

恃德者興恃力者亡曩者思明之役不穀深憫民生疾苦暴露兵革連年不休故遂會師而退遠絕大海建國東寧於版圖疆域之外別立乾坤自以為休兵息民可相安於無事矣不謂閣下猶有意督過之驅我叛將再起兵端豈未聞陳軫蛇足之喻與養由基善射之說乎夫苻堅寇晉力非不強也隋煬征遼志非不勇也此二事者閣下之所明知也況我之叛將逃卒為先王撫養者二十餘年今其歸貴朝者非必盡忘舊恩而慕新榮也不過憚波濤戀故土為偷安計爾閣下所以驅之東侵而不顧者亦非必以其才能為足恃心跡為可信也不過以若輩叵測姑使前死勝負無深論爾今足下待之之意若輩亦習知之矣而況大洋之中晝夜無期風雲變態波濤不測閣下兩載以來三舉征帆其勞費得失既已自知豈非天意之昭昭者哉所引夷齊田橫等事夷齊千古高義未易齒冷卽如田橫不過三齊一匹夫爾猶知守義不屈而況不穀世受國恩躬承先訓乎倘以東寧不受羈縻則海外列國如日本琉球呂宋越南近接浙粵豈盡服屬若虞敝哨出沒寔緣貴旅臨江不得不遣舟偵邏至於休兵息民以免生靈塗炭仁人之言敢不佩服若夫重爵厚祿永襲藩封海外孤臣無心及此敬披腹言維祈垂鑑又復繼茂曰捧讀華翰有誠來誠往延攬英雄之語雖不能從

然心異之。執事中國英豪。天人合徵。金戈鐵馬之雄。固自有在。而諄諄所言。尙襲游說之後談。豈猶是不相知者之論乎。東寧偏隅。遠在海外。與版圖渺不相涉。雖居落部曲。日與爲鄰。正如張仲堅遠絕扶餘。以中土讓太原公子。執事亦知其意乎。所云貴朝寬仁無比。遠者不論。以耳目所聞見言之。如方國安孫可望。豈非盡忠貴朝者。今皆何在。往事可鑒。足爲寒心。執事倘能以延攬英雄。休兵息民爲念。卽靜飭部曲。慰安邊陲。羊陸故事。敢不勉承。若夫疆埸之事。一彼一此。勝負之數。自有天在。得失難易。執事自知。亦毋庸贅也。明珠知不可說。遂偕銃英歸北。而和議止。十月。邱輝介江勝以達濠歸命。經下六官議。永華曰。招降納叛。自古已然。況輝能糾衆備船。獨踞達濠。此亦有爲者。今傾心向化。理宜收錄。庶足以鼓豪傑之心。而拓邦家之土。從之。以爲義武鎭。自是達濠亦聽節制。

二十四年春三月。經以厦門銅山達濠諸島。均隸臺灣。而舟山南日尙乏守將。以前奇兵鎭黃應制之。命柳索呂勝藍盛楊正各率舟師協守。八月。斗尾龍岸番反。經自將討之。命右武衛劉國軒駐半線。十月。沙轆番亂。平之。大肚番恐。遷其族於埔里社。國軒追之至北港溪畔。乃班師歸。自是北番皆服。

二十五年。歲大有。沿海無事。漳泉之人至者日多。拓地遠及兩郿。經命諸島守將。毋擾邊民。

二十六年春正月。統領顏望忠楊祥請伐呂宋。侍衛馮錫範以爲不可。慮失遠人之心。遂止。

二十七年。初。清廷以吳三桂爲平西王。駐雲南。平南王尚可喜。駐廣東。靖南王耿繼茂。駐福建。及繼茂死。精忠嗣。至是議撤藩。精忠謀起兵。秋八月。使黃鏞入告經。至澎湖以俟。而精忠遷移。尋歸東寧。十二月。三桂據雲南貴州四川以起。破兩湖。遣祝治國劉定先如耿尚。約會師。并至東寧。寓書曰。令祖舉全閩投誠。大有勳勞。橫遭俎醢。百世必報之仇也。及令先王存心大義。至死靡他。誠大丈夫特立獨行。每言及此。未常不歎爲偉人也。殿下少承家訓。練兵養威。審時觀釁。今天下大舉。正千載一遇。乞速整貔貅。大揚舟師。經取金陵。或抵天津。扼其門戶。絕其糧道。此以奇兵乘虛。萬全之策也。復累世之大仇。洩天人之共憤。何快如之。經禮待二使。遣監紀推官陳克岐副將劉文煥馳聘。且復書曰。頃聞臺命。欲伸大義於天下。不勝欣慰。然敢獻一言。自古成天下之大業。必先建天下之大義。以殿下之貞忠。而擁立先帝之苗裔。則足以號召人心。而感奮忠義之士。不穀亦欲依日月之末光。早策匡復之業也。枕戈待旦。以俟會師。

二十八年春三月。精忠據福建。執總督范承謨。馳數騎傳檄七閩。皆下。使黃鏞再入臺。請濟師。授海澄公黃梧爲平和公。梧已病卒。子芳度權知軍事。授海澄總兵。四月。潮州總兵劉進忠以城降精忠。授寧粵將軍。經使柯平入福州。報黃鏞之聘也。精忠調趙得勝之兵。得勝不從。邀右武衞劉國軒左虎衞何祐於海澄。議奉經。五月。經以子克𡒉爲監國。陳永華輔之。率侍衞馮錫範兵官陳繩武吏官洪磊等。奉永歷二十八年正朔。渡海而西。駐思明。授得勝興明伯。訓練士卒。以兵都事李德至日本鑄錢及軍器。戶都事楊賢販運南洋。以充軍實。遣人說精忠借漳泉爲召募。精忠不從。於是鄭耿交惡。旣令錫範取同安。守將張學堯降。授蕩西伯。左先鋒。精忠懼。以都尉王進守泉州。六月。進幼子藩錫誘殺泉州城守賴玉。兵民多從之。遂逐進。納款。經入泉州。授藩錫指揮使。以軍事委錫範繩武。七月。清軍圍潮州。精忠不能救。進忠納款。遣援剿左鎭金漢臣率兵援之。敗清軍於黃岡。潮圍解。進忠降。授定西伯。前提督

九月。精忠以劉炎爲犄角。命王進取泉州。十月。國軒及右虎衞許耀敗進於塗嶺。追至興化而還。三桂使禮曹周文驥如經。平鄭耿也。十一月。伐漳浦。劉炎降。得勝回澄。

二十九年春正月朔。經率文武官民賀帝於泉州承天寺。精忠遣張文韜議和。以楓亭爲界。

始通好也。二月。何祐伐饒平。獲沈瑞以歸。授懷安侯。以叛將洪承疇之祠改祀黃石齋蔡江門。竄承疇及楊明琅眷屬百餘口於雞籠城。明琅癸未翰林也。數其罪。嗣死於竄所。五月。國軒入潮。與何祐劉進忠兵數千人。徇屬邑之未下者。平南王尚可喜兵十餘萬。盡銳來攻。相持久。鄭軍食盡。議退於潮。可喜麾騎晨掩祐軍。戰於鼉母山下。祐力擊之。國軒繼進。大敗尚軍。六月。經率諸將圍漳州。方經之至也。授黃芳度德化公。芳度陽爲受命。陰通於清。事洩。鄭軍環城。兄芳泰突圍入粵乞援。城圍凡六月。芳世自粵提師。且至。十月初六日。城將吳淑及弟潛開門延經。芳度登北門之山。趣諸軍巷戰。不利。投開元寺東井以死。經入漳州。授淑平西將軍。後提督。潛戎旗二鎭。收芳度戚族。竄於淡水。而膊其屍。剸黃梧之榇。報宿忿也。君子謂鄭經於是乎肖子。

三十年春正月朔。經率文武官民賀帝於漳州開元寺。二月。三桂兵至肇慶韶州。碣石總兵苗之秀東莞守將張國勳謁國軒降。尚之信降於三桂。三桂檄讓惠州於經。國軒入守之。五月。耿將劉應麟駐汀州。徇下江西瑞金石城二縣。密款於經。授奉明伯。前提督吳淑入守之。七月。經調王進忠於潮。不至。九月。清師入閩。擒精忠。其守將馬成龍以興化款於經。授殄西伯。援剿左鎮。許耀入守之。十月。耀與清軍戰於烏龍江。狃於塗嶺之役。不設備。故敗。經調趙得勝何祐代之。十一月。耿將楊德以邵武來款。授後勁鎮。吳淑入守之。十二月。淑與清軍對壘於邵武城下。霜嚴指直。士皴瘃不能軍。淑敗還廈門。應麟奔死潮州。

三十一年春正月。趙得勝何祐拒清軍於興化城下。清軍縱反間。得勝力戰死。祐亦敗。興化遂陷。二月。泉漳俱潰。經歸思明。大賞逃亡諸將。分汛水陸。以左虎衛林陞守東石。留南水師一鎮蕭武守興化。水師四鎮陳陞五鎮蔡冲琱七鎮石玉八鎮陳勝分守蚶江祥芝崇武獺窟。以固晉南惠沿海。水師二鎮江元勳三鎮林瑞驥協守海澄芝陰。凡福清長樂濱海之地歸之。總制親隨協王一鳴守横嶼。樓船中鎮蕭琛守定海。危宿鎮陳起萬守福寧。總制後協林日慧前協吳兆綱分守福安寧德。援剿後鎮陳起明守同安港口。後提督吳淑駐大石湖。兼轄同安。楊威前鎮陳昌守謝村。左鎮陳福守澄海。戎旗一鎮林應守井尾連江漳浦。左衝鎮馬興隆守銅山。昭義鎮楊德守五都。奇兵鎮黃應守詔安。英兵鎮李隆守南澳。房宿鎮楊興守淺山。以樓船左鎮朱天貴右鎮劉天福合率舟師。以守寧波溫州台州舟山等。宣毅左鎮邱輝仍駐達濠。以遏潮揭惠來之路。爲策應。清康親王以漳泉既平。而鄭師尚駐兩島。遣僉事朱麟藏來講且寓書曰嘗聞順天者存逆天者亡又曰識時務者在乎俊傑我國家定鼎風聲所被四海賓服此固氣數之所在而億兆所歸心也頃因吳耿煽亂貴將軍乘間竊據獨不思海隅尺土豈能與天下抗衡而執迷絕島自非識時之君子倘轉禍爲福歸順本朝共享茅土之封永奠河山之固傳之子孫豈不食報無疆哉經禮之議照朝鮮之例並復書曰夫萬古正綱常之倫而春秋嚴華夷之辨此固忠臣義士所朝夕凜遵而不敢頃刻忘也我家世受國恩每思克復舊業以報高深故枕戈待旦以至今日幸遇諸藩舉義誠欲向中原而共逐鹿倘天意厭亂人心思漢則此一旅亦可挽回何必裂冠毀冕然後爲識時之俊傑也哉不從四月移諸降將入臺劉炎奔清磔於燕市六月劉進忠降於三桂尋歸清被殺國軒亦棄惠州而歸凡十府一時俱失經不知所爲軍事盡委國軒國軒寔有將才七月康親王復命興化知府卞永譽泉州知府張仲舉各加卿銜以泉紳黃志美吳公鴻佐之再申前議請撤回各島經集諸將議馮錫範請索四府爲互市二使歸寧海將軍喇哈達又以書來略曰年來使車往還議撫議貢幾於舌敝脣焦矣而至今迄無定論者良由貴君臣挾一盡節爲明之見以爲汲汲議撫我朝廷自圖便利爾夫議撫者爲全爾君臣之名節也爲

培我國家萬年之根本也。願執事大破拘攣。俾得竭殫愚衷。一聽貴君臣之自擇可乎。昔箕子殷之忠臣也。殷祚既滅。就封朝鮮。以存殷祀。田横齊之義士也。恥臣於漢。與客俱刎洛陽。夫田横雖義。非箕子比也。願貴君臣同於箕子。毋蹈田横之故轍。則何不罷兵休士。全車甲而歸。臺灣自處於海外賓臣之列。其受封爵。惟願。不受封爵。亦惟願。我朝廷亦何惜以窮海遠適之區。爲爾君臣完全名節之地。執事如果有意。肯降心相從。余雖武人。忝爲勳戚。自當特請朝命。飭各有司。以歲時守護貴君臣之先塋。恤其族姓宗支。不許兵民侵暴。行三代之曠典。成千秋之美談。當亦我皇上所不靳也。執事如感朝廷之恩。則以歲時通貢。如朝鮮故事。通商貿易。永無猜嫌。豈不美哉。夫保國存祀。至忠也。護祖完宗。至孝也。全身遠害。至智也。息兵恤民。至仁也。行一事而四善備。爾君臣亦何苦而不爲此。如徒悍然不顧。希旦夕之安。忘先機之哲。一遇議撫。則大言誇詞。要地請餉。此蓋小人挾執事之謀。甚不足信。夫事勢窮蹙之時。人心一散。禍變難防。舟中之人。皆敵國也。執事雖欲全師而歸。恐不可得。且事勢窮蹙之時。然後歸。亦何面目以見父老乎。執事宜內斷於心。與一二親信有識者計議。道旁築舍。三年不成。大懼身名之俱喪。以爲執事辱也。如終不可復合。請斷嗣音。虛意周旋。無復望焉。唯執事裁之。經得書大會文武。馮錫範曰。先王在日。僅有兩島。尚欲大舉征伐。以復中原。況今又有臺灣。進戰退守。權操自我。豈以一敗而易夙志哉。

三十二年春二月。伐漳州。數戰皆捷。授國軒中提督。當是時。清軍大集。國軒及吳淑諸將兵僅數千。飄驟馳突。略倣成功。清軍皆萎縢咋舌。莫敢支吾。六月。清廷以按察司吳興祚爲閩撫。逮郎廷相以隨軍布政姚啓聖爲總督。趣諸軍援海澄。皆莫敢進。城破。提督段應舉自經。總兵黃藍巷戰死。清軍沒者凡三萬餘人。馬萬餘匹。晉國軒武平伯征北將軍。吳淑定西伯平北將軍。何祐左武衞。林陞右武衞。江勝左虎衞。於是鄭軍復振。於漳州幾五萬人。遂取長泰同安。七月。乘勝圍泉州。狥下屬邑。清軍又大舉來援。國軒率二十八鎭還漳州。軍溪西。吳淑何祐軍浦南。大戰於龍虎山。鄭軍敗績。鄭英吳正璽死焉。國軒收兵保海澄。九月。啓聖遣張雄來講。請歸海澄。不從。

三十三年。經以陳諒爲援勦左鎭。敗清軍於定海。冬十月。清軍攻蕭井塞。不克而還。十一月。吳淑壓死於蕭井塞。經哭之慟。厚葬之。以其子天駟爲建威鎭以統其衆。是時清廷復嚴海禁。移民入內。於是啓聖乃開修來舘於漳州。以誘鄭將。

三十四年春正月清水師提督萬正色大擧伐思明經以右武衞林陞爲督師率援剿左鎭陳諒左虎衞江勝樓船左鎭朱天貴禦之國軒亦棄海澄來援戰不利經率諸將歸臺灣董夫人召而數之曰馮陳之業衰矣若輩不才徒累維桑則如勿往八月平南將軍賚塔復與經書曰自海上用兵以來朝廷屢下招撫之令而議終不成皆由封疆諸臣執泥薙髮登岸彼此齟齬臺灣本非中國版圖足下父子自闢荆榛且眷懷勝國未常如吳三桂之僭妄本朝亦何惜海外彈丸不聽田橫壯士逍遙其間乎今三藩殄滅中外一家豪傑識時必不復思噓已灰之熖毒瘡痍之民若能保境息兵則從此不必登岸不必薙髮不必易衣冠稱臣入貢可也不稱臣入貢亦可也以臺灣爲箕子之朝鮮爲徐福之日本於世無患於人無爭而沿海生靈永息塗炭唯足下圖之經從其議索海澄爲互市啓聖執不可議遂破

三十五年夏四月彗星見初經西渡委政永華以元子克壓爲監國克壓年少明毅果斷有乃祖風而永華又悉心輔佐臺灣大治內撫民番外給餉糈軍無缺之及經歸後諸將頗事偸息永華心憂之請辭兵權以兵交國軒未幾卒已而刑官柯平戶官楊英亦相繼逝五月聞清軍有伐臺之擧集諸將議命天興知府張日曜按屯籍以十一充伍得勝兵三千餘人

七月。彗星再見。仲冬方滅。十月。遣右武衞林陞率軍巡北部。墜雞籠城。經自歸後。不理國政。建園亭於洲仔尾。與諸將落之。驩飲較射。夜以繼日。又築北園別墅。以奉董夫人。諸事盡委克𡒉。軍民咸服。

三十五年春正月朔。監國世子克𡒉率文武朝賀於安平鎭。乃入謁董夫人。賀經於洲仔尾。經方命居民將大放元宵。克𡒉聞之。上啓曰。偏僻海外。地窄民窮。頻年征戰。幾不聊生。茲者屢聞淸人整軍備艦。意欲東渡。大仇未滅。人心洶洶。何必以數夕之歡。而耗民間一月之食。伏乞崇儉以培元氣。以永國祚。經嘉之。卽止。唯自張宴與國軒諸將縱飲而已。居無何。病革。顧命國軒輔世子。經薨。年三十有九。諸弟揚言曰。克𡒉非吾骨肉。一旦得志。吾屬無遺類矣。入告董夫人。卽收監國印。國軒不能爭。克𡒉旣幽別室。諸弟夜命烏鬼拉殺之。妻陳氏殉。乃立次子克塽爲延平郡王。佩招討大將軍印。克塽幼。年十二。以仲父聰爲輔政公。聰貪而懦。軍國大事。主於國軒。錫範晉國軒武平侯。錫範忠誠伯。以戎旗四鎭董騰率舟師駐澎湖。淸人聞喪。寧海將軍飛檄臺灣勸納款。經弟明智請捐貲募兵。錫範不可。國軒許之。克塽以明爲左武驤將軍。智爲右武驤將軍。六月。董夫人薨。有惡董騰者。解其兵。以右武衞林陞代之。

騰董夫人之弟也。十月。姚啓聖計招賓客司傅爲霖內應。高壽蔡愷附之。建威後鎭朱友發其事。爲霖等伏誅。及懷安侯沈瑞。屠其家。瑞妻禮官鄭斌女也。免之。亦自縊。於是啓聖疏薦萬正色爲陸路提督。施琅爲水師提督。謀伐臺灣。克塽以國軒爲正提督。征北將軍曾瑞定北將軍王順爲副。率諸鎭守澎湖。命左武衞何祐爲北路總督。智武鎭李茂副之。率兵以戍雞籠。

三十六年春。施琅治兵於平海。三月。竹塹番亂。命左協理陳絳平之。十二月。啓聖遣副將黃朝用至澎湖見國軒。議照朝鮮事例。遂入東寧。錫範繩武不從。

三十七年春正月。克塽以天興知州林良瑞如福州。報朝用之聘也。三月。何祐城淡水。五月。淡水通事李滄請採金裕餉。命監紀陳福宣毅前鎭葉明率所部往。遂至卑南覓。不得而還。六月十四日。琅發銅山。會於八罩嶼。以窺澎湖。國軒守之。再戰而敗。林陞邱輝江勝陳起明吳潛王隆等皆戰死。燒沒軍艦大小二百餘艘。國軒知勢敗。乘走舸入東寧告急。克塽大會文武。議戰守之策。建威中鎭黃良驥請取呂宋。提督中鎭洪邦柱贊之。願爲先鋒。錫範將許之。國軒力陳不可。乃議降。以協理禮官鄭英平賓客司林維榮賫表詣琅。幷與琅書。請仍居東寧。[illegible]不可。七月十一日。又遣馮錫圭陳夢煒劉國昌再至澎湖。上表曰。臣生自海外。稚魯無知。謬繼創垂之緒。有乖傾向之誠。邇者樓船西來。旌旗東指。簞壺緩迎於周旅。干羽煩舞於虞階。自省重愆。誠爲莫贖。然思皇靈之赫濯。信知天命之有歸。逆者亡。順者昌。乃覆載待物之廣大。貳者討。服者舍。諒聖主與人之甚寬。用遵往時之成命。爰邀此日之殊恩。冀守宗祧。以勿失永作屏翰於東方。業有降表具奏。外及接提督臣施琅來書。以復居故土。不敢主張。臣思既傾心而向化。何難納土以輸誠。玆特繕具表章。并延平王印一顆。冊一副。及武平侯臣劉國軒印一顆。忠誠伯臣馮錫範印一顆。敬遣劉國昌馮錫圭齎赴軍前。繳奏版籍土地人民。待命境上。數千里之封疆。悉歸土宇。百餘萬之戶口。并屬版圖。遵海而南。永息波濤之警。普天之下。均沾雨露之濡。實聖德之漸被。無方斯遐區之襁負。恐後獨念臣全家骨肉强半孺呱。本係南人。不諳北土。合情乞就閩省地方。撥賜田園廬室。俾免流移之苦。且養贍有資。則蒙高厚之生成。當繪丹青以銜結。至於明室宗親。格外優待。通邦士庶。軫念綏柔。文武諸官。加恩遷擢。前附後順。一體垂仁。夙昔結怨。盡與捐除。籍沒產業。俱行賜復。尤當廣推寬大之仁。明布維新之令。使夫群情允愜。共鼓舞於春風。萬彙熙恬。同泳游於化日。斯誠徼臣無厭之求。邀望朝廷不次之恩者也。琨得表。許之。命薙髮。寧靖王術桂自以天潢之貴。義不可辱。自縊以殉。妾五人從死。八月十三日。琨至東寧。祭於成功之廟曰。自同安侯入臺。臺地始有居民。逮賜姓啓土。世爲巖疆。莫可誰何。今琨賴天子之靈。將帥之力。克有茲土。不辭滅國之罪。所以忠朝廷而報父兄之職分也。但琨起卒伍。於賜姓有魚水之歡。中間微嫌。釀成大戾。琨於賜姓。翦爲讐敵。情猶臣主。蘆中窮士。義所不爲。公誼私恩。如是則已。祭畢。淚下。琨以臺灣既定。疏告清廷。歸克塽於北京。授漢軍公。錫範漢軍伯。國軒天津總兵。何祐梧州副將。諸將及明室諸王。配之各省。自成功至克塽。凡三世三十有八年而明朔亡。

連橫曰。清同治十三年冬十月。福建將軍文煜。總督李鶴年。巡撫王凱泰。船政大臣沈葆楨奏言。明季遺臣臺陽初祖。生而忠正。沒而英靈。懇予賜謚建祠。以順輿情。以明大義。事據臺灣府進士楊士芳等稟稱。竊維有功德於民則祀。能正直而一者爲神。明末賜姓延平郡王鄭成功者。福建泉州府南安縣人。少服儒冠。長遭國恤。感時仗義。移孝作忠。顧寰宇難容。洛邑之頑民。向滄溟獨闢田橫之孤島。奉故主正朔。墾荒裔山川。傳至子孫。納土內屬。維我國家宥過錄忠。載在史策。厥後陰陽水旱之沴。時聞吁嗟祈禱之聲。肸蠁所通。神應如答。而民間私祭僅附叢祠身後易名未邀盛典望古遙集衆心缺然可否奏請將明故藩鄭成功准予追謚建祠列之祀典等因並據臺灣道夏獻綸臺灣府周懋琦等議詳前來臣等伏思鄭成功丁無可如何之厄運抱未得曾有之孤忠雖煩盛世之斧斨足砭千秋之頑懦伏讀康熙三十九年聖祖仁皇帝詔曰朱成功係明室遺臣非朕之亂臣賊子勅遣官護送成功及子經兩柩歸葬南安置守塚建祠祀之聖人之言久垂定論惟祠在南安而臺郡未蒙勅建遺靈莫妥民望徒殷至於賜謚褒忠我朝恢廓之規遠軼隆古如瞿式耜張同敞等俱以殉明捐軀謚之忠宣忠烈成功所處尤爲其難較之瞿張奚啻伯仲合無仰懇天恩准予追謚並於臺郡勅建專祠俾臺民知忠義之大可爲雖勝國亦華袞之所及於勵風俗正人心之道或有裨於萬一臣等愚昧之見是否有當理合恭摺具奏詔曰可追謚忠節建祠臺郡以明季忠義之士百十四人配而我臺建國之大神永鎮兹土矣

延平郡王世系表

紹祖字象庭世居福建南安縣楊子山下石井鄉娶某氏生芝龍

芝龍字飛黃娶日本平戶河內浦士人女田川氏改姓翁氏生成功及七左衛門翁氏歸國七左衛門仍居日本繼娶

某氏生四子

成功初名森字大木少名福松隆武元年賜姓朱改今名字明儼二年六月封忠孝伯永歷二年十月封威遠侯三年七月封延平公十二年正月晉封延平郡王娶董氏生子經等十八十六年五月薨於東都

世忠從芝龍降淸

世恩後入北京省父被殺

世蔭後入北京省父被殺

世襲從成功居思明後入臺灣

世默後入北京省父被殺按七左衞門居日本似在此五人之外或則世襲侯再考

經字式夫號賢之襲封延平郡王娶唐氏生子克塽等七人妾某氏生克壓永歷三十五年正月薨於東寧

聰娶朱氏生克坦

明娶林氏無出以裕次子克俊嗣

睿殉於南京之役無出

智娶洪氏生克璋

寬娶林氏生克培

裕殉於南京之役娶王氏生克崇

溫殉於南京之役娶劉氏生克模克傑

柔娶洪氏生克壐

發早世以溫之子克圭嗣

克𡒉立爲世子監國後遇害娶陳氏無出

克塽襲封延平郡王永歷三十七年歸淸改封漢軍公娶馮氏繼娶史氏生安世安邦安國

克舉娶許氏

克均娶柯氏

克拔娶馮氏

克商娶趙氏

克圻娶張氏

克塙娶劉氏

臺灣通史卷三

臺南　連雅堂　撰

經營紀

康熙二十二年。秋八月。清人既得臺灣。廷議欲墟其地。靖海侯將軍施琅不可。疏曰。臺灣北連吳會。南接粵嶠。延袤數千里。山川峻峭。港道紆廻。乃江浙閩粵四省之左護。隔澎湖一大洋。水道三更。明季設水師標於金門。所出汛至澎湖而止。水道亦有七更。臺灣一地。原屬化外。土番雜處。未入版圖也。然其時中國之民潛至生聚於其間者。已不下萬人。鄭芝龍為海寇時。以為巢穴。及崇禎元年。芝龍就撫。將此地稅與紅毛為互市之所。紅毛遂聯絡土番。招納內地人民。成一海外之國。漸作邊患。至順治十八年。為鄭成功所攻破。盤踞其地。糾集亡命。窺伺南北。及其孫克塽。六十餘年。無時不仰厪宸衷。臣奉命征討。親歷其地。備見野沃土膏。物產利溥。耕桑並耦。漁鹽滋生。滿山皆屬茂樹。遍處俱植修竹。硫磺。水藤。糖蔗。鹿皮。以及一切日用之需。無所不有。向之所少者布帛爾。茲則木棉盛出。經織不乏。且舟帆四達。絲縷踵至。飭禁雖嚴。終難杜絕。寔肥饒之區。而險阻之域也。一旦納土歸命。此誠天以未闢之方輿。資皇上東南之保障。永絕邊海之禍患。豈人力所能致哉。夫地方既入版圖。民番均屬赤子。善後之計。尤宜周詳。此地若棄爲荒陬。復置度外。則今臺灣人居稠密繁息。農工商賈各遂其利。一行徙棄。安土重遷。失業流離。殊費經營。寔非長策。況以有限之船。渡無限之民。非閱數年。難以報竣。使載渡不盡。苟且塞責。則深山窮谷。竄伏潛匿。寔繁有徒。和同土番。從而嘯聚。假以內地之逃軍流民。急則走險。糾黨爲患。造船製器。剽掠海濱。此所謂藉寇兵而齎盜糧。固較著也。且此地原爲紅毛所居。無時不在貪涎。亦必乘隙以圖。一爲所有。彼性狡黠。善爲鼓惑。重以來販船隻。制作精堅。從來無敵於海外。若得此數千里之膏腴。必倡合黨夥。竊窺邊場。迫近門庭。此乃種禍將來。沿邊諸省。斷難晏然無虞。至時動師遠征。兩涉大洋。波濤不測。恐未易建成效。如僅守澎湖。而棄臺灣。則澎湖孤懸海外。土地卑薄。異於臺灣。遠隔金廈。豈不受制於人。是守臺灣。卽所以固澎湖也。臺澎聯爲臂指。沿海水師汛防嚴密。各相犄角。聲氣關通。應援易及。可以寧息。昔日鄭氏得以負抗者。以臺灣爲老巢。澎湖爲門戶。四通八達任其所之我之舟師往來有阻今地方既為我得官兵棋布風期順利片帆可至雖有奸萌不敢復發臣業與部臣撫臣會議而部臣撫臣未履其地棄留未決臣閱歷周詳則不敢遽議輕棄也且海氛既靖內地溢設之兵盡可陸續裁減以之分防臺澎兩處臺灣設總兵一員水師副將一員陸師參將二員兵八千名澎湖設水師副將一員兵二千名計兵一萬足以固守又無添兵增餉之費其防守總兵副參游等官定以三年或二年轉陞內地無致久任永為成例然當此地方初闢正賦雜餉似宜蠲豁現在一萬之兵食權行全給三年後開徵可以在需抑且寓兵於農亦能濟用可以減省無盡資內地之轉輸也蓋籌天下之形勢必求萬全臺灣一地雖屬外島實關要害無論彼中耕種猶能少資兵食固當宜留即為不毛之壤必藉內地輓運亦斷不可棄棄留之際利害攸關臣思棄之必釀成大禍留之誠永固邊疆是以會議具疏之外不避冒瀆以其利害自行詳陳詔曰可設府一縣三隸福建府曰臺灣附郭亦曰臺灣南曰鳳山北曰諸羅而澎湖置巡檢設臺厦兵備道駐府治兼理提督學政按察使司事分汎水陸為海疆重鎮矣十一月雨雪堅冰寸餘

二十三年春文武皆就任乃大戶稅畝有田七千五百三十四甲園一萬零九百十九甲戶

一萬二千七百二十七口。一萬六千八百二十八人。琅奏請減賦。下旨再議。於是奏定上則田每甲徵粟八石八斗。園四石。每丁徵銀四錢七分六厘。著爲例。初延平郡王成功克臺之歲。清廷詔遷沿海居民。禁接濟。至是許開海禁。設海防同知於鹿耳門。准通商。赴臺者不許攜眷。琅以惠潮之民多通海。特禁往來。是年建臺灣鳳山兩儒學。

二十四年。建臺灣府儒學。就鄭氏舊址擴而大之。中爲大成殿。祀孔子。以春秋上丁。行釋菜之禮。

二十五年。總督王新命巡撫張仲舉奏准。歲進文武童各二十名。科進文童二十名。廩膳生二十名。增廣生如之。歲貢一人。

二十六年。臺人始應福建鄉試。

二十七年。始鑄康熙錢。明太僕寺卿沈光文卒於諸羅。

二十八年。

二十九年。冬大有年。

三十年。秋八月。大風壞屋碎船。

三十一年。停鑄康熙錢。

三十二年。冬。大有年。

三十三年。初修臺灣府誌成。

三十四年。知府靳治揚始設熟番社學。

三十五年。秋七月。新港吳球謀起事。不成。被殺。

三十六年。仁和郁永河始至北投煮磺。遍歷番社。

三十七年。

三十八年。春二月。吞霄土官卓介卓霧亞生作亂。夏五月。淡水土官冰冷亦起應。秋七月。水師至淡水執冰冷殺之。八月。署北路參將常泰以岸裡番擊吞霄。禽卓介卓霧亞生以歸。斬於市。

三十九年。詔賜明延平郡王鄭成功及子經歸葬南安。置守塚。建祠。

四十年。冬十二月。諸羅劉却起事。燬下茄苳營。附近熟番亦亂。伐之。却敗走。

四十一年。

四十二年。春二月。劉却復謀起事。不成。被殺。

四十三年。建崇文書院。

四十四年。冬。飢。詔蠲三縣糧米。

四十五年。建諸羅縣學。

四十六年。冬。飢。詔蠲糧米十分之二。

四十七年。泉州人陳賴章與熟番約。往墾大佳臘之野。是爲開闢臺北之始。

四十八年。

四十九年。始設淡水防兵。定三年一換。

五十年。建萬壽宮於府治。

五十一年。詔蠲本年租穀。

五十二年。詔以五十年丁冊爲準。滋生人口。永不加賦。北路營參將阮蔡文親赴竹塹大肚諸社。撫慰番黎。

五十三年。夏。郡治大火。燬數百戶。秋。大旱。詔蠲臺鳳兩縣租穀十分之三。是年命天主教神甫買刺來臺測量經度。

五十四年。總督滿保奏言。臺灣遠屬海外。民番雜處。自入版圖以來。所有鳳山縣之熟番力力等十二社。諸羅縣之熟番蕭壠等三十四社。數十餘年。仰邀聖澤。俱各民安物阜。俗易風移。今據臺灣鎮道詳報。南路生番山猪毛等十社。四百四十六戶。北路生番岸裡等五社。四百二十二戶。俱各傾心向化。願同熟番一體內附。每年各願納鹿皮五十張。各折銀十二兩。代輸貢賦。載入額編。就臺充餉。此外不得絲毫派擾。以彰懷遠深仁。詔可。自後生番多內附。

五十五年。夏五月。福建巡撫陳璸奏言。防海之法。岸裡社土目阿穆請墾猫霧捒之野。諸羅知縣周鍾瑄許之。是爲開闢臺中之始。

五十六年。冬。飢。詔蠲本年租穀十分之三。

五十七年。

五十八年。初修鳳山縣誌成。

五十九年。建海東書院。冬十月朔。地大震。十二月八日。地又震。凡十餘日。壞屋殺人。詔免番民銀米。

六十年夏五月朱一貴起事岡山破府治總兵歐陽凱副將許雲皆死南北俱應一貴稱中興王建元永和復明制總督滿保聞報馳赴廈門檄南澳鎭總兵藍廷珍出兵會水師提督施世驃伐臺六月克鹿耳門迫府治一貴戰不利被禽械至京磔之餘黨亦漸平八月大風壞民居天盡赤軍民多溺死詔蠲徵穀發帑振䘏時廷議移臺鎭總兵於澎湖而設陸路副將於府治裁水陸兩中營歸內地廷珍力爭不可爲書滿保止之提督姚堂亦以爲言乃罷議特命滿漢御史各一員歲巡臺灣察民疾苦

六十一年夏五月御史吳達禮黃叔敬至自京師滿保以沿山一帶易藏奸宄命附山十里以內民居勒令遷徙自北路起至南路止築長城以限之深鑿濠塹永以爲界越界者以盜賊論廷珍復上書止之乃飭沿山各隘立石爲界禁民深入是年阿里山水沙連各社番皆就撫夏鳳山赤山裂火光丈餘

雍正元年詔曰臺灣自古不屬中國我皇考神武遠屆拓入版圖末年朱一貴倡亂攻陷全臺諸臣夙稟方略士卒感戴教養之恩七日克復當皇考春秋高邁威播海外所有立功將士其各加等議敘於是增設彰化縣及淡防廳陞澎湖巡檢爲海防同知添置防兵以守南

北而臺灣之局勢漸展矣是年傀儡番亂討之

二年詔蠲康熙十八年至五十年各省舊欠銀米等項給臺灣換班兵丁家眷口糧是年初修諸羅縣誌成

三年詔豁番婦丁稅

四年初臺灣之鹽歸民曬用但徵其餉至是改爲官辦歸府管理秋七月水沙連番亂兵備道吳昌祚會營討之

五年詔飭福建將弁愼選臺灣換班兵丁巡視臺灣御史尹秦奏立社田以爲番人耕種收獵之所其餘草地悉行召墾詔可其後復有禁佔番地之令時廷議以臺廈道職重事繁着漢御史兼理提督學政

六年改臺廈道爲臺灣道臺灣鎭總兵王郡奏言換班兵丁內有字識柁工繚手斗手等人請就地招募不許

七年詔給臺灣戍守兵丁養贍每年四萬兩二月山猪毛番亂總兵王郡討之

八年詔巡視臺灣御史新舊幷用又令調臺官員到任二年該督撫另選賢能赴臺協辦半

年之後。乃將舊員調回。

九年。冬十二月。大甲西社番亂。總兵呂瑞麟討之。

十年。春三月。鳳山吳福生起事。攻埤頭。守備張玉戰死。原任總兵王郡率軍平之。六月。總督郝玉麟調呂瑞麟回府。檄王郡討大甲西社番。平之。

十年。詔蠲彰化縣雍正八年未收正供等項。以凶番初平。稍紓民力也。大學士鄂爾泰奏言。臺灣居民准其挈眷入臺。從之。於是至者日多。皆有闢田廬長子孫之志矣。

十一年。詔免臺灣府屬莊租十分之三。總督郝玉麟奏准臺灣道員准照鎭協之例。三年報滿。知府同知通判知縣即照參將等例。具奏陞補。

十二年。總督郝玉麟奏准調臺官員年逾四十無子者。准其挈眷過臺。

十三年。詔蠲各省正供及官租三分之一。以高宗登極之典也。冬十月。眉加臘番亂。副將靳光瀚同知趙奇芳討之。

十二月。諸羅灣裡街地大震。壞民居。恤銀三千兩。

乾隆元年。詔以臺灣四縣丁銀。悉照內地之例。酌中減則。每丁徵銀二錢。著爲例。頒書院規訓。禁內地人民偸渡臺灣。
二年。詔減臺灣番餉着照民丁之例。每丁徵銀二錢。禁漢番通婚。
三年。詔曰。臺地如有人民不法等事。嗣後許令武員移送地方官究治。如兵丁生事滋擾。許文員關會營伍責懲。如有彼此推諉者。照例罰俸一年。幷飭令各該地方汛防員弁實力奉行。彼此按月稽查。取具幷無兵民滋擾印結。轉報該上司查核。如或有意狥縱。卽將地方官照狥庇例議處。二月。始設北路義勝永勝二寨。秋。臺諸二縣風災。詔蠲丁糧。
四年。定臺灣舉人會試取中之例。從御史諸穆布之奏也。建校士院。禁漢人侵墾番地。
五年。禁臺灣居民挈眷入臺。初換班兵丁。例由臺諸兩縣官莊支發路費。至是改由福建閩
六月。大風雨。四日始息。鹽水港被災尤烈。發帑二百兩以振。
六年。巡臺御史書山張湄奏建府倉。備荒歉。從之。
七年。詔曰。臺灣地隔重洋。一方孤寄。寔爲數省藩籬。最爲緊要。雖素稱產米之區。邇來生齒倍繁。土不加闢。偶因雨澤愆期。米價卽便昂貴。蓋緣撥運四府及各營兵餉之外。內地採買旣多。並商船所帶。每年不下四五十萬。又南北各港來臺小船。巧借失風名色。私裝米穀透

越內地彼處概給失風船照奸民恃爲護符運載遂無底止且游手之徒乘機偸渡來臺莫可究詰聞此項人等俱從廈門所轄之曾厝垵白石頭大擔南山邊劉武店及金門之料羅金龜尾安海東石等處小口下船一經放洋不由鹿耳門入口任風所之但得片土卽將人口登岸其船遠掉而去愚民多受其害況臺灣惟藉鹿耳門爲門戶稽查出入今任游匪潛行往來海道便熟將鹿耳門亦難恃其險要殊非愼重海疆之意朕所聞如此着該督撫嚴飭所屬文武官弁將以上各弊一一留心淸查並於汎口防範周密不使疏縱庶民番不至缺食港路亦可肅淸該部可傳諭知之

八年定淡水商船之數

九年詔禁武員建置官莊改臺灣田園之稅

十年秋八月澎湖風災詔發內帑六百兩以振九月詔曰閩省丙寅年地丁錢糧已全行蠲免惟是臺灣府屬一廳四縣地畝額糧向不編徵銀兩歷係徵收粟穀今內地各郡既通行蠲免而臺屬地畝因其編徵本色不得一體邀免非朕普遍加恩之意着將臺灣府屬一廳四縣丙寅年額徵供粟一十六萬餘石全數蠲免

十一年。詔准臺灣人民挈眷入臺。
十二年。詔以臺灣丁銀配入錢糧完納。
十三年。
十四年。秋七月。大雨水。臺灣縣屬田園多陷。
十五年。秋七月。大雨水。八月。大風。碎船壞屋。知府方邦基溺於南日。移淡水八里坌巡檢於新莊。
十六年。
十七年。定臺灣監察御史巡視之例。以臺灣道兼理提督學政。夏六月。地震。秋七月。大風挾火而行。草木盡焦。文廟欞星門圮。
十八年。詔免臺鳳彰三縣十五年被水田賦。秋八月。大風損禾。
十九年。夏四月。淡水地大震。毛少翁社陷爲水。九月。諸羅大風損禾。詔緩徵粟。發倉振濟。
二十年。詔免諸羅縣十五年被水田賦。
二十一年。

二十二年。冬十二月。澎湖大風。哨船多沒。

二十三年。詔廢通事社丁之例。禁私墾。冬十月。諸羅大風雨三日。晚稻多損。詔緩徵粟。

二十四年。移淡水都司於艋舺。建玉峯白沙兩書院。臺灣縣知縣夏瑚以內地人民客死臺灣。未得歸葬。倡捐義款。代運其柩至厦。以交親屬。時人稱爲善政。

二十五年。詔許臺灣居民携眷同住。

二十六年。移新港巡檢於斗六。

二十七年。詔免淡水廳二十四年劃出界外園賦。

二十八年。建明志書院。

二十九年。詔禁福建人士入臺冒籍考試。從御史李宜青之奏也。

三十年。秋九月。大風碎船。

三十一年。始設鹿港同知。以理民番交涉事務。秋八月。大風碎船。

三十二年。

三十三年。漳人吳漢生入墾蛤仔難。

三十四年。

三十五年春正月十三日。府治枋橋頭火。雨水沃之不熄。十五夜。眞武廟前又火。燬屋百餘。

九月。臺灣黃教起事。平之。

三十六年。詔蠲臺灣府屬額徵供粟一十六萬餘石。

三十七年秋七月。大水。彗星見。

三十八年。

三十九年。

四十年。

四十一年冬十一月。地大震。諸羅尤烈。壞屋殺人。

四十二年。

四十三年。詔免臺鳳二縣被水田賦。

四十四年。

四十五年。詔蠲臺灣府屬額徵供粟。

四十六年。

四十七年。淡水彰化漳泉籍民分類械鬬。巡撫雅德奏聞。詔曰。此等匪徒聚衆械鬬。案情重大。該鎮道一經聞信。卽應帶領兵役。親赴該處。嚴行查辦。乃僅派委副將知府前往。而雅德亦無飭行之語。殊屬非是。該鎮金蟾桂該道穆和藺一併交部嚴加議處。

四十八年。初漳泉人械鬬。至是抄封亂首之業。

四十九年。詔開鹿港通商。秋八月。大風雨。壞屋碎船。

五十年。

五十一年。定武弁更代之例。冬十一月。彰化林爽文起事。破邑治。知府孫景燧理番同知長庚攝縣事劉亨基都司王宗武等死之。遂陷諸羅。略淡水。鳳山莊大田亦起應。府治戒嚴。

五十二年。春正月。福建陸路提督黃仕簡水師提督任承恩以師至臺。觀望不進。十月。詔以協辦大學士福康安領侍衛內大臣海蘭察率滿漢弁兵赴臺。遂復彰化。俘爽文大田。南北俱平。

五十三年。詔頒屯丁之制。春二月。淡水大雨雪。饑。斗米千錢。

五十四年。
五十五年。詔蠲臺灣供粟。照內地之例。三年勻免。設新莊縣丞。夏六月。大風雨。挾火以行。滿天盡赤。毀屋碎船。澎湖尤烈。
五十六年。秋八月。波蘭人麥禮荷斯奇至臺東。謀闢地。
五十七年。詔開八里坌通商。夏六月。郡治地震。翼日嘉義大震。繼之以火。死者百數十人。
五十八年。
五十九年。
六十年。春三月。彰化陳周全起事。北路同知朱慧昌鹿港營游擊曾紹龍副將張無咎署知縣朱瀾等均死。總兵哈當阿以兵平之。七月。淡水大水。
嘉慶元年。秋大風雨。晚稻多損。詔曰。臺灣地臨海洋。颶風常有。此次風勢猛烈。致損禾稻。刮倒房屋。壓斃人口。殊堪憫惻。哈當阿等務當查明成災分數。應行蠲緩之處。據寔奏明辦理。其坍塌民房。照例給與修費。總期使得其所。不可靳費。所有應需賑恤銀兩。卽於藩庫內撥解。以資接濟。至臺灣全藉晚收。以資口食。今猝被颶風。糧價未免增長。此或由朕政事有闕。

或愚民等平日不能共敦淳厚感召祥和致有此災此時斷不可稍存怨尤之念惟當省過學淳且風災過後勤於耕種來春仍可稔收尤當及時力作不可稍有怠惰再福興漳泉四府夙藉臺米接濟今臺灣既被風災目下僅堪自給明歲春收後或米穀充盈可以運售內地固屬甚善倘無餘米可運當於各屬豐收之處豫爲籌備並勸令百姓等撙節衣食家有儲蓄不可再將米穀釀酒花費致鮮蓄藏豫爲明歲之備有無相通隨時運販以期民食有資方爲妥善於是撥解藩庫二十萬兩分卹幷留應運內地兵穀三萬四千餘石以備振糶漳人吳沙入墾蛤仔難至者日多

二年淡水楊兆謀起事知府遇昌同知李明心誅之

三年

四年詔蠲乾隆六十年以前未納正供

五年冬十月詔禁天地會及分類械鬭

六年

七年春小刀會白啓謀起事誅之

八年。夏六月。海寇蔡牽犯鹿耳門。詔以福建水師提督李長庚平之。自是疊犯臺灣。

九年。彰化社番土目潘賢文率族至蛤仔難。與漢人爭地。

十年。夏四月。蔡牽復犯淡水。十一月。入踞鹿耳門。山賊吳淮泗洪老四應之。十二月。陷鳳山。府治戒嚴。

十一年。春二月。淡水漳泉械鬪。巡道慶保平之。蔡牽攻蛤仔難。敗走。已而朱濆亦犯蘇澳。海上傚擾。至十四年八月。乃平。詔曰。臺灣所屬各地方。茲因蔡牽肆逆。間被滋擾。現在官兵雲集。即日殲除。惟念賊氛所至。小民耕種。未免失時。深爲廑念。着該督撫查明被賊蹂躪地方。將本年應徵地丁錢糧。概行蠲免。以示朕軫念海隅黎庶之至意。

十二年。淡水增建義倉。

十三年。設水師游擊於艋舺。兼管水陸弁兵。

十四年。夏五月。詔曰。噶瑪蘭田土膏腴。米價較賤。民番流寓日多。若不官爲經理。必致滋生事端。現在檢查戶口。漳人四萬二千五百餘丁。泉人二百五十餘丁。粵人一百四十餘丁。又有生熟各番。雜處其中。該處居民。大半漳人。以强凌弱。勢所不免。必須有所鈐制。方可相安。

無事。其未墾荒埔。查明地界。某處令某籍民人開墾。某處令某社番耕作。尤須分劃公平。以杜爭端。至所設官職。應視其地方之廣狹。酌量議添。或建爲一邑。或設爲分防廳。鎭俱無不可。唯臺灣窵處海外。諸務廢弛。今方維甸到彼。於地方營伍。力加整頓。酌改章程。若地方官謹守奉行。自可漸有起色。第恐日久生懈。且該處俱係漳泉民人。雜處素性強悍。總須時有大員前往巡閱。使知儆畏。嗣後福建總督將軍每隔三年。輪赴臺灣巡查一次。用資彈壓。是月。淡水漳粵與泉分類械鬬。知府楊廷理平之。

十五年春三月。總督方維甸至臺灣。四月。奏請收入噶瑪蘭。許之。越二年。乃設噶瑪蘭廳。

十六年。初臺灣歲運福建兵眷米穀。至是積滯。總督汪志伊奏請僱船自運。夏六月。淡水高夔起事。平之。十八夜。鳳山東港海中發火。既而大風。火從小琉球嶼來。居民惶恐。熱氣蒸人。數刻乃退。木葉盡焦。

十七年春二月。澎湖饑。詔命鎭道發帑振恤。

十八年。詔禁阿片烟入口。犯者按律治罪。秋七月。澎湖大風。海水驟漲五尺餘。壞屋覆船。

十九年。春正月。詔曰。閩省牌甲保長。所有緝拏人犯。催徵錢糧。此後毋庸再派。管理至稽查戶口。卽當予以糾察之權。三年之後。果有成效。加以奬賞。其怠玩者。隨時革究。而畬民熟番。久與齊民無異。自當一律辦理。

二十年。秋九月。地大震。淡水尤烈。匝月不止。十二月。淡水雨雪。堅冰寸餘。

二十一年。移鹿港巡檢於大甲。

二十二年。淡水始建學宮。移彰化訓導於竹塹。八月。澎湖大風。

二十三年。彰化知縣楊桂森議罷臺運。省議不可。三月。郡治天后宮火。

二十四年。

二十五年。海寇盧天賜犯滬尾。游擊李天華逐之。受傷死。夏。淡水大旱。秋疫。

道光元年。夏四月。海寇林烏興犯滬尾。逐之。

二年。夏六月。大風雨。七月。又大雨。曾文溪決。泥積臺江。遂成平陸。

三年。春正月。地大震。七月。噶瑪蘭匠首林泳春謀亂。水師提督許松年平之。八月。彗星見於東南。而氣冲西北。越年春乃滅。九月。北路理番同知鄧傳安入埔里社。議開設。十一月。詔曰。臺灣噶瑪蘭自嘉慶十六年。奏准開闢後。委員勘丈共田園七千五十甲零。原議每田一甲。

徵租六石。每園一甲徵租四石。經戶部議駮。行令查照叛產成案。分別徵收。迄今額徵科則尚未議定。十七年後。陸續起徵之租。俱未入册報銷。茲據該督等查明前次委員係用繩牽丈。核算戶口。約計寔在開墾五千七百餘甲。內原墾田地。尚屬有收。續墾田園。率皆磽薄。且甫經開墾。尚須農民自費工本。兼之土沙浮鬆。溪水泛溢。寔係限於地勢。不能分則定賦。至官地荒田。由民陞墾。亦與叛產不同。此時不特租額不能議加。卽畝分尙有缺短。如照部議增租。民力寔有難支。着照該督所請。噶瑪蘭田園截至本年爲止。除水沖沙壓不計外。再行確寔覆勘。墾熟田園。寔有若干。按地土之肥瘠。定租額之多寡。該督等卽飭該道府督同委員會同該廳履畝勘丈。取造册結報。陞其歷年租穀。卽造册報部核銷。毋許絲毫隱匿。如所墾田地將來漸就豐腴。卽隨時加議租額。以昭核寔。

四年夏五月。福建巡撫孫爾準至臺灣。議開埔裡社。十月。命臺灣道兼管水陸營兵。十一月。詔改臺灣班兵更戍之例。以艋舺營游擊爲參將。

五年秋七月。詔曰。臺灣向係漳泉粵三籍人民分莊居住。上年匪徒許尙等糾衆滋事。卽有游民從中煽誘。茲據趙愼畛等奏請淸莊之法。着照所請。嗣後臺灣地方。如有面生可疑無親屬相依者。該莊頭人立卽稟報地方官。審明籍貫。照例逐令過水刺字。遞回原籍安插。毋許復令偷渡。其投充水夫者。亦令夫頭查明。果係誠寔安分。具結准充。如來歷不明及好勇鬬很之徒。俱報明本管官。一律逐回原籍。並飭漳泉府廳縣。如遇遞解游民到境。卽責鄉耆等嚴行管束。

六年夏五月。淡水閩粵分類械鬬。山賊黃斗奶導生番掠中港。總督孫爾準至臺灣。以兵平之。十二月。詔曰。臺灣所屬係閩粵兩籍居住。閩粵漳泉各分氣類。每因械鬬滋事。此次懲創之後。該督議立章程。以期永靖。着照所請。嗣後該地方官愼選總董。責成約束子弟。如積久著有成效。量予獎勵。倘縱容滋事。卽應嚴辦。遇有不法匪徒潛匿。責令總董傳送究治。務期鋤暴安良。至於風俗之淳澆。尤視廳縣之能否。其貪黷嚴酷者。固難姑容。而因循姑息者。亦難資整頓。該督卽率同司道。秉公訪察。將疲軟不振之員。卽行澄汰。如該管道府有意徇庇。據寔參劾。冬。築淡水城。

七年。裁鎭標左右兩營。

八年。陳集成公司始墾大嵙崁之地。

九年。

十年。詔禁各省種賣阿片。從閩浙總督孫爾準之奏也。犯者照興販阿片烟之例。發近邊充軍。爲從杖一百徒三年。秋八月。噶瑪蘭挑夫械鬪。平之。

十一年。淡水同知婁雲頒保甲莊規。

十二年。詔緩澎湖雜項。秋八月。大風雨。近海田廬多沒。閏九月。嘉義張丙起事。鳳山亦亂。十一月。福建陸路提督馬濟勝以兵平之。

十三年秋七月。詔曰。朕勤恤民隱。惟日孜孜。總其成於上。而分其任於督撫。爲大吏者果能體朕之心爲心。以民之事爲事。正己率屬。賢者知所勸。不肖者知所懲。吏治自日臻上理。上年臺灣逆匪張丙等滋事。其始因搶米起釁。逕吳質牽控張丙。該縣不辦包米。轉出賞格查拏張丙。其陳辦因搶牛起釁。攻打粵莊。事本細微。若得一良有司秉公辦理。自可息爭。乃邵用之不協輿情。呂志恒果於自用。遂致戕官攻城。竟同負隅之勢。及訊明該逆因何造反。咸稱地方官辦事不公。雖係一面之詞。如果循聲卓著。該逆等何能藉口。總兵劉廷斌訓練不勤。營伍廢弛。該道平慶雖操守尚好。而不能防患未然。咎無可逭。俱交部嚴加議處。總督爲特簡大員文武俱歸統轄。若使孫爾準其身尚在。朕必加以懲處。不少寬貸。姑念該逆等尚未僭據城邑。邵用之等亦無貪婪劣跡。從寬免議。嗣後督撫大吏必須以察吏安民爲當務之急。遇有不肖官吏。破除情面。立即參劾。勿稍瞻徇。若再因循疲玩。釀成大患。勞師動衆。誤國殃民。朕必從重治罪。毋謂訓誡之不早也。八月。淡水漳泉械鬭。平之。

十四年。築後壠城。爲械鬭也。

十五年。詔蠲十年以前未納正供。

十六年。

十七年。詔禁紋銀出洋。建文甲書院。

十八年。

十九年。詔曰。朕因阿片烟流毒。傳染日深。已成錮習。若不及早爲民除害。伊於胡底。現在廷臣遵旨會議嚴禁章程。已頒發各直省遵行矣。該官民人等咸懍王章。遷善改過。自不難湔洗舊習。革除前非。共享全生之樂。藉免刑戮之加。即各地方官亦必懍遵新例。認眞查辦。悔過者予以自新。怙惡者不令倖免。但積習相沿。已非一日。若數月之間。遽使各省一律肅清。

恐不免有諱飾等弊。故予限一年六個月。俾查拏不致遺漏。而改悔亦不甚難。及至限滿。仍復蒞法。是該軍民等自外生成。無可顧惜。置之重典。尚復何詞。此朕愛民之心先德後威中外所共覩也。惟官民人等皆朕赤子。既欲衛其生而除害。不能不視其死而垂憐。況法立如山再三申諭。將來限滿後再犯者難邀寬典。朕甚憫焉。着各直省大吏。趁此儆動之機振刷精神。認眞查辦。務使販吃各犯悉數破案。照例懲創。此時限內多獲一人則將來限外多貸一命。切勿因循懈怠。視爲具文。倘該地方官等姑息養奸。鋤莠不盡。日後身罹重典。乞貸無從。是該大吏以民命爲輕。朕亦斷不寬恕也。懍之。時姚瑩任臺灣道。遵旨嚴辦。犯者刑再犯死。

二十年。冬十月。地大震。嘉義山崩。

二十一年。秋七月。英艦窺雞籠。自是游弋沿海。總兵達洪阿兵備道姚瑩共籌戰守。輙却之。

十二月。詔曰。前據達洪阿等奏英人滋擾臺郡。官兵擊沈船隻。奪獲器械。並擒斬洋匪多名。當有諭旨。令該總兵等嚴飭在事文武。添派兵勇。嚴密防範。並諭令王得祿移駐臺灣協同剿辦。嗣因日久未據續報。復諭令怡良等確探馳奏。迄今又將匝月。朕心寔深厪念臺灣爲閩海要區。向爲英人垂涎之地。此次駛入船隻。復經該總兵等殲剿。難保無匪船闖入。冀圖報復。現據奕山等奏。英人有遣人回國添調兵船於明春滋擾臺灣之語。該總兵等接奉前旨後。於一切堵剿機宜。自宜先事預籌。妥洽。現在情形若何。有無續來滋擾。萬一英人大隊復來。該處駐守弁兵及召募義勇。是否足資抵禦。其如何定謀決策。層層布置。可操必勝之權。著達洪阿會同王得祿悉心定議。一並會銜具奏。並著怡良等密速確探現在情形據寔奏聞。給事中朱成烈奏開臺灣番地。於是議墾埔里社。

二十二年春二月。英船復犯大安港。却之。三月。草烏匪艇犯塹南各港。夏。淡水大有年。

二十三年。全臺正供改徵折色。自歸清後。至是。漢番凡二百五十萬人。

二十四年夏四月。臺灣縣以徵折色故。保西里人譁變。詔逮知縣閻炘治罪。

二十五年。詔蠲未完正供。

二十六年。冬。淡水大有年。

二十七年。夏四月。福建總督劉韻珂至臺灣。巡視埔里社。奏請收入版圖。廷議不許。臺灣縣鍾阿三鄒戇狗洪紀等以次謀亂。誅之。

二十八年。徐宗幹任巡道。整吏治。議募兵。振士風。理屯務。多所更作。

二十九年。

三十年夏六月。淡水大水。澎湖災。官民辦振。下旨嘉獎。

咸豐元年。春三月。澎湖大災。鎭道會商撫卹。撥欵五千兩以振。詔命福建督撫分別辦理。應徵地種船網等稅。緩至二年秋後帶徵。以紓民力。十月。復詔曰。本年臺灣澎湖廳屬被風。業經降旨。分別緩徵撫卹。小民諒可不致失所。惟念來春青黃不接之時。民力未免拮据。着傳諭該督撫等體察情形。如有應行接濟之處。卽查明據實覆奏。務於封印前奏到。候朕於新正降旨加恩。西洋輪船始來滬尾雞籠互市。照例納稅。

二年夏六月。澎湖大風。臺灣鄉試之船溺於草嶼。

三年夏四月。鳳山林恭起事。陷縣治。圍府城。已而噶瑪蘭吳磋亦起事。次第平之。五月。大屯山鳴三晝夜。六月。大風雨。淡水漳泉分類械鬭。鑄咸豐錢。

四年春正月。淡水閩粵分類械鬭。四月。海寇黃位入據雞籠。平之。美國水師提督彼理來游。

五年。械鬭未息。枋橋房裡各築城。十二月。淡水雨雹。

六年。

七年春正月。淡水大雪。

八年。黃位又犯雞籠。英人始訂約採腦。

九年。

十年。開滬尾雞籠安平旗後為商埠。從八年英法之約也。普國兵船愛爾比至瑯嶠。為生番所阻。開礮擊之。八月。澎湖大風。下鹹雨。壞屋覆船。

十一年。設全臺釐金局。歸兵備道管理。

同治元年春正月。地大震。三月。彰化戴潮春起事。陷縣城。兵備道孔昭慈死之。嗣圍嘉義。攻大甲。全臺俶擾。五月十一日。復大震。壞屋殺人。六月。以滬尾海關歸總稅務司管轄。十月。頒全臺團練之制。詔蠲咸豐九年以前未徵正供。

二年冬十月。新任臺灣兵備道丁曰健以兵至竹塹。十一月。福建陸路提督林文察亦至。遂復彰化。斬潮春。餘黨漸平。詔開淡水採礦之禁。

三年。福州稅務司議准洋人開採雞籠之煤。許之。淡水人民爭墾南雅之地。

四年。春三月。詔曰。漳州賊匪未平。深恐勾結渡臺。爲入海之計。着督元福丁曰健仍遵前旨。於海口要隘妥籌防範。毋令闌入臺地。英人德克於淡水鼓勵種茶。自是茶業大興。倫敦長老教會始派牧師至府治傳教。

五年。移新莊縣丞於艋舺。英艦魯霧至瑯璚。爲生番所擊。四月。淡水大疫。十一月。噶瑪蘭羅東分類械鬭。平之。

六年。美船那威至瑯璚。爲生番所擊。合兵討之。許洋人入內地採腦。十一月。地大震。淡水大水。壞屋殺人。

七年。閩浙總督左宗棠奏請裁兵加餉。詔可。於是存兵七千七百餘名。設道標營。布鹽制。歸兵備道管轄。英人米里沙謀墾南澳之地。

八年。秋九月。英兵夜襲安平。水師副將江國珍死之。

九年。始設通商總局。徵茶腦釐金及雞籠煤釐。

十年。日本琉球藩民遭風至瑯璚。爲生番所殺。秋八月。大風。船舶多碎。

十一年。坎拿太長老教會始派牧師至淡水傳教。

十二年。日本以全權大使至北京。請討生番。不成。

十三年。日本以軍討生番。命福建船政大臣沈葆楨視師臺灣。事平。奏開番地。移駐巡撫。籌畫善後事宜。設團練總局。十月。詔建明延平郡王鄭成功祠。追謚忠節。以明季諸臣百十四人配。從臺灣人士之請也。

光緒元年。春。設臺北府。改淡水廳爲新竹縣。噶瑪蘭廳爲宜蘭縣。增設恒春淡水兩縣。以南路同知駐卑南。北路同知爲中路。駐埔裡社。各加撫民。以理番政。令福建巡撫冬春駐臺。夏秋駐省。開人民渡臺入山之禁。從欽差大臣沈葆楨之請也。三月。討獅頭社番。北路統領羅大春通道至奇萊宜蘭。西皮福祿兩黨相鬭。平之。

二年。春。太魯閣番亂。討之。四月。澎湖大風。十一月。福建巡撫丁日昌巡視臺灣。

三年。春。日昌奏豁臺灣雜稅。五月。恒春知縣周有基查勘紅頭嶼。收入版圖。奇密社番亂。討之。六月。臺南旋風。所過之處。屋瓦盡撤。冬。建埔裡社廳城。

四年。春。澎湖大風。通判蔡祥麟請振。秋。臺東加禮宛阿眉兩番亂。討之。

五年。冬十月。福建巡撫勒方錡巡視臺灣。建淡水縣儒學。

六年。建臺北府儒學及登瀛書院。

七年。春。福建巡撫岑毓英巡視臺灣。改團練總局爲培元總局。議移臺灣道府一缺於彰化縣轄。建大甲溪橋。費欵二十萬元。六月。臺南哥老會員謀起事。獲首謀者二人。皆武弁也。殺之。八月。臺南府治大火。澎湖凶。官民振之。

八年。春。旗後擬建行臺。並電報公所。九月。兵備道劉璈委員查勘新開道路及撫番事宜。

九年。築礮臺於西嶼。夏五月。臺南府治大火。法越事起。詔命各省籌辦防務。兵備道劉璈以臺灣孤懸海外。爲七省藩籬。防務最關緊要。而籌防之難。又較各邊省爲尤甚。外則四面環海。周圍約三千餘里。無險可扼。內則中亘叢山。橫縱約二千里。生番偪處。議劃全臺爲五路。酌派五軍。分其責成。並辦水陸團練。籌欵募兵。以爲戰備。

十年。夏五月。以直隸陸路提督一等男劉銘傳任福建巡撫。治軍臺灣。夏。大疫。兵民多死。六月。法艦犯基隆。復犯滬尾。均擊退之。八月。法軍據基隆。銘傳退駐臺北。法軍遂封禁沿海。

十一年。春二月。法艦攻澎湖。入據媽宮澳。三月。和議成。銘傳奏請專駐臺灣。籌辦善後。四月。澎湖復大疫。耕牛多斃。九月。詔曰。臺灣爲南洋門戶。關係緊要。自應因時變通。以資控制。著將福建巡撫改爲臺灣巡撫常川駐紮福建巡撫事務卽著閩浙總督兼管所有一切改設事宜該督撫詳細籌議奏明辦理於是銘傳爲巡撫兼理學政置布政使司設支應局機器局營務處電報總局頒行保甲制度九月馬萊社番亂討之

十二年春正月大嵙崁番亂銘傳自將討之二月閩浙總督楊昌濬巡視臺灣三月詔曰閩臺防務關係緊要該督撫等商辦一切務當和衷共濟不分畛域力顧大局上年諭令該督撫等會議臺灣改設各事宜並著一併妥議毋稍遲延陞澎湖副將爲水師總兵歸臺灣巡撫就近節制四月銘傳至福州與昌濬合奏改設事宜五月奏請淸賦六月奏設撫墾總局以太常寺少卿林維源爲全臺幇辦撫墾大臣設善後法審官醫伐木各局九月竹頭角番亂討之於是設置隘勇改革屯政從事撫墾

十三年建臺灣巡撫衙門移北路協營於埔里社駐副將定大稻埕爲外國人商埠五月奏設鐵路議自基隆至恒春設釐金招商淸道樟腦礦油各局開西學堂番學堂電報學堂改築澎湖基隆礮臺以整剔軍務八月阿冷番亂討之

十四年設臺灣府領臺灣彰化雲林苗栗四縣改前臺灣府爲臺南府臺灣縣爲安平縣陞

臺東廳爲直隸州基隆通判爲海防同知建藩庫頒行郵政設煤務局於八堵以候補道張席珍督辦投費四十餘萬兩內外臣工多所嫉忌而臺灣紳士亦肆爲蜚語七月銘傳革職留任八月清賦畢彰化施九緞以丈費故糾衆圍城平之卑南番亂討之

十五年春建臺灣府考棚各縣多建儒學銘傳自蒞歲試十一月大嵙崁番亂討之

十六年春正月蘇澳番亂銘傳自將平之二月日本駐福州領事上野專一來臺考察歸著一論謂臺灣物產之富礦產之豐一切日用之物無所不備誠天與之寶庫也然以臺灣政治因循姑息貨置於地坐而不取寧不可惜若以東洋政策而論則臺灣之將來日本人不可不爲之注意也已而上海英領事亦來三月分戍各軍九月始鑄銀圓飭各縣添設義塾十月銘傳以病奏請辭職命布政使沈應奎署理而臺灣籌設兩道四府二直隸州十二縣之議至是而止

十七年春三月以邵友濂任巡撫新政盡廢設通誌局秋大嵙崁五指山番亂討之

十八年建欽差行臺於臺北六月射不力番亂討之

十九年建明志書院澎湖廳通判朱上泮重建義倉

二十年。以臺北爲省會。設南雅廳。三月。朝鮮事起。臺灣戒嚴。以布政使唐景崧署巡撫。

臺灣通史卷四

臺南　連雅堂　撰

過渡紀

光緒二十一年。夏五月朔。臺灣人民自立爲民主國。奉巡撫唐景崧爲大總統。初朝鮮事起。沿海戒嚴。清廷以臺灣爲海疆重地。命巡撫邵友濂籌防務。友濂文吏也。不知兵。復以在籍太僕寺正卿林維源爲會辦。維源淡水人。家巨富。既又命福建水師提督楊岐珍南澳鎮總兵劉永福爲幇辦。各帶勇渡臺。二十年秋七月。永福率廣勇二營至臺南。八月岐珍亦率十營入臺北。皆新募未練者。友濂檄提督張兆連統十三營駐基隆。基隆爲臺北門戶。礮臺在焉。道員林朝棟統臺勇守獅球嶺。以固臺北之隘。提督李本清統七營駐滬尾。嗣以廖得勝代之。而臺南悉委永福調度部署。方定。友濂辭職去。以布政使唐景崧署巡撫。景崧亦文吏。無遠略。澎湖爲臺之附庸。群島錯立。防守維艱。總兵周鎮邦率練勇八營駐防。復命候補知府朱上泮以四營協守分汛水陸雷隊警備沿岸當是時清軍疊敗詔命永福北上不行已而威海旅順次第失守臺灣亦岌岌可危二十一年春正月景崧奏曰臺灣戒嚴以來增防設備一切情形業經前撫臣邵友濂奏明在案維日人今雖蹂躪張北洋而其志未嘗一日忘臺灣時時游弋測探海道故臺灣防備無異臨敵而臺南海上霜降以後波浪平靜澎湖亦形勢俱重恒春縣轄自大港口至鳳山枋寮百有餘里前時日人曾盤踞半載熟悉地理漢奸倘有存者而該處未設礮臺且防營單薄深恐敵兵乘虛上陸故加意防禦帮辦臺灣防務南澳鎭總兵官劉永福與臺灣鎭總兵官萬國本俱駐臺南府城遙制恒春誠恐鞭長莫及故以萬國本專備安平旗後一帶沿岸劉永福專備鳳山東港以至恒春兩鎭臣相距僅百餘里事機仍足互商各勒部曲以專責成唯劉永福僅帶兩營似不足以爲布置乃急派委員至廣東添募四營而恒春東港現在防營悉歸節制以一事權汰其疲弱以濟新募之餉此則南路續辦防務之情形也夫爭臺灣者必爭澎湖蓋以澎湖可泊兵船以爲根據若我不能保澎湖則臺灣陷於孤立其勢難守而澎湖之媽宮西嶼互相對峙中隔海程二十里最爲扼要現在練勇僅有八營斷難兼顧因派候補知府朱上泮帶勇四營幷礮隊前往

協防。又設水陸雷隊。分處要地。唯該處素乏米薪。一切糧餉軍裝必須及時儲備。妥爲接濟。現已竭力運往。俾無缺用。此則澎湖續辦防務之情形也。臺中爲南北之樞紐。民情本易動搖。從來分紮勇營。僅以彈壓地方。故以今日形勢而觀。必有堅整之兵。方足以扼守海口。茲將現在四營汰弱補強。大加整頓。卽調福建候補道員楊汝翼爲統領。壁壘一新。以壯中權聲勢。此則中路續辦防務之情形也。然兵船既少。物力又艱。措置頗難。籌維兩月。方能就緒。而基隆滬尾尤爲臺北之門戶。臣與提臣楊岐珍每事會商。鼓舞士氣。固結人心。以整防務。伏思臺北港口紛歧。防營雖多。分布尚弱。又以財力有限。不能遠圖。礮臺未密。軍械未精。日前猝難增易。自應隨時隨力。妥爲設備。唯勿惜有形之財。以糜無形之財。勿損平時之備。以勞臨時之備。此則微臣之所不敢出者也。二月十九日。日本聯合艦隊司令長官海軍中將伊東祐亨率兵艦七艘。運船五艘。破浪而來。陸軍大佐比志島義輝亦率步兵三千。自佐世保而南。至澎湖。二十七日早。以第一游擊隊突入猴角。拱北礮臺見之。發礮擊傷兩艦。而日軍別以小艇上岸。遂占尖山。再進太武山。後隊繼至。遂踞焉。朱上泮聞警。率定海營兵五百進戰。至太武社。前隊奮登。日軍以礮禦。不能進。本隊復至。鏖戰數時。乃退。越日黎明。日軍攻大城山。別以一隊擊拱北礮臺。清軍退於媽宮城外。先是高千穗艦長海軍少佐丹治寛雄率陸戰隊二百四十名。携機關礮三門。潛入龍門港。據拱北礮臺之南。以扼圓頂歸路。既敗清軍。乘勝攻城。城兵潰。及午而陷。二十九日。日軍以礮擊西嶼。都司劉忠良死焉。遂搜猪母水村。守備郭俊山等率所部降。上泮敗後。乘漁舟走臺南。景崧怒。欲斬之。當是時。北洋清軍迭次敗績。詔以北洋大臣肅毅伯李鴻章爲全權大臣。東渡議和。子經芳輔之。日廷以總理大臣伊藤博文。外務大臣陸奥光宗爲全權。會於馬關春帆樓。提議六款。索割遼東臺灣。鴻章爭之。談論數日。許之。告博文曰。臺灣人民如不願從。授受之際。恐生事變。當與中國無涉。對曰。此我國之責也。鴻章又曰。臺民素稱難治。聚衆戕官。視爲常事。今聞割臺之信。經已鼓噪。誓不易主。曰。貴國但將治權讓出。則治臺之事。我國任之。鴻章曰。臺灣官紳交涉事件紛繁。應於換約後六箇月。方可授受。博文以爲遲。乃定兩月。而割臺之約成。三月二十三日。各簽草約。其第二款曰。清國將臺灣全島及附屬各島嶼。又澎湖列島。卽英國格林尼次東經百十九度起至百二十度止。及北緯二十三度起至二十四度之間諸島嶼。永遠讓與日本。又第五款曰。本約批准互換之後。限二年之內。日本准清國讓與地方人民願遷居於外者。

任便變賣所有產業退去界外但限滿之後尚未遷徙者酌宜視爲日本臣民當是時臺灣舉人會試在北京聞耗上書都察院力爭不可而臺灣紳民亦電奏曰割地議和全臺震駭自聞警以來臺民慨輸餉械固亦無負列聖深仁厚澤二百餘年之養人心正士氣正爲我皇上今日之用何忍一朝棄之全臺非澎湖之比何至不能一戰臣桑梓之地義與存亡願與撫臣誓死守禦若戰而不勝待臣等死後再言割地皇上亦可上對列祖下對兆民也不報詔飭守土官撤回景崧卽電劉永福詢去就復曰與臺存亡而獨立之議成鎮道府縣各納印去提督楊岐珍亦率所部歸廈門先是巡撫王之春聘俄道次巴黎南洋大臣張之洞命以臺灣質諸法則法出有辭未成又欲以讓諸英請主和局密授其意於上海稅務司轉商英領事遂達英政府駐英公使龔照瑗亦見外務大臣告以故外務大臣謝之曰此非本大臣之忘情於貴國也亦非敝國之却地以示廉也貴國悃悃而贈之敝國昧昧而受之於英無利於華有害是以辭也故當俄德法阻割遼東之時而英特居局外也初二日紳士邱逢甲率人民等公上大總統之章景崧受之建元永清旗用藍地黃虎以兵部主事邱逢甲爲義勇統領禮部主事李秉瑞爲軍務大臣刑部主事俞明震爲內務大臣副將陳季同爲

外務大臣道員姚文棟爲遊說使。使詣北京。陳建國情形。設議院。集紳士爲議員。衆舉林維源爲議長。辭不就。餘亦不出。唯拔貢陳雲林廩生洪文光街董白其祥數人就職。以議軍國大事。於是布告全臺。照會各國領事。幷爲檄內外曰。我臺灣隸大清版圖二百餘年。近改行省。風會大開。儼然雄峙東南矣。乃上年日本肇釁。遂至失和。朝廷保兵恤民。遣使行成。日本要索臺灣。竟有割臺之款。事出意外。聞信之日。紳民憤恨。哭聲震天。雖經唐撫帥電奏迭爭。幷請代臺紳民兩次電奏。懇求改約。內外臣工。俱抱不平。爭者甚衆。無如勢難挽回。紳民復乞援於英國。英泥局外之例。置之不理。又求唐撫帥電奏。懇由總理各國事務衙門商請俄法德三大國併阻割臺。均無成議。嗚呼慘矣。查全臺前後山二千餘里。生靈千萬。打牲防番。家有火器。敢戰之士。一呼百萬。又有防軍四萬人。豈甘俯首事仇。今已無天可籲。無人肯援。臺民惟有自主。推擁賢者。權攝臺政。事平之後。當再請命中國。作何辦理。倘日本具有天良。不忍相强。臺民亦願顧全和局。與以利益。惟臺灣土地政令。非他人所能干預。設以干戈從事。臺民惟集萬衆禦之。願人人戰死而失臺。決不願拱手而讓臺。所望奇材異能。奮袂東渡。佐創世界。共立勳名。至於餉銀軍械。目前儘可支持。將來不能不借貸內地。不日卽在上海廣州及南洋一帶埠頭。開設公司。訂立章程。廣籌集款。臺民不幸至此。義憤之倫。諒必慨爲佽助。洩敷天之恨。救孤島之危。幷再布告海外各國。如肯認臺灣自立。公同衛助。所有臺灣金鑛。煤鑛。以及可墾田。可建屋之地。一概租與開闢。均沾利益。考公法讓地爲紳士不允。其約遂廢。海邦有案可援。如各國仗義公斷。能以臺灣歸還中國。臺民亦願以臺灣所有利益報之。臺民皆籍閩粵。凡閩粵人在外洋者。均望垂念鄉誼。富者挾貲渡臺。臺能庇之。絕不欺凌。貧者歇業渡臺。既可謀生。兼同洩憤。此非臺民無理倔强。寔因未戰而割全省。爲中外千古未有之奇變。臺民欲盡棄其田里。則內渡後無家可依。欲隱忍偷生。寔無顏以對天下。因此槌胸泣血。萬衆一心。誓同死守。倘中國豪傑及海外各國能哀憐之。慨然相助。此則全臺百萬生靈所痛哭待命者也。特此布告中外知之。當是時。全臺之兵。土客新舊爲數三百數十營。每營三百六十人。景崧既駐臺北。以逢甲率所部戍附近。備策應。提督張兆連駐基隆。總兵陳永隆駐滬尾。道員林朝棟率棟軍駐臺中。帮辦防務總兵劉永福駐臺南。別設團練籌防兩局。以紳士理之。以同知黎景嵩爲臺灣知府。俞鴻爲臺北知府。溫培華爲埔里社通判。史濟道知臺灣縣。羅樹勛知彰化。羅汝澤知雲林。李烇知苗栗。凌汝曾知淡水。王國瑞知新竹盧自鑅知鳳山孫育萬知嘉義歐陽萱知恒春又以代理安平知縣忠滿兼護府道之印惟臺東直隸州胡傳南雅同知宋維釗仍舊餘悉先去矣全臺歲入正雜各項計銀三百七十餘萬兩而藩庫尚存六十餘萬兩然自軍興以來糈餉浩大旋奉部撥五十萬兩南洋大臣張之洞奏請續撥壹百萬兩劃交駐滬援臺轉運局以次接濟猶恐不足用林維源首捐壹百萬兩息借民間公款二十萬兩而富商巨室傾貲助軍者爲數亦多蒼頭特起各備餉械於是花翎侍衛許肇清起於鹿港附生吳湯興起於苗栗徐驤姜紹祖起於新竹簡精華起於雲林所部或千人或數百人皆鄉里子弟慼不畏死者而粵人吳國華龐大斌各致其黨分乘小艇入援部署甫定而日軍至矣

烟臺換約之後日廷以海軍大將樺山資紀爲臺灣總督而清廷亦以李經芳爲委員至臺授受聞獨立不敢登是日會於基隆舟次立約二條一曰臺灣全島及澎湖列島各通商口岸幷在府廳縣之城壘軍庫及官業概讓日本二曰臺灣至福建之海底電線他日兩國政府別行商議管理而臺灣劃歸矣當是時日廷以近衛師團長能久親王率師伐臺次中城灣以少將東鄉平八郞爲海軍司令官大佐福島安正爲陸軍參謀率浪速高千穗兩艦赴

淡水。就英艦詢臺事。礮臺擊之。乃駛去。游弋基隆。初六日。攻金包里。以綴臺軍。而第一旅團長川村景明潛由鼎底澳上陸。總兵曾喜照戍此。未戰而潰。初七日。越三貂嶺。景崧聞警。命吳國華率粵勇七百趣援。初八日。亭午遇於瑞芳。接戰小勝。景崧復命胡連勝陳桂波包幹臣各率軍助戰。諸弁不和。退走基隆。而日軍又進矣。基隆爲山海險要。礮臺在焉。提督張兆連率四營。通判孫道義領二營輔之。日軍以度嶺之艱。持糧步行。初九夜。至基隆。兩軍互戰。各死傷。國華不能支。拔隊退。兆連冒雨至。黎明吹角列陣。再戰。而日艦松島千代田浪速高千穗開礮擊岸上。兆連被困。親兵死傷略盡。陳得勝曾喜照陷陣救之。得勝戰死。喜照亦殊傷。礮臺遂陷。

十三日。日軍以一大隊迫獅球嶺。臺人請景崧駐八堵。爲死守計。不從。營官李文魁馳入撫署。大呼曰。獅球嶺亡在旦夕。非大帥督戰。諸將不用命。景崧見其來。悚然立。舉案上令架擲地曰。軍令俱在。好自爲之。文魁側其首以拾。則景崧已不見矣。景崧既入。携巡撫印。奔滬尾。乘德商輪船逃。將出口。礮臺開礮擊之。適德兵艦泊附近。以其擊己船也。亦開礮擊。當是時。潰兵四出。刧藩庫。焚撫署。土匪亦乘發。鬪死者五百餘人。哭聲滿巷。如是兩晝夜。林維源林朝棟邱逢甲相率去。艋舺紳士李秉鈞吳聯元陳舜臣等議彈壓。而無力可制。往商大稻埕李春生。請赴日軍求鎭撫。無敢往者。鹿港辜顯榮在臺北。見事急。自赴基隆。謁總督。請定亂。許之。日兵遂進。十四日夜半至城外。城兵猶守戰。黎明乃陷。十五日。川村景明入臺北。以騎兵略淡水。十八日。能久親王至。二十一日。總督樺山資紀亦至。遂開府於此。以理軍民之政。臺南既聞臺北之報。議奉永福爲大總統。不從。請移駐郡治。强之乃許。設議院於府學。以舉人許獻琛爲議長。廩生謝鵬翀陳鳳昌等爲議員。郎中陳鳴鏘爲籌防局長。士民上書論戰者項背相望。乃議防守之策。以知州劉成良統福軍駐旗後礮臺。提督陳羅統翊安軍備四草湖。中軍游擊李英統鎭海軍備白沙墩。周明標張占魁兩營駐喜樹莊。都司柯壬癸統吉林礮隊。合鄭超英周得啓孔憲盈各軍防安平。是爲海口之防。以副將袁錫中統鎭海後軍駐卑南。參將吳世添統練軍駐郡城。是爲內地之防。其勇營則總兵譚少宗之福字前軍。總兵李維義之新楚軍。副將楊泗洪之鎭海中軍。副將吳光忠之忠字防軍。都司蕭三發之福軍前敵。都司邱啓標之臺南防軍。守備王德標之七星旗隊。知縣忠滿之忠靖營。知縣劉光明之左右軍。其義民則進士許南英之臺南團練。吳湯興之新竹義軍。林得謙之十八堡義軍。於時土匪頗發。輒招撫之。各鄉均辦保甲。沿海亦練漁團。助守望。

日軍既得臺北。狥屬邑。以一軍取宜蘭。一軍攻新竹。二十日陷南雅。余得勝率隘勇降。夜半。義軍猝至。伏險以擊。坊城隊退據娘仔坑。而圍之愈急。彈盡糧罄。死者過半。得援始免。其取宜蘭者。以二十一日至頭圍。二十九日入縣治。

閏月朔。日軍至鳳山溪。義軍要擊之。戰至暮。新竹遂陷。大小凡二十餘戰。北埔富民姜紹祖死焉。

初三日薄暮。日艦二艘窺安平。傍英德兵船停泊。礮臺擊之。乃北去。

十二日。樺山資紀介英人移書永福。解兵。書曰。自從客歲搆兵以來。我軍疊戰疊勝。貴國簡使議和。訂約數款。臺灣及澎湖列島皆爲貴國所割讓。授受之後。本總督開府臺北。撫綏民庶。整理庶務。凡百就緒。邇聞閣下尚踞臺南。慢弄兵戈。適會全局莫定之運。獨以無援之孤軍。防守邊陬之危城。大勢之不可爲。不待知者而知矣。閣下雄才大略。精通公法。然而背戾大清國皇帝之聖旨。徒學愚頑之所爲。竊爲閣下不取也。閣下若解廷諭。速戢兵戈。俾民樂業。當以將禮送歸。麾下士卒亦應宥遇。現在臺北等處收容降敗殘兵。付船送還原籍者。計有八千人。本總督素聞聲名。不嫌直告。順逆之理。維閣下審計之。永福得書不從。復曰。中日兩國同隸亞洲之土。講信修睦。載在盟府。不意貴國棄好尋仇。侵我疆域。中國宿將雄師。亦昭忠義。而兵機有失者。李鴻章之誤。爾自古興國之人。必先施仁布澤。而後可以得民心。而後可以感天意。刻下臺北時疫大作。貴國兵隊病故者多。民情不附。天災流行。已可概見。而閣下猶不及時省悟。余甚惑之。余奉命駐守臺灣。義當與臺存亡。來書謂余背戾聖旨。又何見理不明也。夫將在外。君命有所不受。況臺南百姓遮道攀轅。涕泣請命。余既不敢忘效死勿去之語。又何忍視黎庶沈淪之慘。爰整甲兵。以保疆土。臺南雖屬邊陬。然部下數十營皆經戰敢死之士。兼之義民數萬。糧餉既足。軍械亦精。竊以天之不亡臺灣。雖婦孺亦知之。閣下總督全師。爲國大將。雄才卓識。超邁尋常。何不上體天心。下揆民意。撤回軍旅。歸我臺北。不唯臺灣百姓感戴不忘。而閣下大義昭然。千古矣。資紀知不可說。遂進兵。

初吳湯興起兵苗栗。因餉事與知縣李烇齟齬。飛電告急。彼此各執一辭。永福惶惑。令幕僚吳彭年率七星旗兵七百往。李維義副之。至彰化。臺灣府知府黎景嵩請以維義援頭份。彭年亦趣赴苗栗。六月二十日。日軍攻頭份。新楚軍副將楊紫雲戰沒。維義敗回。日軍攻苗栗。

前敵諸軍請濟師。永福苦無以應。初臺南獨立之時。道庫僅存銀七萬餘兩。府庫亦六萬餘兩。乃設官票局。權發鈔票。以莊明德理之。一時市上流衍。南北洋大臣各派員覘師。謀接濟。且有俄人願任保護之語。四川舉人張羅澄寓書永福。請力守。將借韓藩外兵以援。然迫於盟約不成。而餉匱械絀。唯閩粵總督各貽舊槍一二千桿。彈藥數萬粒而已。稅務司麥嘉林請設郵政局。未旬日而徵銀五千餘兩。二十日。責議院籌餉。咸束手無策。而前敵乞援急。乃搜括八千兩與之。再令幕僚羅綺章渡廈。籲援各省。辭甚哀痛。

二十八日。日艦三艘窺臺南。嚮午一艦近安平。開兩礮而去。七月朔。復窺枋蓁。已而至布袋嘴。以斥候上陸。詰永福所在。總兵譚少宗戍此。未敢戰。旬日以來。遊弋臺南沿海。戒備。蓋欲以牽制永福。而力撲大甲溪也。先是彭年援苗。急就地召募。未成。二十日。日軍破苗栗。李烇奔梧棲港。走福州。維義敗回。猝率所部拒戰。吳湯興徐驤助之。稍勝。初四日。日軍以山根支隊進攻。大隊繼之。管帶袁錦清林鴻貴皆戰死。吳徐退守府治。彭年駐兵牛罵頭。將扼大甲溪。而募勇夜譁。撤回彰化。電告永福濟師。彰化爲中路重邑。舉人施菼貢生吳德功設籌防局。謀戰事。永福檄安平知縣忠滿援之。滿不可。遣人說永福出戰。而己居守。永福怒。以鄭文海知縣事。乃率四營往。逗留不進。吳湯興所部索餉。環府門而譁。知府黎景嵩不能制。請彭年兼統之。再電濟師。永福疑其規避。不聽。而日軍已迫大肚溪矣。城僚議棄城。彭年止之。再電聞。令曰。兵來禦之。死守無恐。乃移駐城外。次日遇日軍結筏渡溪。徐驤拒之。伏叢莽中狙擊。日軍將濟。而李邦華亦率鄉勇數千至。然日軍野礮甚厲。死者千餘人。吳湯興沈仲安來援。截日軍為二。擊退之。次日再戰於李厝莊。小勝。將奪大甲。而諜報葫蘆墩危。提督陳尚志戰死。彭年調彰化知縣羅樹勛援之。會於頭家厝莊。莊豪林大春賴寬豫設國姓會。連絡數十社。率子弟千人助戰。相持一日夜。終不敵。初五日府城陷。樹勛收兵囘。而日軍亦繞過北投。分兩隊。以川村為左翼。山根為右翼。進攻彰化。彰城小如斗。八卦山在其東。俯瞰城中。山破卽城亦破。故建壘其上。晚旱雷兵二百自南至。欲布雷於溪畔。而旱雷自海運鹿港。緩且不及。翌日彭年誓師。以王得標率七星旗兵三百守中寮。劉得勝率先鋒營守中莊。孔憲盈守茄苳脚。李士炳沈福山各率所部守八卦山。初九日黎明。日軍以一中隊涉溪。迫黑旗營。又以一中隊擊其背。彭年開壁出。而別隊已直擣八卦山。吳湯興徐驤拒戰。力竭彈罄。湯興死焉。彭年囘軍救。率衆奪山。中彈死。李士炳沈福山湯人貴皆沒。死者幾五百人。景嵩樹勛各微服逃。日軍入城。

初十日。日軍陷雲林。進據大莆林。別以一軍略埔里社。鋒銳甚。永福赴曾文溪籌防。黃榮邦林義成簡成功及子精華均受撫願效死。十一日。副將楊泗洪率鎮海中軍及吉林礮隊取大莆林。義成精華各以所部數千助戰。日軍北。泗洪追之。中礮死。管帶朱乃昌力戰奪屍歸。反身再鬬。而日軍山礮隊至。聲震山谷。臺軍伏蔗林中以戰。左右奮擊。日軍退。乃昌麾兵逕取大莆林。遙見火光燭天。聲喧甚。詢之則榮邦義成來援也。乘勢入大莆林。殺傷過當。乃昌亦血戰死。永福令都司蕭三發率福軍前敵。代泗洪。以銀三千兩犒軍。十三日。檄成功統義軍。守備王得標嘉義知縣孫育萬會師。與精華之兵合克雲林。日軍入山。遇覆殲焉。又敗之於蘆竹塘。十六日。三發趣諸軍取彰化。自辰戰至日中。阻於日礮。不能進。據險以守。當是時軍聲頗起。中北各路約期俱舉。而臺南餉械已絕。永福又命吳桐林渡廈乞助。遍走沿海。無一應者。二十五日。精華榮邦連戰俱捷。獻馘請餉。八月初二日。再電請。語悲痛。僅括千五百兩以濟之。附近莊民多椎牛食軍。故不餒。方彰化之陷。徐驤率二十人走後山。間道至南。永福慰之。令入卑南募悍卒。得七百人。皆矯健有力者。馳赴前敵。彰化諸軍攻圍久。彈藥將罄。

初六日。榮邦誓師決戰。中彈死。初七日。義成再攻城。亦殊傷。十三日。日軍大舉猛撲。三發之。營。徐驤精華援之。相戰數日。驤死。諸皆受傷。莫能起。雲林復陷。永福歎曰。內地諸公誤我。我誤臺人。

十九日。日軍攻嘉義。王德標初營郊外。至是走入城。日軍駐營。夜半地雷發。轟死者七百餘人。翌日。以礮攻城。陷東門。總兵柏正材。營官陳開檍。同知馮練芳。武舉劉步陞。生員楊文豹等皆死。德標隨精華奔後山。二十一日。略鹽水港。別以一軍由海道至布袋嘴。譚少宗之兵與戰。敗至鐵線橋。沿途莊民持械拒戰。相持數日。生員林崑岡死焉。殺傷大當。以故不能越曾文溪而南。二十三日。黎明。日軍登枋寮。入恒春。遂略東港。以取鳳山。

當嘉義之陷。永福知事不可爲。二十一日。介英領事歐思納致書樺山資紀。求成。於時日艦大集澎湖。歐思納乘英艦拔古至。副總督高島鞆之助見之。書曰。查本年四月間。兩軍戰事已畢。海宇共慶昇平。惟和約中有臺灣全島割讓貴國一節。臺民以久隸大清國版圖。世受皇恩。不願反顏東向。是時我國遣官到臺。密行慰諭。而民心匪石。可轉。公舉本總兵爲秉辦臺事大臣。本總兵以未奉明諭。無奈徇其所請。即以力保臺民爲己任。然非有自私自利於其間也及見臺民自遘戰禍以來其苦反難言諭爲此咨請貴督願以全島相交惟尙有二事相求者貴部兵既至臺南不論何等民人宜悉優待而不加以懲罰一也本總兵部下弁兵急須內渡乞速撥船安送回陸不論閩浙粵東或南洋大臣處皆隨尊意二也此二者度貴督亦必視爲要圖故敢以爲請如別無指駁卽當迅備交臺事宜立候咨復鞆之助復書拒絕二十四日永福又委弁至披古求見英荷兩領事邀往吉野兩領事却之以永福不至雖往無益也是日吉野至安平以書與永福約明日辰刻至艦議款否則開戰兩領事亦力勸終不敢行而日軍已海陸併進矣

二十六日日艦七運船二攻旗後礮臺守將劉成良永福義子也互擊兩時許臺陷逃歸臺南永福怒欲斬之翌日入鳳山二十八日略舊城以騎兵迫臺南鄭靑拒之於二層行溪郡中大震爭舟走厦門

九月朔永福議退於關帝廟莊據山以守而警報疊至倉猝未能行初二日過午有武弁自安平馳馬入大呼援兵至郡人欣然有喜色入夜永福率親兵數人視安平礮臺遂乘英船爹利士以去翌日陳修五吳道源介英牧師宋忠堅至第二師團前哨請鎭撫初四日辰刻

日軍入城。海軍亦至安平。遣兵二十餘人被殺。而臺灣民主國亡。

臺灣通史卷五

臺南　連雅堂　撰

疆域志

光緒十一年秋七月初八日欽差大臣左宗棠奏請臺灣建省旨下軍機大臣總理各國事務王大臣六部九卿會同各省督撫議奏九月初五日軍機大臣醇親王奕譞等奏改福建巡撫爲臺灣巡撫詔曰可十二年春三月又詔曰閩臺防務關係緊要該督撫等商辦一切務當和衷共濟不分畛域力顧大局上年諭令該督撫等會議改設各事宜並着一併妥議毋稍遲延十三年夏四月新任巡撫劉銘傳會同閩浙總督楊昌濬合奏籌議臺灣郡縣分別添改裁撤以資治理疏曰臺灣疆域南北相距七百餘里東西近者二百餘里遠或三四百里崇山大溪鉤連高下從前所治不過山前迤南一帶故僅設三縣而有餘自後榛莽日開故屢增廳治而猶不足光緒元年沈葆楨請設臺北府縣以固北路又將同知移治卑南

以顧後山。全臺官制粗有規模。然彼時局勢未開。擇要修舉。非一勞永逸之計也。臣等公同商酌。竊謂建置之法。恃險與勢。分治之道。貴持其平。臺省治理視內地爲難。而各縣幅員反較多於內地。如彰化嘉義鳳山新竹淡水等縣。縱橫二百餘里三百里不等。倉卒有事。鞭長莫及。且防務爲治臺要領。轄疆太廣。則耳目難周。控制太寬。則聲氣多阻。至山後中北兩路延袤三四百里。僅區段所設碉堡。並無專駐治理之員。前寄清虛。亦難遙制。現當改設伊始。百廢具興。若不量予變通。何以定責成而垂久遠。臣銘傳於上年九月。親赴中路督剿叛番。沿途察看地勢。並據各地方官將境內扼塞道里田園山溪繪圖貼說呈送前來。又據撫番清賦各員弁將撫墾地所陸續稟報。謹就山前後通局籌畫。有應添設者。應改設者。應裁撤者。查彰化橋仔頭地方。山環水複。中開平原。氣象宏敞。又當全臺適中之地。擬照前撫臣岑毓英議。就該處建立省城。分彰化東北之境。設首府曰臺灣府。附郭首縣曰臺灣縣。將原有之臺灣府縣改爲臺南府安平縣。嘉義之東。彰化之南。自濁水溪始。石圭溪止。截長補短。方長約百餘里。擬添設一縣。曰雲林縣。新竹苗栗街一帶。扼內山之衝。東連大湖。沿山新墾荒地甚多。擬分新竹西南各境。添設一縣。曰苗栗縣。合原有之彰化及埔里社通判一廳四縣。

均隸臺灣府屬。其鹿港同知一缺。應卽裁撤。淡水之地。東控三貂嶺。番社歧出。距縣太遠。基隆爲臺北第一門戶。通商建埠。交涉紛繁。現値開採煤礦。修造鐵路。商民麕集。尤賴撫綏。擬分淡水東北四堡之地。撤歸基隆廳管轄。將原設通判改爲撫民理番同知。以重事權。此前路添改之大略也。後山形勢。北以蘇澳爲總隘。南以卑南爲要區。控扼中權。厥惟水尾。其地與擬設之雲林縣東西相直。現開路一百九十餘里。由丹社嶺集集街徑達彰化。將來省城建立中路。前後脈絡呼吸相通。實爲臺東鎖鑰。擬添設直隸州知州一員。曰臺東直隸州。左界宜蘭。右界恒春。計長五百餘里。寬三四十里十餘里不等。統歸該州管轄。仍隸臺灣兵備道。其卑南廳舊治。擬請改設直隸州同一員。水尾迤南。改爲花蓮港廳。墾熟田約數千畝。其外海口水深數丈。稽查商船。彈壓民番。擬請添設直隸州判一員。常川駐紮。均隸臺東直隸州屬。此後路添改之大略也。謹按臺灣疆土賦役。日增月廣。與舊時覊縻僑置情形迥不相同。因地制宜。似難再緩。況年來生番歸化。狉獉之性。初就範圍。尤須分道拊循。藉收實效。臣等身在局中。旣不敢遇事紛更。以紊典章之舊。亦不敢因陋就簡。以失富庶之基。損益酌中。期歸妥協。詔曰可。於是分設三府一州三廳十一縣。以臺灣府爲省會。駐巡撫。而設備未周。

暫駐臺北。十五年秋八月。命臺灣知縣黃承乙中路統領林朝棟築城。固將以為中樞之地矣。初建省之時。彰化紳士蔡德芳吳朝陽等上書巡撫。請設鹿港。略曰。臺灣孤懸一島。南北綿亘千餘里。東盡番山。西臨瀚海。重以土浮民靡。動輒變生。無事之時。耕漁亦足相安。有事則請兵籌餉。在在仰需內地。伏思開臺之初。建設郡縣。多從海口。獨嘉義縣城離海稍遠。至如彰化縣城。西距鹿港不過十數里。其東延內山。平原遼濶。伏莽滋多。兼以溪多林茂。防禦難施。卽如同治元年戴潮春之變。自內一發。城池立陷。城之西面若斷一橋。踞一竹圍。雖內地大兵數千。屯駐鹿港。經年亦不能進。洎大兵夾擊。收復之後。猶可相爭。故乾隆間貴西道趙翼有移鹿港之議。懇恩入告。事雖未行。要其大意。總在設城海口。今當盛朝威靈震疊。仰荷欽憲撫臨此邦。營建省會。從此添兵足餉。重權鎮懾。全臺託庇。萬無可慮之事。第聖人有言。處常固當思變。謹始乃以慎終。臺灣果蒙建省。省會必歸彰界。然前旣有移縣城近海之議。而今省城或轉設近山。萬一地方有警。一扼溪險。竊恐萬兵難進。咫尺先不能通。何論南北。此尤大勢之當籌者。至於來龍之歸宿。海道之引導。或擇其新地。深謀遠慮。或仍其舊城。事半功倍。欽憲明見萬里。斟酌自有權衡。固毋庸某等之多贅。且事關奏聞。尤非下士之所能置辯。唯生長於斯。聞見頗熟。抱此區區。又不能坐受知而不言之咎。爰敢披瀝歷來大局情形。附繪彰化舊城來龍宿脈圖說一紙。懇乞轉詳。不可。十七年。夏五月。銘傳辭職。以邵友濂任之。友濂文吏也。無遠略。奏請移設臺灣省會。以定規模。略曰。前卜定省城之地。雖當中樞。控制南北。而山岳四面圍匝。距臺南臺北兩府各四五日程。其間溪水暴漲。交通頗煩。兼以沿海水淺。輪船難以駛入。南北有事。接濟遲延。又省城必須建築壇廟衙署等。經費浩繁。無由籌辦。伏思臺北居臺灣之上游。衙署局庫略已成工。商民輻輳。鐵路亦通。舟車之利兩備。故擬以該府城為臺灣省會。十八年。先止城工。而省會遂移於臺北矣。

臺南府領縣四。曰安平。曰嘉義。曰鳳山。曰恒春。廳一。曰澎湖。

安平縣

安平為全臺首善之地。開闢最早。荷蘭之時。築壘於赤嵌社。臺人謂之赤嵌樓。則今之縣治也。而臺灣府志以為臺灣建屋多用赤瓦。水濱高處。閩人曰墈。訛為嵌。故與安平城俱稱赤嵌。乾隆十年。巡臺御史范咸作赤瓦歌。其自序云。臺人屋瓦皆赤。下至牆垣。此赤嵌城之所由名也。如志所言。拘泥文字。此與解釋臺灣之說相似。夫臺灣原作埋冤。漳泉之音也。故或曰臺員。或曰大灣。而府志乃謂荷人建城。制若崇臺。海濱水曲曰灣。又泊舟處亦謂之灣。此臺灣所由名也。言之誤謬。余已論之。夫赤嵌爲番社之名。固無庸諱。稗海紀游謂明會典太監王三保赴西洋水程有赤嵌取水一語。是赤嵌固土番之部落。其井尚存。爲最古之跡矣。延平郡王克臺之後。建承天府。置天興萬年二縣。改一鯤身爲安平鎮。安平爲泉州安海之名。延平起師之地也。入臺之後。移置於此。又建桔柣門。以存故土之念。而安平城或稱王城。赤嵌樓乃爲承天府矣。清人得臺。建臺灣府。領縣三。以臺灣縣爲附郭。二百餘年。文化日啓。制度典章。蔚爲上國。信乎東南之大邑也。光緒十四年。建省之後。移臺灣縣於臺中。以作會城首邑。而舊縣改名安平。又以巡撫暫駐臺北。大府初建。冠蓋雲從。仕宦之徒。爭趨利祿。而臺南乃日退矣。縣之疆域本窄東負羣山。氣象雄偉。羅漢外門實當其衝。故前設縣丞以治之。今已裁。山之土番悉已歸化。其近郭者且同漢人。故他縣尚須防撫。而安邑早敉矣。治西六里有安平鎮。前阻大海。非舟莫濟。今已淤爲大道。車馬可以往來。舊志謂臺江汪洋。可泊千艘。臺江爲安平鎮之內海。則今之魚塭。道光二年。夏秋淫雨。兼旬不霽。曾文灣裡各溪之水溯漲而出。塗泥歸虛。積爲平陸。而滄海變爲桑田矣。安平鎮之左爲鯤身。右爲菅仔埔。其西則鹿耳門。風濤噴薄。夙稱天險。荷蘭鄭氏之時。均築礮臺。守海道。今亦半沈。僅存沙汕。巨舟不能入。其大者須泊四草湖。夫安平鎭爲互市之口。駐領事。設海關。以振興貿易。故臺南商務冠全臺。猶不失爲富庶也。唯南至二層行溪。與鳳山界。北至曾文溪。與嘉義隣。相距不逮五十里。而土尙膏腴。人懷禮義。士游於庠。農歌於野。商勉於廛。工集於肆。喬木之思。尙足起後人之感。況於古都舊邑乎。生斯土者。能不葆而愛之歟。

嘉義縣

嘉義古諸羅也。諸羅番社名。又山名。而舊志以爲諸山羅列。非矣。康熙二十三年。始設治於佳里興。劃曾文溪以北隸之。佳里興亦番社也。濱海而居。疆域廣漠。遠至三貂。其時北鄙猶未啓也。嗣以水土不宜。移於今治。及朱一貴平後。劃虎尾溪以北爲彰化。而疆域稍小。然墾務日盛。人民殷庶。巍然爲府治之左臂。乾隆五十一年。林爽文之役。彰淡俱陷。被圍逾歲。嬰城死守。效命弗去。詔嘉其義。改今名。永垂千古矣。建省之後。又劃牛稠溪以北爲雲林。而疆域愈小。然絕長補短。猶爲百里之邑。縣負山面海。田疇交錯。形勢與彰化埒。而玉山屹立東北。高至一萬三千數百尺。爲東洋羣山之王。坤輿磅礴。特鍾於是。亦足豪矣。阿里山爲玉山之子。森林之富。冠東洋。天賦之寶藏也。火山在治之東南。烈焰騰空。下有溫泉。居民引火以炊。挹泉以浴。奇境也。前時斗六門設縣丞一員。分資治理。今爲雲林縣治。而安嘉交界之處曰大武隴。設巡檢。沿海之地。港灣多。唯布袋嘴較深。巨舟可入。若鹽水港則久淤矣。夫嘉義爲山海奧區。物產殷富。士慕忠貞。女懷節烈。風俗之美。與南郡同。此則敎化之功。而一道同風。日臻於善也。

鳳山縣

鳳山。以山名。舊治在興隆里。爲鄭氏之萬年縣。自二層行溪以南歸之。遠及瑯璚。爲府治之右臂。乾隆五十二年。林爽文之役。莊大田起兵應之。蹂躪縣城。事平。遷今治。則埤頭也。鳳山在治南三十里。狀若鳳。實則一培塿爾。疆域之大。次諸羅。而轄境且至卑南。但事羈縻而已。光緒元年。劃率芒溪以南。爲恒春。而形勢稍小。猶爲山海之區也。其地東北至瀰濃。丘陵起伏。路險阻。西行五里爲旗尾。安鳳交界之旁徑也。西南臨海。沙汕紆迴。魚鹽之饒。甲全臺。打鼓山在治之西十八里。建壘駐兵。以防海道。其旁爲旗後。各國互市之口也。港內水深。可泊巨艦。又旁二十里爲東港。亦商船互市之口也。小琉球嶼在治之南六十里。與東港對峙。屹立海中一葦可杭周圍約二十里耕漁幷耦境絕淸邃下淡水溪爲臺灣大川源自內山瀠洄數十里會赤山之冷水溝而入於海引水漑田者萬甲歲豐人庶鳳山之巨利也渡溪至阿猴林素爲奸宄出沒之處故設下淡水縣丞以駐之率芒溪爲鳳恒之界沿北行有枋藔焉僻處海濱漸近內山前時設汛同治六年置巡檢以詰盜賊衞行旅爲南顧之策夫鳳山舊邑也深山大海物力充牣然以閩粵分居踞地相長一言不合趣起干戈而今乃稍息矣兄弟鬩牆外禦其侮急公義而棄私仇尤有望於鳳人士焉

恒春縣

恒春處極南之地設縣之議起於討番之役而成於開山之時先是福建船政大臣沈葆楨以牡丹之事視師臺灣亟求邊備光緒元年奏劃率芒溪以南新設縣治於瑯嶠之猴洞山山形環抱中拓平原其地常燠故名恒春實爲全臺之南唯縣之北境與鳳山接壤東西南三面皆濱海自率芒溪歷嘉鹿塘經枋山過楓港而至柴城凡六十里爲福康安駐師以木爲城今改土堡其旁有統領埔相傳鄭氏屯田之地土厚而腴自治東越射麻里萬里得高士佛而至八瑤灣計程五十三里爲恒卑之界又二十五里爲牡丹灣則凶番棲伏之處今

已平矣。縣之三面雖濱海。而港灣淺狹。不足以容巨舟。若大板埒射寮楓港等。則時可出入。苟以人工而鑿之。則善矣。鵞鑾鼻斗出海中。下有暗礁。夙稱天險。上建燈臺以示航路。顧其地南連南嶠。盈盈帶水。爲東西洋往來孔道。未可以僻遠而置之。恒春之番。向分上下各十八社。今可紀者五十有八。性較馴。苟勤撫字以化之。徠人民以墾之。闢水利以溉之。刊道路以通之。開物成務。教養併行。不數十年。而炎風瘴雨之地。皆稱樂土矣。

澎湖廳

澎湖。固海疆重地。群島錯立。風濤噴薄。天險也。荒古以來。不見史策。隋開皇中。虎賁中郎將陳稜始略其地。其居於此土者。固猶是軒轅之胤也。或曰楚滅越。越之子孫遷海上。或居於澎湖。唐宋以來。居民漸長。及元之末。始設巡檢司。隸同安。未久而廢。明初宇內未平。無業之民。聚嘯其間。洪武五年。乃墟其地。遷其民於漳泉。已而復至。嘉靖間以海防故。復設巡檢司。旋罷。而澎湖棄爲甌脫矣。夫澎湖爲濱海之藩籬。而東西往來之衝也。墟地之舉。誠爲失策。是以島夷攘之。海寇據之。傚擾昏墊。靡有窮期。迨我延平郡王東略臺灣。先收其地。設安撫司以治之。而澎湖乃爲我有。康熙二十二年。清軍入東寧。翌年。設巡檢。隸臺灣縣。以水師副將駐之。雍正五年。改設通判。別爲廳。兼海防事務。屹然海上重鎭矣。朱一貴既平之後。廷議以澎湖失而鄭氏降。澎湖存而臺灣復。擬移總兵於此。總兵藍廷珍以爲不可。上書論之。議始罷。夫澎湖固海上重鎭。而地瘠民貧。不產五穀。恃臺爲援。一旦遏絕。勢可立斃。守之之策在籌持久。建礮臺以禦之。設艦隊以巡之。練民兵以用之。討軍實以充之。而後可以言守。可守而後可以言戰。戰之得失。閫外寄之。其機在於一時。守之輕重。有司任之。其謀在於平日。故曰兵可百年而不用。不可一日而不備。何也。東南之地勢。紐於臺灣。而澎湖者臺灣之門戶也。海疆有事。澎湖必先被兵。故籌臺灣者。必先籌澎湖。法人之役。是其殷鑒。澎湖距府治一百七十有五里。南趨南嶠。北走登萊。西渡金廈。近者一日。遠或數日。海天萬里。不過衣帶之水爾。故以巨大海軍。扼險於此。則南北之交通可絕。而臺灣恃以無恐。諸島之中。大山嶼最大。媽宮在其西。文武居之。外以西嶼爲屏蔽。而內以新城龜山相犄角。駐兵置壘。防患未然。其地東至陽嶼。西至花嶼。南至大嶼。北至目嶼。周圍二百四十二里。舊言三十六島。實則有名可紀者五十有五也。漁村蜃舍。以海爲田。顧其人習水冒險。耐勞頗有堅毅之氣。生聚教訓。尅日並行。則此帕頭短袴之民。皆海國干城之選也。君子於此知所務矣。

臺北府領縣三。曰淡水。曰新竹。曰宜蘭。廳一。曰基隆。曰南雅。

淡水縣

淡水據北臺之樞。荷蘭以前。未之聞。歸清以後。始隸諸羅。嗣屬彰化。雍正九年。設淡水同知。治竹塹。凡大甲以北皆歸之。經營締造。二百餘年。聲名文物。蒸蒸日上。信乎可爲大郡也。先是同治十年。同知陳培桂徇廳民之請。議陞直隸州。增學額。未及行。而開山撫番事起。欽差大臣沈葆楨奏裁同知。建臺北府。以淡水爲附郭。治艋舺。艋舺舊時貿易之地也。建省以後。乃趨於大稻埕。而艋舺稍退。然人民猶庶。縣之疆域。南至土牛溝。與新竹界。北以三貂溪爲限。與宜蘭鄰。東負深山。野番伏處。設隘防之。滬尾距治西三十里。各國互市之口也。設關征稅。駐領事。以管僑民。故建礮臺。衞重兵。以守之。其水自鷄籠山而來。歷八堵五堵。經圓山出關渡而入於海。旁流支脈。交衍於艋舺大稻埕之間。航運之利。實輿商業。而灌田尤廣。故產穀多。夫淡水番地也。左擁龜崙之山。右握獅球之嶺。溪流交錯。金煤硫磺之利。蘊於上。腦茶材木之富。生於山。然鄭氏之時。以流罪人。康雍之際。尙苦瘴癘。至於今。繁華靡麗。冠於全臺。此則人治之效也。然以冠蓋遨游。五方雜處。士慕虛文。女習歌舞。驕奢淫佚。亦冠全臺。則又

末俗之弊也移風易化綱紀是張是所望於淡人士焉

新竹縣

新竹固土番部落原名竹塹鄭氏曾用兵其地舊志以爲環城植竹故稱竹塹此大謬也夫鄭氏之時尚未設官已有竹塹之名則藍鼎元籌理臺疆亦有開墾竹塹埔之議唯其所名者舉縣轄而總言爾歸淸之後始隸諸羅農功未啓行旅鮮通故猶以荒遠視之雍正元年劃入彰化幷設淡水同知稽查北路兼督彰化捕務九年又以大甲溪以北刑名錢穀專歸淡水同知管理而猶駐彰化也乾隆二十年始移治竹塹及光緒四年臺北設府裁同治而知府仍暫駐其地五年三月淡新分治劃土牛溝以南爲新竹以北爲淡水其所轄者有六堡十五年又折爲新苗兩縣於是南至中港與苗栗鄰北及土牛溝與淡水界西濱大海而東入番山南北相距八十五里東西六十五里泱泱乎大邑也哉土壤膏腴人民殷庶文學之盛冠冕北臺而又士重然諾農勤稼穡非如淡水之靡麗也然以山野之間閩粵分處械鬭之風長年不息且地與番接馘首相雄沿山之人亦多習武此則自然之勢也夫新竹爲北臺之奧區羣山崒嵂拱若列屏巍然而獨立者則雪山也高至一萬一千數百尺中港香

山之溪皆源自內山流遠而緩唯入海之處水淺不足泊巨舟故航運之利猶藉淡水山川鍾秀人物效靈發揚光大尙有待於此邦之君子焉

宜蘭縣

宜蘭卽蛤仔難番語也或曰甲子蘭三面負山東臨大海平原沃壤久置荒蕪及吳沙墾土以來三籍之人相率而至築堡以居自頭圍至於五圍拓地愈廣浸成都聚沙死姪化能撫其衆請入版籍嘉慶十五年乃設噶瑪蘭廳置通判理民事治於五圍百務草創棋布里堡多就番語譯之同治十三年開山議起設臺北府改廳爲縣曰宜蘭以爲北臺屛翰而前後山之襟帶也北界三貂溪南逮蘇澳自三貂溪以至草嶺深林密菁最稱險要過嶺爲大里簡東望東海波濤洶湧豁然萬里則太平洋之濱也北隅三十里有小嶼曰龜山置兵守之草嶺迤東羣山羅列其大者曰玉山積雪不化高至萬尺巍巍乎大觀也哉海濱巨石嶙峋中設一關曰北關而設於蘇澳者曰南關屹立稱門戶焉蘇澳之口水深四五丈可泊輪船唯防礁石南風北風兩澳又爲蘇澳門戶泖鼻山在三貂溪之口形如象鼻直插入海旁有小澳曰琉球澳礁險不容舟頭圍距治東北三十里設縣丞自頭圍歷大坪林達景尾街可

至府治爲旁徑約程百十數里自蘇澳以南濱海行可達臺東然地多險阻溪流汎濫不易涉故舟行較易也夫宜蘭爲土番之區荒古以來久居化外而吳沙乃入拓之闢草萊任耕稼建廬里徠游民以張大國家之版圖其功業豈不偉歟唯地濱東海富森林故長年多雨然以水利之豐物土之宜讀書力田饒有堅强之氣蘭雖一隅富庶之興尤將有所發洩也

基隆廳

基隆爲北門鎖鑰而通商之大埠也煤礦之利取之無窮故至者日多然當二百數十年前猶是荒昧之域也其地固土番部落舊稱雞籠地絕北林深瘴盛天寒長年多雨故有雞籠積雪之景而與今日之氣象早已不同矣當明之季荷蘭旣據臺南而西班牙亦入雞籠築壘駐兵以相角逐則今之社寮島也臥榻之側不容鼾睡荷人逐之奄有全臺乃未幾復爲我延平郡王所逐矣歸淸之後尙事羈縻乾嘉以還居者漸聚耕漁並耦雞狗相聞由淡水而雞籠由雞籠而噶瑪蘭蓋已大啓土宇矣海通旣闢列國窺伺其所以目逐逐而心怦怦者則以此天富之煤礦足爲東洋之外府爾故當臺北建府之時沈葆楨以海防已重訟事尤繁自非煤務微員所能治理乃設通判於此改名基隆光緒十三年復易同知以重事權

雖轄地四堡不足以建一縣然固臺北之藩衞也夫基隆之富庶由於人力而亦由於地利梯山航海百事俱興締造經營與時駢進則此一市一廛不特爲臺灣之大埠且爲東洋之巨會矣

南雅廳

南雅爲撫墾之地而大嵙崁寔當其衝先是道光八年陳集成始拓其土鋤耰竝進弓矢斯張而番害未戢也光緒十二年巡撫劉銘傳奏設撫墾大臣置撫墾局闢良田開溝洫伐木熬腦以施番政其不服者則移師討之而大嵙崁之景象一新然地處內山距治較遠而居者日多二十年乃於近旁之湳仔新設通判改名南雅以治民也政令初頒輿圖忽改經綸措施匪旦夕事顧其地山廻水抱境絕偉麗內蘊無窮之利外徠務本之民長刀大斧亭毒發揚尙有待於後人之孟晉也

臺灣府領縣四曰臺灣曰彰化曰雲林曰苗栗廳一曰埔里社

臺灣縣

臺灣舊名也而縣爲新設光緒十三年建省之時以彰化之橋仔頭莊地處南北之中背山

面海。平原交錯。南有湖日之饒。北有大甲之險。鑿山刊道。戍兵撫番。遠達臺東。如臂使指。一日鐵路告成。居中馭外。可以控制全臺。於是巡撫劉銘傳奏建省會。劃彰化之北新設一治。謂之臺灣。而以舊時之臺灣縣改名安平。固以此爲中樞也。故亦曰臺中。十四年。命棟軍築城。建衙署。起學宮。駐軍旅。計丁庸。將以經營新邑。然縣治固畎畝之地。土厚泉甘。商賈未集。唯城外大墩街。略有市肆。其懋遷有無者。仍赴彰化也。自縣治北行二十里爲葫蘆墩。勢控大甲。山間之人多至此貿易。亦行軍之所必爭者。當隋之時。用兵於此。虎賁威稜。今其泯乎。葫蘆墩東北二十里爲東勢角。又東八里爲抽藤坑。又東南六十里爲埔里社。光緒元年。始入版圖。設官行政。以撫綏群番。爲臺中之後衛。梧棲在縣西。商船互市之口。亦海隅之一都會也。夫臺中固土番之地。所謂猫霧捒者也。康熙五十五年。岸裡社番始請墾。諸羅知縣周鍾瑄許之。及朱一貴平。後總兵藍廷珍以其土沃。募佃闢田。故名藍興堡。雍正元年。劃虎尾溪以北至大甲溪。增設彰化。而臺中隸焉。十年。設猫霧捒巡檢。駐犁頭店。臺中之設官始於此。乾隆二十四年。設南投縣丞。南投距治南四十里。中隔烏溪。爲內山出入孔道。民番雜處。商旅往還。亦山間之一都會也。夫自臺中而論。山多海少。故其人重農而輕商。然以土田之腴。水利之大。餘糧棲畝。戶多盖藏。巖居谷飲之民。日與生番相角逐。冒危難。赴險阻。勇往不屈。故其人尙武。而林爽文戴潮春乃後先而出。謂非種性之强乎。臺中士君子而能閑之以誼。使之以和。奬之以文。臨之以禮。巖巖新邑。氣象萬千。逴鑠發揚。且邁南北。而果爲中樞之地焉。是在人爲而已。

彰化縣

彰化固半線之地。鄭氏之時。左武衛劉國軒駐軍於此。以討沙轆諸番。歸淸以後。始隸諸羅。尙以曠土視之。雍正元年。劃虎尾溪以北。建設新邑。欲以表彰王化。故曰彰化。其時北鄙猶未大啓也。疆域廣漠。民番雜處。土腴而俗悍。鼠牙雀角。輙起械鬪。夙稱難治。然墾務日興。成都成聚。物力之饒。溝洫之利。人多殷庶。縣治在八卦山麓。斗大之城。險不足據。而反足資敵。故有移城鹿港之議。鹿港在治西二十里。商船互市之埠也。市廛之盛。次於南郡。前駐海防同知。與泉州之蚶江相對。海程之近。無逾此者。而港口日塞。航運不通。苟非投資開鑿。未得以興彰化之利也。光緒八年。兵備道劉璈以彰化居臺之中樞。形勢未善。議移知縣於鹿港。而於大肚之間。或藍興堡之橋仔頭莊。別建新邑。駐巡道。守重兵。以控制南北。巡撫岑毓英頗蹧之及建省後分湖日以北爲臺灣濁水以南爲雲林而鹿港同知早移於埔裡社疆域遂小然臺中雖爲省會而知府尙駐彰化猶得以保其朔若夫土田之沃人文之盛彰化之興今未艾也

雲林縣

雲林設縣始於建省之時則爲撫墾之計爾先是光緒十三年劃嘉義以北之地經營新邑擇治於林圯埔之雲林坪爲鄭氏部將林圯所闢者故曰雲林以旌其功而治當濁水清水兩溪之域每逢汛濫不得往來十九年乃從知縣李烇之議移於斗六門斗六門者嘉義北隅之險也乾隆二十六年設巡檢以分治近山洎光緒元年又自集集闢道以達臺東之璞石閣爲東西交通之衢而雲林實握其紐故曰前山第一城集集距治之北東土番互市之區也伐木熬腦移民漸聚而陳有蘭溪之畔草萊未闢原田膴膴尙有待於後人焉縣之疆域北以濁水爲界彰化共之南以牛稠溪爲境其東則高山峻嶺人跡罕通黥面文身之輩巖棲谷飲之倫射鹿殺人以相雄長恩威併行而後可服若西雖臨海而岸直灣淺不足以通舟楫北港爲古來互市之口宋明之時已有其名今亦塞矣盖以濁水分流挾沙澎湃出

口之處日積日淤沿海一帶遂不得耕地瘠而民貧飲水且難況食稻乎夫臺灣爲殷富之地力田有秋而澎湖之民每苦鹹雨二林深耕又患飛沙地之肥磽或相倍蓰固不得同日而論也然則雲林之利不在於海而在於陸不在於平原而在於山谷材木之饒竹箭之美羽毛齒革之豐足以供給而有餘亦臺灣之一奧區也

苗栗縣

苗栗番語也謂之猫裡土番居之僻處新竹之南舊與彰化相接光緒十四年建省後劃中港以南爲苗栗以北爲新竹各有三堡而苗栗隸臺灣府其縣治則猫裡社之墟也草昧初啓制度未備其所以建設新邑者亦爲撫墾之計爾當是時經理番政尅日併行南湖罩蘭之野天富待興墾田熬腦踵相接也故以此治之其地群山起伏粵族相處沿海一帶始多漳泉之人地瘠而民勤丁男子婦盡力農畝故善治之則其民可使然臺灣之兩大溪曰大安曰大甲皆當其南而大甲尤爲北臺之關隘一旦有失則淡新數百里之地可長驅而擾也嘉慶十四年設巡檢道光十年駐守備竝建土城以爲固故當戴潮春之役林日成三攻大甲不能破而北路始得無害此則地勢之險阻而足以絕其道爾夫苗栗設縣於今未久

撫治之方在謀富庶苟得十年成聚十年教訓二十年之後可以追蹤新竹而翹然爲一巖邑矣

埔裡社廳

補里社在萬山之中距臺灣府治東南可九十里中拓平原周三十餘里土厚泉甘宜稻蔗物產尤饒取之無盡南北兩溪皆源自深山奔流而西以達於海引水溉田者十數萬甲固天然之奧區也歸化番社二十有四而以六社名曰埔裡曰眉裡曰田頭曰水社曰沈鹿曰猫蘭而埔裡尤著康雍以來久見紀載封疆大吏猶以甌脫視之能不惜哉地大物溥來者日衆封禁之議遂不可行於是鄧傳安倡之史密和之而劉韻珂乃大言之其陳開設之利詳矣而痺痿臣工不知大計仍以險遠爲難可謂昧矣光緒紀元開山議起臺灣鎭總兵吳光亮略兵中路爰有招撫六社之請詢謀僉同建設一廳以鹿港同知移駐於此改爲中路撫民理番同治治大埔城啓之劚之教之養之而六社之土田戶籍乃得隸於宇下其地僻處內山居臺之中勢險而阻危崖深谷偪仄難行自府治出南門行二十里至烏溪水急不可涉駕筏渡之六里爲草鞋墩迤東八里爲土城海蘭察駐軍之地也十三里爲龜仔頭八

里爲內國姓鄭氏之時劉國軒率師至此以討北港溪番人多粵籍而家祀延平郡王十二里爲北港溪兩山夾立茂林蔽天往時野番嘗伏險殺人設隘之後患始戢十里爲松柏崙高數百仞盤旋而上俯瞰大埔城如在眼底越山東行二十里卽至其自葫蘆墩踰抽籐坑而來者亦會於北港溪是爲入治之北路自草鞋墩東行十二里至南投前駐縣丞今已撤又十二里爲濁水十二里爲集集八里爲柴圍又北越雞胸嶺十五里而至頭社地腴而坦又八里爲水社有日月潭勝境也水極清冽環可二十餘里中有小山曰珠嶼番繞嶼居極稠密獨虛其中往來必架艋舺刳獨木爲之雙槳以濟大者可容十數人潭中多菱藕饒魚鱉番取以食藍鼎元記之以爲古稱蓬瀛不是過也繞嶼北行五里爲猫蘭又五里沈鹿又十里爲白葉嶺過此而北又行十里是爲入治之南路自治東行延眉溪上流而至霧關平原盡處豁然高山爲野番出沒之所樟楠之屬蓊鬱成林荒古以來斧斤未入故得長葆其壽霧關山絕高與臺東接苟闢而徑之可達花蓮港而守城大山獨當一面神足氣王巍然爲治之屏翰夫埔裡社自開拓至今漢人爭處前茅後勁再接再厲墾成之田已萬甲衆至二三萬人而土番乃日就凌夷不能存其十一其得以暫保其生者唯外來之屯番爾然語

言習俗。漸從漢風。則亦同化於我而已。烏乎。優勝。劣敗。之機。可不。惕哉。

臺東直隸州

臺東州

臺東為新闢之地。高山大川。氣象雄偉。疆域之廣。可為一府三縣。而自歸隸以來。久任荒蕪。外族窺伺。莫肯關心。其有負耒荷戈而至者。唯我堅強辛苦之先民。爾然蓽路藍縷。涉履艱危。與天氣戰。與野番戰。與猛獸戰。瀕於死者數矣。光緒紀元。開山議起。欽差大臣沈葆楨奏設卑南廳。以事經營。卑南處臺東之中。地尤肥美。闢草萊。任耕稼。可成都聚。而利尚未啓也。拔木通道。戍軍撫番。前山之人。相率而至。洎光緒十三年。乃陞為州。而運會亦漸移矣。其地自蘇澳以南。至得其黎。百四十里。巉壁峻嶒。難通輿馬。且少可耕之壤。而中亘東澳大南澳大濁水大小清水五溪。水險而大。莫施舟檝。得其黎至新城六十里。地稍平。灌莽荒榛。頗多磽确。自是歷花蓮港。吳全城。大巴壟。而至水尾社。計程百五十里。地盡膏腴。又有秀孤巒之溪。可資灌溉。溪水入海之處。曰大港。舟不易行。自水尾而西。至璞石閣。大軍駐焉。歷平埔石牌。以達卑南。亦百五十里。地多膏腴。鋤耰日進。皆成良田。惜墾之者尚少。爾卑南以西二百數十里爲恒春壤稍遜然若巴塱衛若八瑤灣皆可墾也夫以臺東疆域之廣地利之饒設官行政已二十年而莽莽蒼蒼尙委於鹿豕之鄉則以航運難通也濱海六百餘里唯花蓮港成廣澳可泊輪船而風信靡常礁石紛錯往還不易帆船更不能以時至也其遵陸而行者則自璞石閣入山過八通關以抵雲林之林圯埔計程二百六十餘里沿途皆番行者懼焉故商旅不敢往來而懋遷尙少番之大者曰斗史五社在大南澳曰大魯閣八社在大濁水以北依山而居性最悍曰加禮宛六社爲平埔之番居於鯉浪以北其南者曰南勢七社亦平埔也秀孤巒之間凡二十四社璞石閣之平埔亦八社其處於成廣澳之北者曰沿海八社其南曰阿眉八社而卑南之可紀者四十有六此則多經招撫而微化其性然尙不事畎畝射獵爲生若夫丹番巒番木瓜等番散伏深山素不與人來往經綸措施匪旦夕事苟得良有司治之與以便宜之權立以經久之計悉心任事不憚勤勞而移住之人又能忍辱負重群策群力以除害而興利焉臺東之富庶始得與前山媲美也

坊里

坊里之名肇於鄭氏其後新闢之地多謂之堡堡者聚也移住之民合建土堡以捍災害猶

城隍也。而澎湖別名爲澳。禹貢九州攸同。四隩既宅。釋文以爲隩與澳同。水濱也。是澎人固依水而居者也。里之大者數十村。或分上下。或劃東西。商賈錯居者謂之街。漢人曰莊。番人曰社。而澎湖亦曰社。莊社之間。各植竹圍。險不可越。聚族而居。守望相助。閩人先至。多居近海。粵人後至。乃宅山陬。而閩人之中。漳泉爲巨。以是因緣。每起械鬬。交通既闢。情感自孚。比歲以來。其風稍戢。然撫墾雖興。而番害猶烈。長治之計。在於協和。化行風美。斯爲善矣。夫天下大器也。集衆人而成家。集衆家而成國。國之利害。猶家之利害也。故知愛家者必知愛國。夫無家則不可以住。無國且不可以立。其賤乃降於輿隸。君子傷之。故坊里之名。僅爲疆域之分。而非可以此自囿也。識時之士。當務其大者遠者。而後可以進於郅治焉。

安平縣治四坊

東安坊後分上下　西定坊後分上下

寧南坊後分上下　鎭北坊後分上下

安平縣轄四十三里

效忠里　新昌里

永寧里
文賢里
崇德東里
仁德南里
長興上里
永康上里
永康下里
外武定里
廣儲西里
新化里西堡
安定里西堡
善化里西堡北隸嘉義
新化西里

仁和里
依仁里
崇德西里
仁德北里
長興下里
永康中里
內武定里
廣儲東里
新化里東堡
安定里東堡
善化里東堡北隸嘉義
新化東里
新化北里

內新化南里
內新豐里
永豐里
保大東里
歸仁北里
嘉祥外里
羅漢外門里
楠梓仙溪西里

嘉義縣轄三十七堡

嘉義東堡
大目根堡
打猫東下堡
打猫北堡北隸雲林

外新化南里
外新豐里
保大西里
歸仁南里
嘉祥內里
羅漢內門里
楠梓仙溪東里

嘉義西堡
打猫東頂堡北隸雲林
打猫南堡
打猫西堡

大槺榔東下堡
蔦松堡北隸雲林
牛稠溪堡
柴頭港堡
太子宮堡
果毅後堡
哆囉嘓東下堡
下茄苳南堡
白鬚公潭堡
學甲堡
茅港尾東堡
善化里東堡南隸安平
佳里興堡

大槺榔西堡
大坵園西堡
鹿仔草堡
鹽水港堡
鐵線橋堡
哆囉嘓東頂堡
哆囉嘓西堡
下茄苳北堡
龍公潭堡
赤山堡
茅港尾西堡
善化里西堡南隸安平
西港仔堡

麻豆堡
蕭壠堡
漚汪堡

鳳山縣轄二十六里

大竹里
鳳山上里
鳳山下里
小竹上里
小竹下里
觀音上里
觀音中里
觀音下里
觀音內里
長治一圖里
長治二圖里
文賢里
維新里
仁壽上里
仁壽下里
半屏里
興隆內里
興隆外里
赤山里
港西上里

港西中里　港西下里

港東上里　港東中里

港東下里　新園里

恒春縣轄十三里

宣化里　德化里

至厚里　安定里

長樂里　治平里

泰慶里　咸昌里

永靖里　仁壽里

興文里　善餘里

嘉禾里

臺灣縣轄七堡

藍興堡　猫羅堡

捒東上堡北隸苗栗　捒東下堡

大肚上堡　大肚中堡

大肚下堡

彰化縣轄十三堡

線東堡　線西堡

猫羅堡　馬芝堡

二林上堡　二林下堡

燕霧上堡　燕霧下堡

武東堡　武西堡

東螺東堡　東螺西堡

深耕堡

苗栗縣轄四堡

苗栗堡在縣之東北舊稱竹南二堡　吞霄堡在縣之西舊稱竹南三堡

大甲堡在縣之南舊稱竹南四堡

揀東上堡在縣之東南其屬大甲溪南者隸臺灣

雲林縣轄十七堡

斗六堡

溪洲堡

他里霧堡

沙連上堡

西螺堡

沙連下堡

打猫東頂堡南隸嘉義

打猫北堡南隸嘉義

大槺榔東頂堡

尖山堡

海豐堡

布嶼堡

大坵園東堡

白沙墩堡

蔦松堡南隸嘉義

北投堡

南投堡

淡水縣轄九堡

大佳臘堡

芝蘭一堡

芝蘭二堡　芝蘭三堡
八里坌堡　擺接堡
興直堡　文山堡
桃澗堡

新竹縣轄三堡

竹塹堡在縣之中舊稱竹北一堡
竹南堡在縣之南舊稱竹南一堡
竹北堡在縣之北舊稱竹北二堡

宜蘭縣轄十二堡

本城堡　員山堡
民壯圍堡　溪洲堡
頭圍堡　四圍堡
羅東堡　二結堡
清水溝堡　紅水溝堡

利澤簡堡　茅仔蓁堡

基隆廳轄四堡

基隆堡　金包裡堡

三貂堡　石碇堡

南雅廳轄一堡

海山堡

埔裡社廳轄三堡

埔裡社堡　北港溪堡

五城堡

臺東州轄五鄉

南鄉即卑南覔　廣鄉即成廣澳

奉鄉　新鄉即新城

蓮鄉即花蓮港

臺東州轄番社十一社

斗史五社　太魯閣八社

加禮宛六社　南勢七社

秀孤巒二十四社　璞石閣平埔八社

成廣澳沿海八社　成廣澳南阿眉八社

卑南覓南十五社　卑南覓西二十二社

卑南覓北九社

澎湖廳轄十三澳

東西澳爲廳治近附有社十　嵵裡澳距治十九里有社十二

林投澳距治十二里有社十　奎壁澳距治七里有社九

鼎灣澳距治十里有社九　瓦硐澳距治二十六里有社五

鎮海澳距治二十二里有社四　赤嵌澳距治二十九里有社二

通梁澳距治三十里有社二　吉貝澳距治八十里有社一

西嶼澳距治二十里有社十二
水垵澳距治五十里有社三

網垵澳距治五十里有社六

臺灣通史卷六

臺南　連雅堂　撰

職官志

連橫曰。臺灣爲荒服之地。中古未入版圖。草衣木食之民。自生自養。老死不相往來。固不知所謂政治也。及隋唐之際。避遯之民。群聚澎湖。推年大者爲長。畋漁爲業。牧羊山谷間。各贍其食。毋相淩陵。故無訟獄之事。又不需所謂政治也。蒙古崛起。威震南邦。澎湖亦爲所略。至元中。設巡檢司。隸同安。澎湖之置吏。始於此。然是時居人不及二千。且僻遠不易治。尋廢其官。而元亦遁歸蒙古。明初天下未平。無業之民相爲嘯聚。侵掠閩粵。洪武五年。信國公湯和經略海上。而墟其地。自是澎湖遂爲海寇巢窟。嘉靖四十二年。都督俞大猷討林道乾。留師駐防。仍設巡檢司。已復裁之。而澎湖遂爲荷蘭所略。荷人既據澎湖。復入臺灣。築城戍兵。布教撫番。設知事以治之。隸爪哇總督之下。西班牙亦據淡水。墾土殖民。以相抗衡。而臺灣遂爲二國所分矣當是時延平郡王奮起金厦經略中原以光復舊業金陵敗後窮蹙兩島乃議取臺灣一鼓而下荷人降伏送之歸國而臺灣復始爲我族有也夫臺灣固我族開闢之土延平既至析疆行政撫育元元而我顚沛流離之民乃得憑籍威靈安生樂業此天之默相黃冑而故留此海外乾坤以存明朔也初延平開府思明軍國大事一日萬幾分所部爲七十二鎭令六官理國務一時人才薈萃庶績咸熙凡所便宜封拜輒朝服北向望永歷帝座疏而焚之克臺之歲改臺灣爲東都置承天府以楊朝棟爲府尹祝敬爲天興知縣莊之列爲萬年知縣設安撫司於澎湖是爲地方之制又以周全斌總督承天府南北諸路任官撫番分管社事綱紀振飭制度修明泱泱乎大國之風也延平立法嚴而愛民如子勸之以忠厲之以勇使之以義綏之以和閩粤之民聞風而至拓地遠及兩鄙臺灣之人以是大集永歷十六年子經立十八年以諮議參軍陳永華爲勇衛軍國大事悉任之永華爲政儒雅與民休息改東都爲東寧天興萬年爲二州二十年聖廟成三月以永華爲學院葉亨爲國子助教教之養之臺人自是始興學三十四年永華卒翌年經薨克塽幼不能治國以至於亡康熙二十二年清人得臺灣議棄其地靖海將軍施琅疏陳不可乃設府一縣三隸福建

六十年。以朱一貴之變。特命巡視臺灣滿漢御史各一員。監察行政。時漳浦藍鼎元從軍在臺。以北路地方遼濶。治理失宜。議於半線增建一縣。其言甚切。雍正元年。乃劃虎尾溪以北。設彰化縣及淡防同知。領地至蛤仔難。而墾者亦日至焉。當是時土地初闢。橫絕大海。往來多險。仕宦憚之。康熙三十年。詔曰。臺灣各官自道員以下教職以上。俱照廣西南寧等府之例。將品級相當現任官員內揀選調補。三年俸滿卽陞。如無品級相當堪調之員。仍歸部選。著爲令。雍正七年。議准臺灣道府同知通判知縣到任二年。令該督撫於閩省內地揀選賢能之員。乘北風之時。令其到臺。與舊員協辦半年之後。令舊員乘夏月南風之便。回至內地補用。政績優著者。准加級。稱職者准加一級。以示鼓勵。十二年。總督郝玉麟奏准調臺官員年逾四十無子。准其挈眷赴任。夫臺灣旣爲海疆重地。而官吏俸祿甚輕。舊制分巡道年六十二兩四分四厘。知府同祿。臺防同知四十二兩五錢五分六厘。知縣二十七兩四錢九分。縣丞二十四兩三錢二厘。巡檢十九兩五錢二分。寔不足以資衣食。乾隆八年。奉旨增加養廉。於是分巡道一千六百兩。知府同祿。臺防同知五百兩。臺灣知縣一千兩。他縣八百兩。縣丞巡檢各四十兩。然貪婪之吏。以宦爲賈。舞弄文墨。剝民肌膏。三年報罷。滿載而歸。而臺灣府縣之缺。遂爲巧佞所爭矣。嘉慶十五年。設噶瑪蘭廳。自是頗多增置。而人民亦有二百數十萬。蓋已拓地至臺東矣。牡丹之役既平。同治十三年十一月。欽差大臣沈葆楨奏請移福建巡撫於臺灣。略曰。臺灣洋務稍鬆。即善後不容稍緩。唯此次之善後與往時不同。臺灣之所謂善後者。即臺灣之所謂創始也。顧善後難。以創始爲善後則尤難。臣等曩爲海防孔亟。一面撫番。一面開路。以絕彼族覬覦之心。以消目前肘腋之患。固未遑爲經久之謀。數月以來。南北諸路。縋幽鑿險。斬棘披荊。雖各著成效。卑南奇萊各處。雖分列軍屯。祇有端倪。尙無綱紀。若不悉心籌畫。詳定規模。路非不已開也。謂一開之不復塞。則不敢知。番非不已撫也。謂一撫之不復疑。則不敢必。何也。臺地延袤千百餘里。官吏所治。祇海濱平原三分之一。餘皆番社。爾國家養育番黎。但令薄輸土貢。永禁侵凌。意至厚也。而奸民積匪。久已越界潛蹤。驅番佔地。而成巢窟。則有官未開而民先開者。入山既深。人跡罕到。野番穴處。涵育孳生。則有番已開而民未開者。疊巘外包。平埔中擴。鹿豕游竄。草木蒙茸。地廣番稀。棄而弗處。則有民未開而番亦未開者。是但言開山。而山之不同已若此。生番種類數十。大概有三。牡丹等社。恃其悍暴。刼殺爲生。愍不畏死。若是曰凶番。卑南埔裡一帶。居近漢民。略通人性。若是者曰良番。臺北斗史等社。雕題黥面。向不外通。屯聚無常。種落難悉。獷人如獸。雖社番亦懼之。若是者曰王字番。是但言撫番而番之不同又若此。夫欲開山而不先撫番。則開山無從下手。欲撫番而不先開山。則撫番仍屬空談。今欲開山則曰屯兵衛。曰刊林木。曰焚草萊。曰通水道。曰定壤則。曰招墾戶。曰給牛種。曰立村堡。曰設隘碉。曰致工商。曰設官吏。曰建城郭。曰置郵驛。曰建廨署。此數者孰非開山之後必須遞設者。今欲撫番。則曰設土目。曰查番戶。曰定番業。曰通語言。曰禁仇殺。曰教耕稼。曰修道塗。曰給茶鹽。曰易冠服。曰設番學。曰變風俗。此數者又孰非撫番之時必須并行者。雖然此第言後山。其繁重已若此。前山之入版圖也。百有餘年。一切規制。何嘗具備。就目前之積弊而論。班兵之惰窳也。蠹吏之盤踞也。土匪之橫恣也。民俗之蹈淫也。海防陸守之俱虛也。械鬬紮厝之迭見也。學術之不明。庠序以容豪猾。禁令之不守。烟賭以爲饔飧。官斯土也。非無振作有爲。正己率屬之員。始苦於事權之牽制。繼苦於毀譽之混淆。救過不遑。計功何自。使不力加整頓。一洗浮澆。但以目下山前之規模。推而爲山後之風氣。雖多一新闢之區。適多一藏奸之藪。臣等竊以爲未可也。嘗綜前後山之幅員計之。可建郡者三。可建縣者十。固非一府所能轄。欲別建一省。又苦器局之未成而閩省向需臺米接濟。臺餉向由省城轉輸。彼此相依。不能離而爲二。環海口岸。處處宜防。洋族教堂。漸漸分布。居民向有漳籍泉籍粵籍之分。番族又有生番熟番屯番之異。氣類既殊。撫馭匪易。況以創始之事。爲善後之謀。徒靜鎮之非宜。欲循例而無自。使臣持節可暫而不可常。欲責效於崇朝。兵民有五日京兆之見。倘逾時而久駐。文武有兩姑爲婦之難。臣等再四思維。宜仿江蘇巡撫分駐蘇州之例。移福建巡撫駐臺。而後一舉而數善備。何以言之。重洋遠隔。文報稽遲。率意逕行。又嫌專擅。駐巡撫則有事可以立斷。其便一。鎮治兵。道治民。本兩相輔。轉兩相妨。職分不相統攝。意見不免參差。上各有所疑。下各有所恃。不賢者以爲推卸地步。其賢者亦時時存形迹於其間。駐巡撫則統屬文武。權歸一尊。鎮道不敢不各修其職。其便二。鎮道有節制文武之責。而無遴選武文之權。文官之貪廉。武弁之勇怯。督撫所聞。與鎮道所見。時或互異。駐臺則不待採訪。而耳目能周。黜陟可以立定。其便三。城社之巨姦。民間之寃抑。覯聞親切。法令易行。公道速伸。人心帖服。其便四。臺民烟癮本多。臺兵爲甚。海疆官制久壞。臺兵爲尤。良以弁兵由督撫提標抽取而來。各有恃其本帥之心。鎮將設法羈縻。祇求其不生意外之事。是以比戶窩賭。如買之於市。農之於田。有巡撫則考察無所瞻循。訓練乃有寔際。其便五。福建地瘠民貧。州縣率多虧累。恒視臺地爲調濟之區。不肖者玧法取盈。往往不免。有巡撫以臨之。貪黷之風。得以漸戢。其便六。向來臺員不得志於鎮道。及其內渡。每造蜚語中傷之。鎮道或時爲所挾。有巡撫則此技悉窮。其便七。臺民游惰可惡。而戇直寔可憐。所以常聞蠢動者。始由官以吏役爲爪牙。吏役以人民爲魚肉。繼則人民以官吏爲仇讐。詞訟不清。而械鬪紮厝之端起。奸宄得志。而豎旗聚衆之勢成。有巡撫則能豫拔亂本而塞禍源。其便八。況開山伊始。地勢殊異。成法難拘。可以因心裁酌。其便九。新建郡邑驟立營堡。無地不需人才。丞倅將領。可以隨時札調。其便十。設官分邑。有宜遠久者。有屬權宜者。隨時增革。不至廩食之虛縻。其便十有一。開煤煉鐵。有第資民力者。有宜參用洋機者。就近察勘。可以擇地而興利。其便十有二。夫以臺地向稱饒沃。久爲他族所垂涎。今雖外患暫平。旁人仍耽耽相視。未雨綢繆之計。正在斯時。而山前山後。其當變革者。其當創建者。非數十年不能成功。而化番爲民。尤當漸積優柔。不能渾然無間。與其苟且倉皇。徒滋流弊。不如先得一主持大局者。事事得以綱舉目張。爲我國家億萬年之計。況年來洋務日密。偏重東南。而臺灣孤懸海外。七省以爲門戶。關係非輕。欲固地險。在得民心。欲得民心。先修吏治營制。而整理吏治營制之權。操於督撫。總督兼轄浙江。移駐不如巡撫之便。臣等明知地屬封疆。事關更制。非部民屬吏所應越陳。而夙夜深思。爲臺民計。爲閩省計。爲沿海籌防計。有不得不出於此者。敢不據寔上聞。以爲蒭蕘之獻。旨下福建督撫議奏。總督李鴻年巡撫王凱泰奏言福臺關聯甚巨。彼此相依。未可遽分爲二。請以福建巡撫冬春駐臺。夏秋駐省。詔可。於是葆楨奏建臺北府。改淡防廳爲新竹。噶瑪蘭廳爲宜蘭。新設恒春淡水兩縣。置臺東基隆兩廳。而移北路撫民理番同知於埔里社。改爲中路。大事更張。以革新吏治營制。亦稍整飭。而臺灣之規模漸大矣。光緒二年六月。江南道御史林拱樞奏言。瑯璚之役。沈葆楨暫任其事。議移巡撫駐紮臺灣。俾善其後。以現在情形而論。區處臺灣。非善後之謀。寔創始之事。十二月。刑部左侍郎袁葆恒亦奏言。臺灣之地。雖僻海濱。而物產豐富。各國垂涎。倘爲外人盤踞。則南北洋各處。出沒窺伺。防不勝防。加以民番雜處。區畫尤難。非專駐大臣鎭以重兵。舉其地之民風吏治營制。鄉團事事。寔力整頓。洽以德意。孚以威信。未易爲功。查直隸四川甘肅各省。皆以總督兼辦巡撫。可否改福建巡撫爲臺灣巡撫。常川駐守。經理全臺。其福建全省事宜。專歸總督辦理。　事任各有攸司。責成卽有所屬。似於臺灣目前情形。不無裨益。而巡撫丁日昌亦以分駐兩地。往來不便。奏請簡駐重臣。督辦數年。而後建省。部議不可。七年春。巡撫岑毓英巡視臺灣。以臺灣孤懸海外。幅員遼濶。籌備防務。必須南北聲氣相通。方易措手。查彰化縣治居南北之中。應將臺灣道府二缺。權其輕重難易。移一於此。俾可居中控制。兵備道劉璈以彰化之下橋仔頭莊。可爲都會之地。議移道缺。而以埔裡社之中路同知。爲臺灣直隸州。與巡道北路副將均移於此。劃大肚八卦兩山之地歸州管轄。移彰化縣於鹿港。改爲州屬。而猫霧捒巡檢爲州吏目。南投縣丞爲州判。駐埔裡社。分鳳山縣學官一員。爲州學正。改臺灣府爲臺南府。專轄臺鳳嘉恒四縣。以與臺北對立。毓英以爲可。將入奏。會越南事起。視師廣東。臺灣亦戒嚴。詔以直隸陸路提督劉銘傳駐臺治軍。及平。以銘傳爲福建巡撫。十一年五月。奏請專駐臺灣。辦理要政。又陳設防練兵清賦撫番四事。七月。欽差大臣左宗棠奏言。今日之事勢。以海防爲要圖。而閩省之籌防。以臺灣爲重地。臺雖設有鎭道。一切政事。必稟承督撫。重洋懸隔。文報往來。平時且不免稽遲。有事則更虞梗塞。如前次法人之變。海道不通。諸多阻礙。其已事也。臣查同光之交。前辦理臺防大臣沈葆楨躬歷全臺。深維利害。晉有移駐巡撫十二便之疏。比經吏部議准在案。嗣與督臣李鶴年巡撫王凱泰仍以巡撫兼顧兩地。覆奏。光緒二年。侍郎袁葆恒請將福建巡撫改爲臺灣巡撫。其福建全省事宜。專歸總督辦理。部議以沈葆楨原奏臺灣別建一省。苦於器局未成。彼此相依。不能離而爲二。未克奉旨允行。厥後撫臣丁日昌以冬春駐臺。夏秋駐省。往來不便。因有專簡重臣督辦數年之請。臣合觀前後奏摺。督撫大臣謀慮雖周。未免各存意見。盖王凱泰因該地瘴癘時行。心懷畏郤。故沈葆楨循其意而改爲分駐之議。丁日昌所請重臣督辦。亦非久遠之圖。皆不如袁葆恒事外旁觀。識議較爲切當。夫臺灣雖係島嶼。綿亘亦一千餘里。舊制設官之地。祇海濱三分之一。每年物產關稅。較之廣西貴州等省。有盈無絀。倘撫番之政。果能切實推行。自然之利。不爲因循廢棄。居然海外一大都會也。且以形勢言。孤峙大洋。爲七省門戶。關係全局。甚非淺鮮。其中如講求軍備。整頓吏治。培養風氣。疏濬利源。在在均關緊要。非有重臣以專駐之。則辦理必有棘手。以臣愚見。惟有如袁葆恒所請。將福建巡撫改爲臺灣巡撫。所有臺澎一切應辦事宜。概歸該撫經理。庶事有專責。於臺防善後。大有裨益。至該地產米甚富。內地本屬相需。若協濟餉項。各省尙通有無。亦萬無不爲籌解之理。委用官員。請照江蘇成例。各官到閩之後。量缺多少。簽分發往。學政事宜。幷歸巡撫兼管。勘轉命案。即歸臺灣道就近辦理。其餘一切建置分隸各部之政。從前已有成議。毋庸更張。專候諭旨定案。即飭次第舉行。當是時內外臣工條陳臺灣善後者凡十數起。而貴州按察使司李元度亦請以福建巡撫專駐臺灣。兼理學政。且言軍中所需軍火礮械。均須在臺設局製造存儲。不得如前仰給福建。致有隔絕之患。夫日本距臺甚邇。日本疆圉略如臺灣。而歷朝以來。倔强自立。近且併琉球。亂朝鮮。改從西洋制度。儼然自居於列强之間。夫日本之財力。皆取之國中。非別有轉輸也。而游刃有餘。可以富庶。臺灣地大物博。百利未興。若能經理得人。需以歲月。何遽不如日本哉。夫强弱無異。民不善用之則弱。能善用之則强。應請簡任巡撫鎮道。久任而責成之。闢土地。課農桑。徵賦稅。修武備。則七省之藩籬永固。而臺灣可無害矣。旨下軍機大臣總理各國事務王大臣六部九卿會同各省督撫議奏。九月初五日。軍機大臣臣醇親王奕譞總理各國事務大臣臣慶親王奕劻大學士臣世鐸臣額抑和布臣閻敬銘臣張之萬北洋通商大臣臣李鴻章等奏言。臣等查臺灣為南洋樞要。延袤千餘里。民物繁富。通商以後。今昔情形。迥然不同。宜有大員駐紮控制。若以福建巡撫改為臺灣巡撫。以專責成。似屬相宜。恭候欽定。如蒙俞允。所有一切事宜。應由該督撫詳細酌議奏明辦理。詔曰可。於是設臺灣巡撫。建省會於下橋仔頭莊。以控制南北。設臺灣府。領縣四。附郭曰臺灣。新設雲林苗栗二縣。改臺灣府爲臺南府。臺灣縣爲安平縣。陞臺東廳爲直隸州。凡三府一州三廳十一縣。以銘傳爲巡撫。廷議以臺灣南北袤延甚遠。擬設臺北道以分管理。銘傳奏復添設臺北道。不如添設藩司。詔曰可。於是以沈應奎爲臺灣布政使。而兵備道仍兼按察使。又以澎湖爲閩臺門戶。非設重鎭不足以資控制。詔以澎湖副將與海壇鎭對調。臺灣鎭總兵銷去掛印二字。均歸巡撫節制。十二年。設督辦臺灣撫墾大臣。以在籍太僕寺正卿林維源爲幇辦。兼團練大臣。銘傳具幹才。大興新政。築鐵路。通航運。辦淸賦。闢山林。建學堂。討軍寔。開鑛產。振工商。計日度月。次第舉行。將置臺灣於富強之域。而士夫不諗其意。政府亦多掣肘。遂稱病以去。繼之者邵友濂。文吏也。諸皆廢止。二十一年。日本據遼東。詔割臺灣以和。下旨撤回官吏。五月。臺人自立爲民主國。舉前巡撫唐景崧爲大總統。以李秉瑞爲軍務大臣。俞明震爲內務大臣。陳季同爲外務大臣。姚文棟爲游說使。餘如舊。而府縣多繳印去。已而大總統亦逃。遂至於亡。

鄭氏中央職官表

吏官永曆八年設六官分理國事
戶官
禮官
兵官
刑官
工官
學院永曆二十年設以勇衞陳永華任之
國子助教永曆二十年設以葉亨任之
行人永曆八年設
給事中此下二官均明舊制
各科主事
各科內都事

鄭氏臺灣職官表

承天府尹永曆十六年設掌一府政事

天興知縣永曆十六年設駐府治十八年改州

萬年知縣永曆十六年設駐興隆里十八年改州

澎湖安撫司永曆十六年設

北路安撫司永曆三十六年設

清代職官表

福建臺灣巡撫一員

光緒十一年奏改福建巡撫爲臺灣巡撫暫駐臺北十三年照甘肅新疆例改爲福建臺灣巡撫

臺灣布政使司一員

光緒十三年設綜核全臺錢糧餉項考核大計竝設布庫大使一員兼理經歷事

臺灣按察使司一員

乾隆五十三年奉旨嗣後補放臺灣道員者俱加按察使銜俾得奏事光緒十三年部議

臺灣道向兼按察使銜毋庸特設一切刑名由道管理卽設司獄一員

提督學政一員

舊例以按察使副使或按察司僉事爲提學道每省一員雍正四年改爲提督學政臺灣向以兵備道兼理雍正五年改歸漢御史乾隆十七年復歸道光緒元年奏由巡撫主政四年歸道十三年仍歸巡撫

巡視臺灣監察御史滿漢各一員

康熙六十年設駐府治乾隆十七年定例自後三年巡視一次不必留駐三十年奉旨嗣後隨時派往五十二年罷命閩浙總督福建巡撫水陸提督每年輪值一人前往巡視

督辦臺灣撫墾大臣一員

光緒十二年設巡撫兼理

帮辦臺灣撫墾大臣一員

光緒十二年設駐臺北大嵙崁

分巡臺灣兵備道一員

康熙二十三年設爲臺廈兵備道駐府治六十年去兵備雍正六年改爲分巡臺灣道乾隆五十一年加兵備銜五十二年加按察使銜

臺南知府一員

康熙二十三年設爲臺灣府總滙各縣刑名錢穀支放兵餉光緒十三年改今名移臺灣府於臺中

臺北知府一員

光緒元年設

臺灣知府一員

光緒十三年設

臺東直隸州知州一員

光緒十三年設駐卑南

臺灣海防同知一員

康熙二十三年設駐府治乾隆三十一年改爲南路理番同知兼海防光緒元年移駐卑

南本缺裁

南路理番同知一員

光緒元年設駐卑南十三年陞爲州本缺裁

北路撫民理番同知一員

乾隆三十二年設駐彰化縣治辨理淡防彰化諸羅民番交涉事務四十九年鹿港開港兼理海防五十年兼理捕務五十三年移駐鹿港光緒元年改爲中路撫民理番同知本缺裁

中路撫民理番同知一員

光緒元年設駐埔里社十年奏仍駐鹿港十三年裁

淡水捕務同知一員

雍正元年設駐彰化七年改爲撫民同知移竹塹光緒元年設縣本缺裁

澎湖海防同知一員

雍正五年設海防通判駐媽宮城光緒十一年陞爲同知

基隆撫民理番同知一員

光緒元年設海防通判十三年陞爲同知

南雅撫民理番通判一員

光緒二十年設駐大嵙崁

噶瑪蘭撫民理番通判一員

嘉慶十五年設駐五圍光緒元年改縣本缺裁

卑南州同一員

光緒十三年設隸臺東州

花蓮港州判一員

光緒十三年設隸臺東州

安平知縣一員

康熙二十三年設原爲臺灣縣附郭光緒十三年改今名移臺灣縣於臺中

鳳山知縣一員

康熙二十三年設駐舊城後移今治
嘉義知縣一員
康熙二十三年設駐佳里興爲諸羅縣嗣移今治乾隆五十三年奉旨改今名
恒春知縣一員
光緒元年設駐瑯嶠
淡水知縣一員
光緒元年設附郭
新竹知縣一員
光緒元年設
宜蘭知縣一員
光緒元年設
臺灣知縣一員
光緒十三年設附郭

彰化知縣一員
雍正元縣設駐半線
雲林知縣一員
光緒十三年設
苗栗知縣一員
光緒十三年設
臺灣縣丞一員
康熙二十三年設駐城雍正九年移駐羅漢門乾隆五十四年改巡檢本缺裁
鳳山縣丞一員
雍正九年設駐萬丹乾隆二十六年移駐阿里港
諸羅縣丞一員
雍正九年設駐笨港
彰化縣丞一員

乾隆二十三年設駐南投光緒元年奏移鹿港十年仍駐南投十八年復移鹿港本缺裁

下淡水縣丞一員

光緒元年設駐阿猴林

頭圍縣丞一員

嘉慶十七年設隸噶瑪蘭廳

新莊縣丞一員

乾隆三十二年設巡檢隸淡防廳五十三年改縣丞嘉慶十四年移駐艋舺

艋舺縣丞一員

嘉慶十四年設光緒元年裁

新港巡檢一員

康熙二十三年設隸臺灣乾隆二十六年移駐斗六門本缺裁

佳里興巡檢一員

乾隆二十六年設隸諸羅五十二年移駐大武壠本缺裁

大武壠巡檢一員
乾隆五十二年設
斗六門巡檢一員
乾隆二十六年設隸諸羅光緒十四年裁
鹿仔港巡檢一員
雍正十年設隸彰化嘉慶十四年裁
大甲巡檢一員
嘉慶十四年設隸淡防後隸苗栗
猫霧捒巡檢一員
雍正十年設駐犁頭店隸彰化光緒十三年裁
下淡水巡檢一員
康熙二十三年設隸鳳山五十一年移駐赤山雍正九年移大崑麓乾隆五十三年移興隆里

竹塹巡檢一員

雍正十年設隸淡防廳兼司獄事

八里坌巡檢一員

雍正十年設隸淡防廳乾隆三十二年移駐新莊

羅漢門巡檢一員

乾隆五十四年設隸臺灣嘉慶十六年移駐蕃薯藔光緒元年奏移澎湖八罩嶼本缺裁

枋藔巡檢一員

光緒元年設隸恒春

八罩巡檢一員

光緒十年設

葫蘆墩巡檢一員

光緒十三年設隸臺灣

臺南府經歷一員

康熙二十三年設兼司捕務
臺北府經歷一員
　光緒元年設
臺灣府經歷一員
　光緒十三年設
各縣典史一員
　隨縣設司捕獄事務
臺南府學教授一員
康熙二十三年設雍正十一年添設訓導一員
臺北府學教授一員
　光緒元年設
臺灣府學教授一員
　光緒十三年設

各縣學教諭一員

隨縣設

民主國職官表

大總統

軍務大臣

內務大臣

外務大臣

游說使

府州廳縣如舊

臺灣通史卷七

戶役志

臺南 連雅堂 撰

戶役之制。三代詳矣。漢法郡國上計。歲登其民於宰相。副在太史。所以施政教而行徵令也。

連橫曰。國者民之國也。與民治之。是故管仲相齊。作內政而寄軍令。商君用秦。立保甲以厲耕戰。故能有勝於天下。然必先明其民數之多寡。力役生產。乃可得而平也。臺灣爲荒服之地。當明中葉。漳泉人之至者。已數千人。及荷蘭來。賦課丁稅。每丁四盾。領臺之初。歲收三千一百盾。其後增至三萬三千七百盾。蓋移殖者衆。而入欵亦巨也。鄭氏因之。每丁改爲六錢。熟番如之。其時航海而至者。十數萬人。是皆赴忠蹈義之徒。而不忍爲滿州臣妾也。故其奔走疏附者爲主戶。而商旅爲客戶。肇啓土宇。式廓版圖。以保持殘局。漢族之不奴者。僅此爾。永歷三十四年。嗣王經棄金廈。來者尤衆。華人之在呂宋者。久遭西人之暴。前後戾止。皆撫拊之。給其田疇。樂其生業。故有久居之志。使得十年生聚。十年教訓。二十年之後。可以光復故國。抑且奄有海邦。而南風不競。以至於亡。痛哉。清人得臺之時。志稱舊額戶一萬二千七百二十七口。一萬六千八百二十八。歲徵銀八千零六兩三錢二分。是必有所謬誤。不然何其尠耶。考施琅疏陳海上情形。謂查自故明時。原住澎湖百姓有五千六人。原住臺灣者有二三萬人。俱係耕漁爲生。至順治十八年。鄭成功挈去水陸官兵眷口三萬有奇。康熙三年。鄭經復挈去六七千人。以此計之。則臺灣之人殆十萬。何以僅爲一萬六千餘人。且琅之疏亦有未確者。鄭氏陸師七十有二鎮。使鎮爲千人。則有七萬二千。加之以四民。應倍其數。是臺灣之民。此時已近二十萬。不然。以一萬六千餘人。僅不過一鄉。而奏設三縣。何其夸耶。蓋志之所載。僅舉丁稅而言。爾清例。凡有家眷者爲一戶。男子年至十六者爲成丁。每丁徵銀四錢七分六厘。而婦孺爲口。是時移殖之人。多無家眷。丁男或流落四方。躬耕巖穴。編查不及。故若是其少。丁稅之制。卽古之庸。所以任國之役也。是故稅以足食。賦以足兵。而役以用力。國之經也。民之義也。故社番男女亦課之。舊例壯番每丁徵米一石七斗。少番一石三斗。番婦一石。而教冊公廨番丁與番婦同。歸化八社有人三千五百九十二。歲共徵米四千六百四十五石三斗克臺之歲。旨下福建督撫。凡渡臺者禁帶家眷。而琅亦請申海禁。不許惠潮之人入臺。故多漳泉人。然利之所在。人所必趨。況以新啓之地。原田膴膴。何從而禁之哉。康熙五十二年。詔以五十年丁冊爲常額。滋生人口。永不加賦。雍正四年。定豁番婦丁稅。少壯番丁改爲一律。每粟一石折銀三錢六分。共徵銀二千十六兩九錢三分六厘。乾隆元年。詔曰。朕愛養元元。凡內地百姓與海外番民。皆一視同仁。輕徭薄賦。使之各得其所。聞福建臺灣丁銀一項。每丁徵銀四錢七分。再加火耗。則至五錢有零矣。查內地每丁徵銀一錢至二錢三錢不等。而臺灣加倍有餘。民間未免竭蹶。着將臺灣四縣丁銀。悉照內地之例。酌中減則。每丁徵銀二錢。以舒民力。於是歲徵三千七百六十五兩餘。約減舊額之半。二年。又詔曰。臺灣番黎大小共九十六社。每年輸納之項。名曰番餉。按丁徵收。有多至二兩有餘及五六錢不等。朕思民番皆吾赤子。原無歧視。所輸番餉。卽百姓之丁銀也。着照民丁之例。每丁徵銀二錢。其餘悉行裁撤。該督撫可轉飭地方官。出示曉諭。寔力奉行。務令番民均沾寔惠。又聞澎防淡防兩廳均有額編人丁。每丁徵銀四錢有零。從前未曾裁減。亦着照臺灣四縣之例以行。於是歲徵番餉三百四十九兩。較舊更減六倍有奇。先是淡水設廳。僅由彰化撥歸丁口十一。歲徵銀五兩二錢三分六厘。而數年間開墾竹塹各地。至者驟增。多至數萬人。編審未備。故若是之少也。十二年。詔各府縣丁銀勻配田園。按畝徵輸。於是上田勻配四厘一毫八絲六忽。中田四厘三毫八絲一忽。下田四厘六毫三絲九忽。上園四厘九毫二絲九忽。中園五厘五毫五絲七忽。下園五厘六毫三絲三忽。而丁銀廢矣。各縣所徵。其詳如表。蓋以臺灣地多人少。與他府異。故不論地丁。而論田土。則貧民免追逋之憂。而有司無賠累之苦。自是以來。移民日多。墾務日進。全臺約及百萬。而來者仍不許挈眷。番地亦禁開拓。此則退守之政也。二十五年。福建巡撫吳士功奏言。臺灣歸隸版圖。將及百年。久成樂土。居其地者。俱係閩粵濱海州縣之民。俱於春時往耕。西成回籍。迨後海禁漸嚴。一歸不能復往。其生業在臺灣者。既不能棄其田園。又不能搬移眷屬。別娶番女。恐滋擾害。經陞任廣東撫臣鄂彌達具奏。凡有妻子在內地者。許呈明給照。搬眷入臺編甲為良。旋經議行在案。嗣於乾隆四年。前督臣郝玉麟以流寓民眷均已搬取。即有事故遲延。亦屬無幾。請停止給照。續於乾隆九年。巡視臺灣御史具奏。以內地民人。或聞臺地親年衰老。欲來侍奉。或因內地孤獨無依。欲來就養。無如例有明禁。因甘蹈偷渡之愆。不肖客頭奸艄。將船駛至外洋。如遇荒島詭稱到臺。促客登岸。人煙斷絕坐而饑斃。俄而洲上潮至。羣命盡歸魚腹。因礙請照之難。致有亡身之事。請仍准攜眷。經部議准。十二年。督臣喀爾吉善復以前奏未定年限。恐滋弊混。請定限一年之後。不准給照。自此停止以來。迄今十有餘年。現在漢民已逾數十萬。其父母妻子之身居內地者。正復不少。向之孑身過臺者。今以開墾田原足供俯仰矣。向之童稚無知者。今已少壯成立。置有田產矣。若棄之而歸。則失謀生之路。若置父母妻子於不顧。更非人情所安。伏查乾隆十七年。原任臺灣縣知縣魯鼎梅纂修縣志云。內地窮民在臺營生者數十萬。其父母妻子俯仰乏資。急欲赴臺就養。格於例禁。羣賄船戶。頂冒水手姓名。用小漁船夜載出口。私上大船。抵臺復有漁船乘夜接載。名曰灌水。經汛口覺察。奸艄照律問遣。固刑當其罪。而杖逐回籍之民。室廬拋棄。器物一空矣。更有客船串通習水積匪。用濕漏之船。收載數百人。擠入艙中。將艙蓋封釘。不使上下。乘黑夜出洋。偶值風濤。盡入魚腹。比到岸。恐人知覺。遇有沙汕輒紿令出船。名曰放生。沙汕斷頭距岸尚遠。行至深處。全身陷入泥淖中。名曰種芋。或潮流適漲。隨流漂溺。名曰餌魚。言之痛心。臣一載以來。留心察訪。實屬確有之事。然卒未有因陷溺而告發者。緣事在汪洋巨浸。人跡罕到之地。被害者既已沒於波。臣僥免者亦干禁令。莫敢控訴。伏念內外民人均屬朝廷赤子。向之在臺爲匪者。悉出隻身之無賴。若安分良民。既已報墾立業。有父母妻子之繫戀。有仰事俯育之辛勤。自必顧惜身家。各思保聚。此從前督撫諸臣所以疊有給照搬眷之請也。及奉准行過臺之後。亦未有眷口滋釁生事者。蓋民鮮土著。則有離去之思。人有室家。各謀久安之計。乃因良民之搬眷。禁以奸民之偸渡。致令在臺者。因覊逆旅。常懷內顧之憂。在籍者。悵望天涯。不免向隅之泣。以故內地老幼男婦煢獨無依之人。迫欲就養。竟至鋌而走險。畢命波濤。非所以仰體皇上如天之覆一視之仁也。疏入從之。於是至者愈多。拓地愈廣。及嘉慶十六年。有司彙報全臺民戶。計有二十四萬一千二百十七戶。男女大小凡有二百萬三千八百六十一口。而土番不計也。比之清初。幾增百倍。至今又百數十年。而人口且過三百萬。此則競進之力也。夫有土必須有人。有人而後有財。生財之道。地著爲本。劃田疇以養之。設庠序以教之。治舟車以通之。勸工商以興之。故國無敖民。而地無曠土。臺灣之人。漳泉爲多。約占十之六七。粵籍次之。多爲惠嘉之民。其來較後。故曰客人。亦有福建汀州。而閩粵之分。每起械鬭。漳泉亦然。今則息矣。光緒十三年。巡撫劉銘傳奏請清賦。先飭各廳縣編查戶口。頒行保甲。其時造報者計有男女三百二十餘萬人。雖編查未詳。亦足以知其概矣。十四年。改定租率。以一條鞭辦法。而丁稅。併於正供至今行之。

清代臺灣戶口表一 據臺灣府志

廳縣	戶數	口數	備考
臺灣	八、六二四	一〇、八六五	乾隆二年
鳳山	一、六六七	三、三〇〇	雍正九年
諸羅	二、四三六	三、九五五	乾隆二年
彰化		一二五	乾隆二年
淡水		三〇、三四二	乾隆二十九年
澎湖	二、七五二	二四、〇五二	乾隆二十七年
計	一五、七四九	七二、六三九	

按府志所載如彰化縣係就完納丁銀之人而言故若是之少而寔在戶口遂不能知卽各廳縣之數似就土著而載流寓之人尚不編列故亦若是之少也

清代臺灣戶口表二　嘉慶十六年編查

廳縣	戶數	口數
臺灣	二八、一四五	三四一、六二四
鳳山	一九、一二〇	一八四、五五一
嘉義	一二六、六二八	八一八、六五九
彰化	四〇、四〇七	三四二、一六六
淡水	一七、九四三	二一四、八三三
噶瑪蘭		四二、九〇〇
澎湖	八、九七四	五九、一二八
計	二四一、二一七	二〇〇三、八六一

清代徵收丁稅表一　康熙二十三年

縣分	丁額	稅額(厘)
臺灣	八、五七九	四、〇八三、六〇四

縣分	丁額	稅額(厘)
鳳山	三、四九六	一、六六四、〇九六
諸羅	四、一九九	一、九九八、七二四
澎湖	五四六	二五九、八九六
計	一六、八二〇	八、〇〇六、三二〇

清代徵收丁稅表二　乾隆二年

縣分	丁額	稅額(厘)
臺灣	一〇、八六五	二、一七三、〇〇〇
鳳山	三、三〇〇	六六〇、〇〇〇
諸羅	三、九五五	七九一、〇〇〇
彰化	二四	四、八〇〇
淡水	一一	二、二〇〇
澎湖	六七二	一三四、四〇〇
計	二四、八七五	三、七六五、四〇〇

清代徵收丁稅表三　乾隆十二年

縣分	田園畝數（毫）	匀配丁稅（釐）
臺灣	一三三、九〇八、三九八	六九三、二七二
鳳山	一三三、四八八、〇五〇	七一七、三二八
諸羅		一、〇三五、一三六
彰化	一四四、〇〇六、八五九	一、一六〇、一一〇
淡水	一九、七三七、五三〇	一六〇、五二一
澎湖		

清代徵收番餉表一　雍正年間編定

社名	丁數	徵額（釐）	備考
大傑顛	一〇〇	一九〇、五一二	
卓猴	七〇	六三、〇〇〇	
新港	一七五	三九五、四五六	

下淡水	二九二		
力力	一六〇		
茄藤	二八〇		
放縤	一八六		
上淡水	二三七	二、〇一六、九三六	
阿猴	一六一		
搭樓	二三四		
武洛	九八		
目加溜灣	一一七	一一三、二四八	新庄仔社附納
蕭壠	一二三	四五二、二八九	
蔴荳	一一六	一七二、八七二	
大武壠	一九三	九一四、八一〇	噍吧哖木岡芋匏內攸等社附納
哆囉嘓	七〇	三一三、九九二	
諸羅山	六二	六五、二二八	

打猫	六二	四九、三九二	
他里霧	五九	五〇、八〇三	
斗六門	一〇八	三五二、八〇〇	柴裡社附納
西螺	一〇一	二〇四、六二四	
東螺	一〇二	三七〇、四四〇	眉裡社附納
大突	九一	一〇五、八四〇	
馬芝遴	一〇四	二一五、九一三	
南北投	一七三	五〇一、三一八	猫羅社附納
二林	八四	四三五、二二四	
猫兒干	九四	一〇六、五〇〇	
阿束	一〇七	七〇、九一二	
大武郡	九七	一六五、四六三	牛相觸二重坡二社附納
沙轆	四六		
牛罵頭	五五		

半線	一一四	三三一、四四二	大肚柴坑水裡等社附納
貓霧捒	四五	二九、六三五	
岸裡		一二、〇〇〇	凡五社
蓬山	三五〇	一三四、四一六	凡八社
後壠	三〇七	九八、七八四	凡五社
竹塹	八四〇	三七八、〇〇〇	
南崁		九八、七八四	凡四社
淡水		二二、五七九	凡六社
雞籠		二二、五七九	金包裡附納
蔴薯		三、六八〇	新舊二社
奇冷岸		一二、九〇〇	
大圭佛		一七、九八二	
猴悶		四九、三九二	
南社		八〇六、五〇〇	

加六堂		四九、三九二	
瑯嶠		五一、一五六	
琉球		九、八七八	
卑南覓		六八、七九六	
山猪毛		一二、〇〇〇	凡十社
傀儡山		二一、六〇〇	凡十八社
猫仔		二三、八〇〇	凡十九社
本祿		四、八〇〇	凡四社
阿里山			凡八社
崇爻			凡八社
水沙連	六八八	三、五二五、六八七	凡二十四社
巴荖遠		七、二〇〇	凡四社
沙里興		二、四〇〇	
蛤仔難		三〇、〇〇〇	哆囉滿社附納

清代徵收番餉表二 乾隆二年改定

社名	丁數	徵額（厘）	備考
大傑顛	一〇〇	二四、〇〇〇	
卓猴	七〇	一四、〇〇〇	
新港	一七五	三五、〇〇〇	
下淡水	二九二	五八、四〇〇	
力力	一六〇	三二、〇〇〇	
茄藤	二八〇	五六、〇〇〇	
放縤	一八六	五七、二〇〇	
上淡水	二三七	四七、四〇〇	
阿猴	一六一	三二、二〇〇	
搭樓	二三四	四六、八〇〇	
武洛	九八	一九、六〇〇	
目加溜灣	一一七	二三、四〇〇	

蕭壠	一二三	二四、六〇〇	
蔴荳	一一六	二三、二〇〇	
大武壠	一九三	三八、六〇〇	噍吧哖木岡芋匏內優等社附納
哆囉嘓	七〇	一四、〇〇〇	
諸羅山	六二	一二、四〇〇	
打猫	六二	一二、四〇〇	
他里霧	五九	一一、八〇〇	
斗六門	一〇八	二一、六〇〇	
西螺	一〇一	二〇、二〇〇	
東螺	一〇二	二〇、四〇〇	
眉裡	九七	一九、四〇〇	
大突	九一	一八、二〇〇	
馬芝遴	一〇四	二〇、八〇〇	
南北投	一七三	三四、六〇〇	猫羅社附納

二林	八四	一六、八〇〇	
猫兒干	九四	一八、八〇〇	
阿束	一〇七	二一、四〇〇	
大武郡	九七	一九、四〇〇	
沙轆	四六	九、二〇〇	
牛罵頭	五五	一一、〇〇〇	
半線	一一四	二二、八〇〇	柴坑社附納
猫霧捒	四五	九、〇〇〇	
大肚	一一八	一三七、六〇〇	水裡社附納
岸裡		二、四〇〇	凡五社
蓬山	三五〇	七〇、〇〇〇	凡八社
後壠	三七〇	六一、四〇〇	凡五社
竹塹	八九	一七、八〇〇	
淡水	五七九	一一五、八〇〇	淡水南崁雞籠凡十二社

蔴薯		九六〇	
奇冷岸			
大圭佛			
猴悶			
南社			
加六堂			
瑯嶠			凡十社
琉球			
卑南覓			
山猪毛		四、八〇〇	凡十社
傀儡山		六、四〇〇	凡十八社
貓仔		九、一二〇	凡十九社
本祿		一、九二〇	凡四社
阿里山			凡八社

崇爻			凡八社
水沙連	六八八	一三七、六〇〇	凡二十四社
巴荖遠		一、四四〇	凡四社
沙里與		四八〇	
蛤仔難			哆囉滿附

臺灣通史卷八

臺南　連雅堂　撰

田賦志

連橫曰。井田之法廢矣。鄉曲猾豪。奪民之田。以殖私利。用其富厚。敖游官府。驕奢淫佚。勢過王侯。而爲之佃者。胼手胝足。水耨火耕。歲稔乃不獲一飽。先疇自作。貸種於人。頭會箕斂。從而剝之。貧富之等日差。貴賤之階愈絕。而民怨鬱矣。古者量人授田。一夫百畝。其中爲公田。八家皆私百畝。同養公田。所謂十一而稅也。稅以足食。賦以足兵。是故出入相友。守望相助。設爲庠序學校以敎之。庠者養也。校者敎也。序者射也。故民皆有勇而知方。居則執鋤以耕。出則荷戈而戰。忠義奉公。以衞其國。此則先王經邦蒞民之善制也。夫井田養民。其田皆國之田也。及秦以後。民所自有之田也。民所自有之田。又從而賦之。亦曰以保之也。故民之輸將不怠。若已不能保。而又橫征之。使之蕉萃於虐政之中。是直以民爲隸而已。臺灣。爲。海上。

荒土其田皆民之所自墾也手耒耜腰刀槍以與生番猛獸相爭逐篳路藍縷以啓山林用能宏大其族至於今是賴艱難締造之功亦良苦矣當明之世漳泉地狹民去其鄉以拓殖南洋而至臺灣者亦夥山林未伐瘴毒披猖居者輒病死不得歸故有埋寃之名及顏思齊至鄭芝龍附之墾土築屋漸成部落思齊既死芝龍復降漳泉人之居者凡三千餘人自生自養以贍其家固無政令以率之也天啓四年荷人入臺灣借地土番越二年西班牙人亦入雞籠各據其地以殖土宜制王田募民耕之而徵其賦計田以甲方一丈二尺五寸爲一戈三十一戈二尺五寸爲一甲上則年徵穀十八石中十五石六斗下十石二斗其時土田初闢一歲三熟糖米之利挹注外洋故至者日盛崇禎間熊文燦撫閩値大旱謀於芝龍募饑民數萬人給銀三兩三人合給一牛載至臺灣墾田芟舍以其衣食之餘納租鄭氏故富甲七閩延平建宅從者尤多休兵息民以事農畝向之王田皆爲官田耕者皆爲官佃賦仍舊宗室文武召民自闢謂之私田則所謂文武官田者也定則之法亦分三等納稅之外又課其賦而所謂官斗較中土倉斛僅有八升原田膴膴取之無盡耕後數年輒棄其舊故三年一丈課其增減定其肥磽所以恤民之困也諸鎭之兵各分其地按地開墾自耕自給謂

之營盤三年之後乃丈其則以立賦稅農隙之時訓以武事此則寓兵於農之意也永歷十八年嗣王經委政陳永華永華善治國分諸鎭土地復行屯田之制於是闢地日廣遠及半線二十四年右武衞劉國軒伐大肚番追之至北港溪駐軍以戍則今之國姓莊也寧靖王術桂入臺後以竹滬一帶土厚泉甘墾田百數十甲歲入頗豐有餘則散之故舊不需湯沐之奉而諸鎭屯田至今尙留其跡此則鄭氏富强之基也淸人得臺廷議欲墟其地靖海將軍施琅力陳不可乃設一府三縣又奏請減賦略曰今部臣蘇拜等所議錢糧數目較鄭克塽所報之額相去不遠然在鄭氏當日自爲一國之用因其人地取其餉賦未免重科茲部臣等奉有再議之旨不得不以此數目議覆如以會議旣定當按數而徵在道府責成所係必奉行催科兼以鄭氏向時所徵者乃時銀我之所定者乃紋銀紋之與時更有加等且臣前之議守此土者非以其地可以加賦也蓋熟察其地屬在東南險遠關係數省安危今旣設官分治撥兵汛防則善後之計宜加周詳而今所調守兵一萬乃就閩省經制水陸兵丁六萬五千七百五十名數內抽調兵無廣額餉無加增就此議定錢糧數目蠲減於寇虐之後使有司得以仰體德意留心安集撫綏數年之後人戶繁盛田疇悉易賦稅自充有增無

減。豈待按數而徵哉。下旨再議。於是奏定上則田每甲徵穀八石八斗。園四石。其詳如表。六十一年。巡臺御史黃叔璥以臺灣田賦較重內地。臺之一甲。得內地十一畝三分一厘有奇。內地上田。各縣徵法不一。約折色自五六分以至一錢一二分而止。是一甲不過徵至一兩三錢爲最多矣。今臺徵穀八石八斗。使穀最賤。石爲三錢。已至二兩六錢四分。餘況又有貴於此者。而民不以爲病。地力有餘。上者無憂不足。中者絕長補短。猶可藉以支應。若履畝勘丈。便難仍舊矣。雍正五年。巡臺御史尹秦奏言。臺灣全郡盡屬沙壤。地氣長升不降。所有平原。總名草地。有力之家。視其勢高而近溪澗淡水者。赴縣呈明四至。請給墾單。召佃開墾。所開田園。總以甲數。每甲約抵內地十一畝有奇。鄭氏當日分上中下三則取租。開臺之後。地方有司照租徵糧。而業戶以租交糧。致無餘粒。勢不得不將成熟之田園以多報少。欺隱之田。倍於報墾之數。臣等細訪向來任其欺隱不行清查之故。則其說有五。現徵科則。計畝分算。數倍於內地之糧額。若非以多報少。不能完納正供。一也。臺灣沙地。每歲夏秋大雨。山水奔瀉。衝爲澗壑。流沙壅積。熟田亦爲荒壤。若非以多報少。將何以補苴虧缺。二也。臺地依山臨海。田園竝無隄岸保障。海風稍大。鹹水湧入。田園滷浸。必俟數年。鹹味盡去之後。方可耕種。若非以多報少。何以抵納官糧。三也。臺地土脈炎熱。不宜施肥。二三年後。力薄寡收。便須荒棄兩歲。然後耕耘。若非以多報少。焉能輸將公課。四也。臺灣佃丁皆係漳泉惠潮之客民。因貪地寬可以私墾。故冒險渡來。設使按畝清查。以租作糧。則力不能支。勢必各回原籍。以致田園荒廢。額賦虛懸。五也。夫田糧之欺隱若此。其所以致此欺隱而難以清查者又若此。自宜作何變通。以除欺隱之弊。海疆重大。與內地不同。臣等愚昧。不敢輕議。謹具奏請聖裁。至於北路彰化一帶。縣係新設。地稍偏遠。臣等見其多屬未闢之土。亦宜召民開墾。案查淡水同知王汧曾經具詳。稱北路虎尾溪以上。間原寬曠。召民開墾之法。毋許以一人而包占數里。祇許農民自行領墾。一夫不過五甲。十夫連環互保。定限三年。比照內地糧額起科。再如熟番場地。向有奸棍認餉包墾。久假不歸。若任其日被侵削。番衆無依。必退處內山。漸變生番。宜令大社留給水旱地五百甲。中社四百甲。小社三百甲。號爲社田。以爲耕種牧獵之所。各立界碑。四至田畝。刊載全書。以俾日後勢豪不得侵佔。其餘草地。悉行召墾。竝限三年起科。臣等細加尋繹。事屬當行。唯召墾農民。似宜照臣等前摺所陳。亦令歸莊併田。務使匪類無處託足。以靖盜源。九年。詔以臺灣土田自七年開墾及自報陞科者。改照同安則例。

化一甲爲十一畝三分有奇。計畝徵銀。仍代以粟。每銀三錢六分折粟一石。粟一石折米五斗。其詳亦如表。而新則較輕舊則不啻數倍。計歲徵粟十六萬九千二百六十六石九斗九升有奇。例以十月開徵。至臘而畢。每粟一石徵耗一斗。折銀五分。以防入倉之損。全臺正供之粟。支給班兵十五營。需米四萬四千八百五十一石八斗。又配運福興漳泉平糶以及兵米眷米十六萬六千五百石。又運督標兵米折粟一萬五千五百七十石。詳在糧運志。顧全臺徵收粟數不敷起運。每年以運糶四府粟價發臺。分給四縣糴補足額。其耗粟之銀。則爲官署公費。而有司且加之數倍。以入私囊。故例有司催科凡得八成者。錄其功。而八成以上。則吞沒之。一行作吏。便爲富翁。故俸祿甚薄。而供奉酬酢多取之民也。乾隆九年。詔曰。臺灣田園已照同安則例。後經部議以同安科則過輕。應將臺地新墾之田園。按照臺灣舊額輸納。朕念臺民遠隔海洋。應加薄賦。以昭優恤。除從前開墾田園照依舊額。毋庸減則外。其雍正七年以後報墾之地。仍遵雍正九年奉旨之案辦理。其已照同安下則徵收者。亦不必再議加減。至嗣後墾闢田園。令地方官確勘肥瘠。酌量定在科則。照同安則例。分別上中下。定額徵收。俾臺民輸納寬舒。以昭加惠邊方之至意。夫臺灣爲海疆重地。每有水旱之災。輒奏請蠲賦。故人民易於樂歲。而開墾日進。遠入番地。其始佃農力小。不足經營。富豪出資本。給牛種。建廬鑿圳。以任其費。田成則納其穀十之一二。謂之大租。或徵圳租。謂之水粟。每甲應納穀石。永久不替。道光四年。署兵備道方傳穟上書總督孫爾準。力言業戶之弊。書曰。千萬人墾之。十數人承之。而一人所給墾照。或千數百甲。淡水是也。萬人墾之。千人承之。而地數千甲。給墾照者數千人。每人僅數十甲。最多亦十數甲。竝無業戶。以民爲官佃者。噶瑪蘭是也。夫業戶之設。其弊無窮。其始豪強有力者十數人。出領墾照。名爲自出工本。募佃墾荒。寔則其人工本不多。鳩集朋黨。私立約據。及其墾成。報官陞科。而業戶一人。界廣甲多。且易隱蔽。及賦已定。後或十餘年。或數十年。遇有水旱偏災。冲崩塌壞。亦任意影射。且徵收供課。戶祗一人。寔缺千萬。一經破敗。更換爲難。請以淡水言之。其地南自大甲。北至雞籠。綿長三百餘里。自山至海。腹內所寬。亦四五十里。較諸臺邑。固自倍之。而考其正供。僅有臺邑四分之一。業戶編入徵册者。僅數十人。此所以地廣賦少也。然則業戶自宜殷富。每年自清國課。而每年寔徵民欠。猶十之二三。業戶大半貧窶。何也。業戶坐收其租。除完課外。別無所利。田園寔非其有。歷年既久。冲崩塌壞。漸就磽确。而佃戶逃亡也。初噶瑪蘭開墾之時。吳沙父子邀趙隆武何繪等。赴省呈請開墾。先與佃戶私議。將來告成。應由業戶陞科完糧。佃戶每甲田定納大租穀六石園四石。及楊廷理籌辦建治。深慮不敷經費。議裁業戶。而由散佃報陞。謂此租額訪與淡水拳和官莊相符。詳請轉奏。援以爲例。部議不許。以拳和官莊久已無案可稽。若照屯案辦理。屯案田園各分六等。此項園徵四石。已準屯案第四等。則田不應列第六等。漫無區別。是拳和官莊與屯租二案。均難援引矣。然其後仍定田六園四之率。丈陞報部。有田二千一百四十三甲餘。園三百甲餘。歲徵租穀一萬四千六十三石有奇。供耗之外。又徵餘糧。此爲各屬所無。查臺灣陞科章程。凡田園祇徵正供耗羨。若徵別款租賦。從無併徵正供。而蘭屬獨增餘租。猶之他屬雜徵。固不與供耗核計考成也。顧餘租寔爲籌備經費之計。卽仿淡水屯租之例。每石折色一圓。奉文照議在案。嗣以同安下沙則而計。則田一甲徵穀六石。又徵供穀一石七斗五升八合四勺七秒二撮。耗穀一斗七升五合八勺四秒七撮。餘租四石零六升五合六勺八秒一撮。園一甲徵穀四石。又徵供穀一石七斗一升六合六勺一秒一撮。耗穀一斗七升一合六勺六秒六撮。餘租二石一斗一升一合七勺二秒八撮。較之創始原議。凡田減耗六升八合三勺八秒三撮。園減供二勺。耗六升六合七勺五秒九撮。悉入餘租。以副其用。嘉慶二十三年。臺灣府知府以蘭地初啓。民力未充。詳請豁免餘租。而司中以核與原案田六園四之數。寔爲減少。未許。道光七年。奏請改則。而餘租更寬裕矣。

先是臺灣田賦自荷蘭以來皆徵供穀。歸清後亦以此爲兵糈。而穀價既賤。當事者無所獲利。二十三年。改徵折色。每石六八秤銀二圓。當是時市價每石僅值一圓五角。而當事者又格外誅求。兼有火耗之損。臺灣縣保西里人不從。幾至激變。莊豪郭崇高走籲北京。詔逮知縣閻炘治罪。事始息。澎湖爲海中群島。地瘠而磽。素不播稻。所產唯番藷黍稷。一逢鹹雨枯槁不收。故其地不賦。由臺供之。光緒三年春。福建巡撫丁日昌奏蠲臺灣雜稅。略謂臺鳳嘉三邑合長二百九十里。額徵供穀十三萬餘石。而彰淡蘭一廳兩縣合長五百八十里。僅徵穀五萬六千餘石。蓋臺鳳嘉開闢之地較早。稅則皆沿鄭氏之舊。而彰淡蘭新墾之地。新定科則。故賦較輕也。十一年。建省。以劉銘傳爲巡撫。沈應奎爲布政使。銘傳負吏才。以臺灣經費向由福建協助。欲謀自給之計。振興物產。以盡土宜。十二年五月。奏請清賦。疏曰。竊查臺灣糧課自入版圖以來。仍循鄭氏之舊。每丁歲徵銀四錢八分六厘。乾隆元年。欽奉恩諭。臺灣丁糧着照內地分中減則。每丁徵銀二錢。以舒民力。歲徵銀三千七百六十餘兩。及十二年。乃議勻入田園徵收。其番衆所耕田地。概免完賦。照舊就丁納糧。至道光間。通計全臺墾熟田園凡有三萬八千一百餘甲。又三千二十一頃五十餘畝。穀種折地一千四百三十畝。年徵粟二十萬五千六百餘石。租番銀一萬八千七百餘圓。至今已數十年。墾熟田園較前多至數倍。統計全臺之額。僅徵額銀一萬五千七百四十六兩。洋銀一萬八千六百六十九圓。又穀十九萬八千五十七石。久無報丈陞科。伏維我朝輕徭薄賦。亘古所無。而於臺灣一島尤爲寬厚。雍正乾隆間。屢奉恩諭。臺灣賦稅。不准議加。其時海宇澄清。昇平無事。朝廷以臺灣一隅。無足重輕。今則海上多警。而臺灣爲海疆之要隘。奉旨改建行省。經費浩大。今昔不同。臣忝膺斯土。目擊時艱。當此財用匱乏之時。値百廢待擧之際。不能不就地籌畫。三五年後。能照部議。以臺地自有之財。供臺地經營之用。自成一省。永保巖疆。況疊次欽奉諭旨。開源節流。顧以額定之賦。應有之稅。乃部庫入欵之常經。國家經久之至計。舍此不爲。徒求鄰省。雖至舌破脣焦。緩急仍不足恃。臣渡臺以來。詳查民間賦稅。較之內地毫不輕減。而詢其底蘊。全係紳士包攬。若某處有田可墾。先由墾首遞稟承攬。包墾然後分給墾戶。墾首不費一錢。僅遞一稟。墾熟之後。每年抽租一成。名曰大租。又有屯租隘租各項名目。而糧課正供毫無續報陞科。如臺北淡水田園三百餘里。僅徵糧一萬三千餘石。私墾隱匿。不可勝計。臣現由內地選調廳縣佐襍三十餘人。分派南北各縣。又由各縣選派公正紳士數人。會同先查保甲。就戶問糧一俟田畝查明。再行逐戶清丈。委派臺灣府知府程起鶚。臺北府知府雷其達。各設清賦總局。督率辦理。至於賦稅之輕重。應俟丈量之後。再請旨飭部覆議。維念臺灣民風強悍。一言不合。拔刀相向。聚衆挾官。視爲常事。林爽文之變。則言陞科之逼迫。以是委員下鄉清查。視爲畏途。且萬山叢雜。道路崎嶇。若非勤寔耐勞之員。協同公正紳士。切寔清查。毋裨寔際。且恐竣事無期。惟有嚴定賞罰。以冀成効。若各地方委員紳士等。妥速辦理。認眞清查。臣請照異常勞績。從優奏奬。以示鼓勵。倘有賄託隱匿等情事。抑或畏難延誤。卽行參革。庶得寔力奉行。爲朝廷經久之謀。除地方呑匿之弊。裕國便民。以期有裨臺灣之大局。六月。詔可。設清賦局於臺北臺南兩府。以布政使轄之。命知府統理各廳縣。設分局。任總辦。以同知知縣主之。初。銘傳議辦清賦之時。先詢各廳縣。或以爲當編查保甲。就戶問糧。或以爲卽施辦清丈。就田問賦。而衆多主前說。且爲根本之計。於是先辦保甲。限二月告竣。乃以清賦之意告示於民曰。臺灣地方自乾隆五十三年續丈之後。至今開闢田園數倍於前。久未報丈陞科。從前海宇昇平。朝廷視臺灣一島。不足重輕。期無內患不慮外侮。賦稅一項屢奉恩詔。格外從寬。以示綏遠安邊之意。現在海疆多事。臺灣重地。久爲外人窺伺。朝廷特設巡撫。以資控制。本爵部堂忝膺斯土。應爲地方遠大之謀。故招撫生番。以靖內患。籌辦海防。以禦外侮。清查田畝。以裕餉需。不憚勞怨。慘憺經營。一時併舉。以爲長治久安之計。爾百姓等渡海遷來。當知創業不易。須爲子孫立百年之業。官民一德一心。共保巖疆。同享樂土。查臺灣素稱沃壤。近年開闢日多。舊糧轉形虧短。皆由業戶變遷無定。糧額向不催收。故遇逃亡。莫從究詰。或由田園籍冊失燬。戶無確名。疆界混淆。土豪得以隱匿霸佔。奸民從中包攬控爭。或藉防番抽收隘租。或稱完糧自收大租。強者有田無賦。弱者有賦無田。更有近溪田園。水衝沙壓。小民無力報豁。田去糧存。種種弊端。國計民生。皆有阻礙。若不及早清查。貽害胡底。現經奏明清丈全臺田畝。委派南北兩府。設立總局。尅日舉辦。爾等田園一經清丈。編立字號。某字某號之田。則爲某處某人之業。糧戶何名。冊籍昭然。遇有買賣。立卽過戶催收。可免侵佔冒爭。永杜搆訟之弊。其有水衝沙壓之地。亦可隨時稟報。頓釋累積之負。是於國計民生。兩有裨益。自示之後。一律辦理。嗣以清丈章程頒發於民。其時各屬業戶多慮加租。劣紳土豪造作蜚語。銘傳不爲所撓。督勵有司。晝夜不息。八月。復以丈法昭示於民曰。臺灣田園舉辦丈量。前經按照淡水縣志載定弓尺制度。每戈一丈二尺五寸爲準。分頒各屬應用在案。現據宜蘭新竹兩縣先後稟稱。該二邑丈量田畝。向以一丈三尺五寸爲一戈。與現頒之戈互相比較。每戈多加一尺。紳民嘵嘵置辨不休。請示遵辦等語。前來查臺灣自國初始入版圖。核算田畝。有所謂每戈每甲等名目。皆係鄭氏一時權宜。雍正九年。特奉廷旨。臺灣田園化甲爲畝。係以戈數核爲弓數。其弓定制六尺。積二十四弓爲一畝。載在志乘。遵行已久。現在舉辦丈量。猶用戈甲名目。不過因其舊俗。以計總數。爲將來積算之端。至於量則陞科。仍應遵照定章。以弓計畝。如以一丈二尺五寸之戈。就一甲之田化弓計畝。有十一畝三分有奇。如以一丈三尺五寸之戈。就一甲化弓計畝。有十三畝一分八厘有奇。是長一尺之戈。每甲即多一畝八分八厘之賦。殊無便宜。該二邑以弓小一尺。藉詞爭執。難保不誤。尙執戈大賦輕。戈小賦重之成見。亟應剴切曉諭。以昭定制。而釋群疑。臺灣田園化甲爲畝。奉旨遵行。定章斷不能仍復論戈納賦。現在所用舊弓。尙是五尺。迨淸丈之後。仍應以戈伸尺。按六尺爲一弓。積二百四十弓爲一畝。計畝陞科。爾人民將來供賦。不定於戈尺之短長。而定於弓數之多寡。其戈長者既不能有所取巧。戈短者亦決不至多完。爾紳民務當曉然朝廷治賦經邦。一秉大公。毫無偏拗。其各凜遵。十月。各屬漸報竣。丈乃定租。率倣江南一條鞭法。舉前之丁稅耗羨等款而括之。折色完納。幷加補水秤餘。以定地則。凡分四則。前之不入則者。如新竹以北。則爲一等二等三等。彰化以南。爲平等次等下等。丈單列天地人三號。魚塭之率。視天字田。故業戶較益。臺南之田。有早季養魚而晚季播穀者。收利尤豐。而納租則輕也。前時大租多議裁廢。至是乃據減四留六之制。以歸小租納課。而業戶僅得其六。十二月。頒定徵租之制。其詳如表。於是全臺田賦計徵六十七萬四千四百六十八兩。寔增四十九萬一千一百零二兩。十四年春正月。示領丈單。甲費二元。嘉彰兩邑民戶騷動。而彰化知縣李嘉棠素貪墨。施九緞起而抗之。糾衆圍城。提督朱煥明被戕。銘傳派兵平之。裁收丈費。以十八年五月。撤清賦局。而全臺田賦乃定。

官莊

初施琅克臺之後。以臺地肥沃。土曠人稀。奏設官莊。召民開墾。按其所入。以助經費。康熙四十九年。兵備道陳璸以其有弊。奏請廢止。其款入官。雍正元年。漳浦藍鼎元上書巡臺御史吳達禮。略曰。臺灣舊有官莊。爲文武養廉之具。今歸入公家。各官救口不贍。矣夫忠信重祿。所以勸士。況官人於遐荒絕域。欲用其身心。而凍餒其妻子。使之枵腹從公。非情之平也。官莊。猶。古。公。田。更不。病。民。舊莊。雖。沒。新地。可。再。墾。也。查臺北有竹塹埔。沃衍百餘里。可闢良田千頃。又當孔道要衝。襄以棄置荊榛。故野番敢於出沒。唯地大需人。非民力所能開墾。莫若令全臺文武各官。分地闢之。各捐資本。自備牛種田器。結廬招佃。永爲本衙門恒產。不獨一時之利。萬世之利也。夫臺地素腴。隨墾隨收。一年所穫。足敷其本。二三年後。食用不竭。以天。地。自。然。之。利。爲臣。子。養。廉。之。資。而又。可。以。祛。番。害。益。國。賦。足。民。食。是一。舉。而。數。善。備。也。達禮據以入告。許之。於是總兵藍廷珍先墾猫霧捒之野。名曰藍興。即今臺中郡治之地。其田最沃。有泉可溉。每甲歲可得穀百石。八年。總兵王郡奏以臺灣賞恤兵丁之款。購置業產。而收其利。照例納租。由鎮理之。派員徵收。其後官莊一百二十有五所。年徵糖穀牛磨魚塭等款三萬七百三十九兩九錢六分六厘。逐年增多。而奸猾之徒。貪緣武弁。藉名官莊。侵佔番地。以牟私利。番黎怨恨。莫可誰何。乾隆九年。詔曰。外省鎮將等員。不許任所置立產業。例有明禁。內地且然。況海外番黎之地。武員置立莊田。墾種取利。縱無佔奪民產之事。而家丁佃戶倚勢淩人。生事滋擾。斷所不免。朕聞臺灣地方。從前地廣人稀。土泉豐足。彼處鎭將大員無不創立莊產。召佃開墾。以爲己業。且有客民侵佔番地。彼此爭競。投獻武員。因而據爲己有。亦有授受前官已成之產。相習以爲固然。其中來歷不明。是以民番互控之案。絡繹不休。若非徹底淸查。嚴行禁絕。終非寧緝番民之道。着該督撫派高山前往。會同巡臺御史等。一一淸釐。凡歷任武職大員創立莊產。查明幷無侵佔番地及與民番幷無爭控之案者。毋論本人子孫。或轉售他人。均令照舊管業外。若有侵佔民番地界之處。秉公淸查。民產歸民。番地歸番。不許仍前朦混。以啓事端。此後創立產業。開墾草地。永行禁止。倘有託名者。卽將本官交部嚴加議處。地畝入官。如該管官吏通同容隱。幷行議處。十七年。更立石番界。以禁侵墾。而墾者仍多。遠至內山。五十五年。頒行淸丈。凡侵墾番地者皆入官。而運會所至。防不勝防。其令遂廢。

隆恩

乾隆五十一年。林爽文之役。欽差大臣福康安治軍臺灣。旣平。尙餘兵餉五十餘萬兩。奏設隆恩官莊。募佃耕之。或購大租。歲收其益。以充賑恤班兵之款。臺灣之兵。均調自福建。離家遠戍。遇之較優。然多爲武弁侵沒。不副設置之意。其田多在彰淡兩屬。租制與官莊同。歲徵穀三千七百餘石。光緒十八年。布政使唐景崧通飭各屬。謂臺澎各營原置隆恩官莊田園糖廍。所收租息。除完納正供外。餘款由營造册送司。按年在請領臺餉內扣存司庫。入撥充餉。乃因遞年租息參差不等。奉部行令。按照乾隆五十四五兩年租息。統算折半。勻計作爲定額。盈則儘數造報。絀則令承辦營員賠補。例定甲年徵收。乙年造報。閩省歷辦在案。嗣因各營原置田園案劵。間多被匪遺失。歷年既久。官弁遞更。逐年祇向原佃收租。不復問及田園處所。間有被水冲塌者。亦久不報豁。佃戶難免賠累。弊竇叢生。以致東移西扯。竟將所墾民業。希圖免糧。混爲官莊者有之。逐年滯欠。短額積壓數年。始行造報者有之。是此項官莊從前業已混含不清。迨至全臺一律清丈之時。南北情形又各不同。臺南則就田查問。是以此次田園歷歷可考。臺北則不問何項田園。統行清丈。在當時則藉删除各項名目爲辭。殊不知此項田園。係發帑買置。定由官收。與民田之繳納番租。隘租。屯租情形迥異。嗣因清丈完竣。民業錢糧議由小租戶完納。大租減收四分。貼給小租完糧。而臺北官莊田園亦由佃戶承糧。由臺北府雷守議照大租章程。營中減收四成。司中祇照六成。扣收租息。奉前撫憲批准。行司照辦。當時辦理。原爲一時權宜之舉。不能遽以咨部。何也。蓋以各處扣餉之莊租。係除完納正供之款。淨收租息。清丈以後。供賦多至數倍。供多則租亦多。何以轉少四成。是以難於咨部。臺南各縣田園歷歷可考。係清丈時查詢佃戶自稱各縣照所指之田園。年應徵收錢糧秤水赴營催完。營中則較之前年所納供賦盈溢數倍。租息因之而短。各營所以紛紛藉口。然臺南官莊田園盈溢。可想而知。倘營中原置田園案劵尚存。何難一一清理。租息尚可加增。祇以各營案劵燬失。兼以當時原置田園甲數竝無造册分送督撫司存案。以致上年赴閩查考。無從檢出。現各營以新定錢糧較之舊時供賦溢出數倍。臺北議以減四收六章程。而臺南則不能完納。迨至奏銷迫屆。由縣詳司。就餉核扣。而各營錢糧既多。租額因而減少。紛紛又以案照臺北減四收六核扣租息爲請。查此項隆恩田園。係屬發帑購置。遞年徵收租息。完納錢糧之外。扣存司庫充餉各數目。均咨部有案。臺北議以減四收六。寔因田園混入民業。丈量未經指出。暫時權宜辦理。然亦不能遽以咨部。現民業均已陞科。而官莊歷年瓜葛不清。若統照減四收六辦理。遞年司庫短扣五千餘兩從何彌補。亟須通籌全局。徹底清釐。俾得一勞永逸。擬將臺南安鳳嘉彰四縣官莊田園。清丈既已指出。應飭各縣委員會營按明圖册所載前赴就田問佃。向佃議租。重新整頓。臺北淡新宜各縣。雖無田園之可考。總有佃戶之可憑。向佃追田。罷四六之議。逐一清理。或田甲不敷。租額短缺。究竟是何原委。抑係昔年被水沖塌。據寔造册送司。分別核辦。於是各縣會營淸釐。終不能徹底追究。而每年所徵祇有十之七八而已。

抄封

抄封亦官租也。其租有二。曰叛產。林爽文之役。凡與黨人者。皆籍其田。或被株連。所抄至數萬石。多在嘉彰兩縣。自是每有亂事。援例以行。爲官署歲入之款。叛產之業。贌之於民而收其稅。歲徵銀約五萬四千兩。曰生息。從前府道庫款每存至數百萬兩。或數十萬兩。貸之富民而收其息。息甚輕。一遇有事。則收回之。而倉卒難繳。或凌夷無力。亦籍其田以取償。焉售之於民以抵款。焉按年出贌而收其稅。亦爲官署入款之一。其詳皆在度支志。然抄封之中。有撥支兵餉者。有充地方公費者。又有鬻供軍需者。其業散在各縣。統歸臺灣府遴派佃首。代爲徵收。多屬富紳攬辦。其田園各分三等。上田每甲納穀三十二石。中二十六石。下二十石。上園視中田。中園視下田。下園十八石。道光間年徵五萬六千餘兩。亦如官莊祇徵十之七八。每年可得秤餘四千餘圓。以補額撥加餉內應徵未完租額。同治六年。署知府葉宗元請將秤餘儘數歸公。許之。及淸賦時。亦照官莊辦理。

番租

臺灣固土番之地。其田皆番之田也。我民族拓而墾之。以長育子姓。至於今是利。然其成也固非一朝一夕之故。胼手胝足。出生入死。而後得此尺寸地。如之何而不惜也。先是我族以入墾番地。遠及內山。淸廷下令設界。禁出入。違者治罪。且籍其田而利之。所在人所必趨。禁者自禁。而墾者自墾。終至法令不行。訟獄日出。固非計之得也。雍正三年。戶部覆准臺灣各番鹿場閒曠地方。可以墾種者。命地方官曉諭。聽各番租與民人耕種。五年。巡臺御史尹秦據淡水同知王汧詳請。大社留給五百甲。中社四百甲。小社三百甲。號爲社田。以爲耕種牧獵之地。其餘悉行召墾。並限三年起科。奏請頒行。於是墾者先與番約。歲納其租。謂之番大租。其約曰招墾。或曰永耕。記其界址租額。存以爲據。或報之官。背約者官爲催科。所以保護番黎也。番大租有二。公有者謂之公口糧租。土目收之。照其社例以充公費。私有者謂之私口糧。租番自取之。然其租率不定。召墾之時。互先立約。如活租則照所穫之穀而賦之。或十之一。或十之二。或十之一五。而死租則視地肥瘠以定。大略爲十之一。其詳如表。顧活租雖較多。一遇凶歲。必須減賦。若死租則不論豐歉。莫得改易。臺灣民田之稅佃亦如此。自是以來。開墾日進。負租者亦多。番不能索。道光初。淡水番人乃由漢人攬辦。代爲催收。而取其費。光緒十三年淸賦之後。照大租例。去四留六。竝廢代收之弊。而番田變爲民田矣。水沙連六社化番。擁地甚廣。番不能耕。募漢人墾之。田成納其所穫百分之五。謂之亢五租。或曰空五租。道光十五年。埔眉二社正通事巫春榮與社番約墾草地八十五甲。按甲納租。田穀二石。園一石。以早晚兩季攤繳。其後墾者均照此例。鋤耰並進。遂成樂土。至設埔里社廳。以理之。然佃戶多負租。光緒六年。始設總理攬收。分與化番。十一年。更命義塾敎習偕番收之。歲與千石。餘歸官。以充撫育之費。十三年。改歸官租。十月。全臺頒定租制。通判吳本杰據埔里社紳士稟稱。布政使以埔屬田園既納亢五租。若一律照完正供。未免過重。許之。乃不入上則。中則田徵銀一兩三錢六分。下則一兩九錢。園降一等。約輕三分之一。而亢五租改爲一石八斗。歲收二千四百石。以千石給番。千石歸官。四百石爲催科之費。而亢五租亦變爲官租。矣。初噶瑪蘭設治時。西勢之地。民墾已定。而東勢未闢。自濁水大溪以南。至蘇澳。凡十六社。

平原膴膴。付之荒蕪。楊廷理遣三籍頭人理之。分授漳泉粵人開墾。計有二千五百八十三甲。番素愚惰。既歸化。益不敢較。膏腴盡為民有。通判翟淦與廷理議。稟請總督汪志伊。以各社近處存給之大社二里。小社一里。謂之加留餘埔。然番不能墾。官為召佃。以三籍頭人為佃首經理。徵收。按社計丁而分給之。謂之加留餘埔租。每甲定穀四石。凡丈地一千二百五十五甲二分。漳佃首二人。分地七百六十二甲餘。納租三千零五十石九斗三升九合。配社十二。泉佃首一。分地三百八十三甲餘。納租一千五百三十三石九斗五升七合。配社三。粵佃首一。分地一百三十五甲餘。納租五百五十八石八斗三升一合。配社一。自嘉慶十五年起。至二十三年。次第告竣。奏免陞科。民番皆受其利。光緒十三年。清賦之後。亦照去四留六之例。而變為民田矣。番大租之外有山租。亦民與番約者也。阿里山為嘉義熟番歸化最久。而地甚廣。山產多。漢人入墾者。上田甲納穀三石。中二石。下一石。園降一等。隨時折色。其土產則照所穫百分之五納之。謂之山面雜租。乾隆三十五年。北路理番同知為之管理。由官給照。洎清丈時。亦照大租之例。以六分與番。官得其四。充雲林撫墾局之費。臺灣溪流源自內山。引圳溉田。先與番約而納水租。其租不一。或銀或穀。或以牛酒。藉事和親。而關其利。故此租者亦番租之一也。

屯租

乾隆五十三年。欽差大臣福康安奏設屯番。以理防務。語在軍備志。其時始有屯租。以番境未墾之地。及抄封之業。凡八千八百餘甲。分給屯丁。自耕自給。嗣以抄封三千三百餘甲。撥充班兵之餉。餘地未敷。五十五年。頒行清丈。查出侵墾田園三千七百三十四甲。餘悉沒之官。分則定租。歲可徵穀四萬一千數百石。充爲屯田。募佃耕之。官收其穀。以二八兩月分給屯丁。謂之屯租。五十六年。閩浙總督札委泉州知府來臺。查勘屯田。量甲定率。其詳如表。每穀一石折色一圓。歲收四萬一千二百六十一圓四角六分六厘四毫二絲。屯餉之餘。以充隘餉。又其有餘。爲開闢水利之費。賞恤屯丁之款。請墾佃戶。稟由理番同知給照。或曰易知如契劵。自是以來。屯務漸廢。每爲勢豪佔據。或被佃首隱匿。租額愈減。不足於用。嘉慶十五年。總督方維甸巡臺。以官給各屯未墾之地。多爲奸民通事串通欺詐。引誘典賣。越界侵佔。飭北路理番同知鳳山知縣分勘南北各屯。如原給埔地。及應交屯餉田園。許民自首。不究其罪。又以奏明清理者。係屬原給埔地五千六百十九甲。撥充屯務公費六百二十一甲。應徵屯餉田園三千七百三十五甲。查明原數。並不加租。民番各地。悉仍其舊。以此曉諭。頗爲整頓。未久又廢。光緒十三年。閩浙總督楊昌濬奏言。臺灣當初設屯授地。徵租支餉。訂立章程。法良意美。顧今已百餘年。積弊愈重。徵收屯租。不充其額。支發屯餉。僅給其半。蓋以原給屯田之數。疊遭兵燹。檔案不存。加以分隸各縣。悉任佃首。田園界址及其租額。不得而知。故今亦不能詳查。而佃戶遂圖曚混。以磽确之地。易肥饒之田。又或稟報水衝沙壓。冀請豁赦。故欲祛其積弊。似應別行丈量。造明圖冊。以知屯田之地。庶於防務或有裨益。是時巡撫劉銘傳頒行清丈。以屯田旣納屯租。又課正供。慮有過重。乃減屯租十分之四。改爲官租。照則定課。分給丈單。與民田同。而佃戶仍多隱報。且抗而不繳。十六年。全臺所收租額。僅有三分之一。十七年以後。且無一繳者。時各縣業戶以清丈故。民多謗讟。故銘傳不欲過激。以叢衆怨。爰籌別款。半發屯餉。而屯租幾廢矣。

隘租

隘丁之設。用以防番。官設之隘。由官分地。受耕或支給口糧。以贍其身。而民隘則民給之。徵收隘內田園。謂之。隘租。隘租之率。各屬不同。或甲徵一石。或多至八石。視其遠近險夷爲差。

皆於設隘之時。後先議定其徵率則業三佃七。隘首收之而分於衆官不過問。其後隘制日弛。名存實亡。鄉猾土豪冒充隘首。藉飽私慾。同治十三年。欽差大臣沈葆楨奏請開山撫番。乃以兵代。洎光緒十二年。臺灣巡撫劉銘傳改設隘勇。徵收防費。翌年清賦。先飭各屬查明隘田之數。至是廢之。給發丈單。與民田同。

荷蘭王田租率表

地則	一甲租率	地則	一甲租率
上田	十八石	上園	十石二斗
中田	十五石六斗	中園	八石一斗
下田	十石二斗	下園	五石四斗

鄭氏官田租率表

地則	一甲租率	地則	一甲租率
上田	十八石	上園	十石二斗

中田	十五石六斗
下田	十石二斗
中園	八石一斗
下園	五石四斗

鄭氏文武官田租率表

地則	一甲租率
上田	三石六斗
中田	三石一斗二升
下田	二石四斗
上園	二石二斗四升
中園	二石六斗二升
下園	一石八升

鄭氏文武官田稅率表

地則	一甲稅率
上田	十四石
中田	十二石四斗八升
下田	八石一斗六升
上園	七石九斗六升
中園	六石四斗八升
下園	四石三斗

鄭氏田園徵賦表 永歷三十七年

州分	田額	園額	合計(厘)	賦額(合)
天興	四、八五六、〇七	八、五四九、五五	一三、四〇五、六〇	六三、一〇九、八六四
萬年	二、六七八、四九	二、三六九、七一	五、〇四八、六〇	二九、〇一八、一二二
計	七、五三四、五七	一〇、九一九、二八	一八、四五三、八六	九二、一二七、九八七

清代民田租率表一 自康熙二十三年頒定至雍正六年

地則	一甲租率	地則	一甲租率
上田	八石八斗	上園	五石
中田	七石四斗	中園	四石
下田	五石五斗	下園	二石四斗

清代民田租率表二 雍正七年照同安則例

上田	每畝照民米例徵銀八分五厘三毫四絲另徵秋米六合九秒五撮以一米二穀折算

中田	照鹽米例徵銀六分五厘八毫八絲四忽另徵秋米八合八秒七撮
下田	照官米例徵銀五分七厘五毫五絲不徵秋米
上園	照中田例
中園	照下田例
下園	照鹽米不徵鹽折例徵銀五分六厘一毫八絲不徵秋米

清代民田租率表三 自雍正七年頒定至光緒十二年

地則	一甲租率	地則	一甲租率
上田	二石七斗四升	上園	二石八升
中田	二石八升	中園	一石七斗五升
下田	一石七斗五升	下園	一石七斗一升六合

清代民田租率表四 自光緒十三年頒定

地則	一畝正耗	加一補水	一五秤餘	計徵銀數（微）

上田	二、二四四、〇八〇	二二四、四〇八	三三六、六一二	二、八〇五、一〇〇
中田	一、八三五、二八〇	一八三、五二八	二七五、二九二	二、二九四、一〇〇
下田	一、五一三、一二〇	一五一、三一二	二二六、九六八	一、八九一、四〇〇
下下田	一、二一〇、四九六	一二一、〇四九	一八一、五七四	一、五一三、一二〇
上園	一、八三五、二八〇	一八三、五二八	二七五、二九二	二、二九四、一〇〇
中園	一、五一三、一二〇	一五一、三一二	二二六、九六八	一、八九一、四〇〇
下園	一、二一〇、四九六	一二一、〇四九	一八一、五七四	一、五一三、一二〇
下下園	九六八、三九六	九六、八三九	一四五、二〇五	一、二一〇、四九〇

清代民田租率表五自光緒十三年頒定

地則	一甲折色租率
上田	二兩六錢六毫七絲五忽
中田	二兩八分五毫四絲
下田	一兩六錢六分四厘四毫三絲二忽
上園	二兩八分五毫四絲
中園	一兩六錢六分四厘四毫三絲二忽
下園	一兩三錢三分一厘五毫四絲六忽

下下田	一兩三錢三分一厘五毫四絲六忽
天字田	六錢六分
地字田	四錢四分
人字田	三錢三分
下下園	一兩六分五厘二毫三絲六忽
天字園	四錢四分
地字園	三錢三分
人字園	二錢二分
魚塭	六錢六分

備考　天地人爲不入則者新竹以北曰一等二等三等彰化以南曰平等次等下等而魚塭準天字之田率較輕

清代屯田租率表 乾隆五十六年頒定

地則	一甲租率
一則田	二十二石
二則田	十八石
三則田	十四石
四則田	十二石
五則田	十石
一則園	十石
二則園	六石
三則園	五石
四則園	四石
五則園	三石

地則	一甲租率
六則田	六石
六則園	二石

清代番大租率表

地則	一甲租率
上田	八石
中田	六石
下田	四石
上園	六石
中園	四石
下園	二石

阿里山番租率表

地則	一甲租率
上田	三石
中田	二石
下田	一石
上園	二石
中園	一石
下園	五斗

清代田園甲數表康熙二十三年

地則＼縣分	臺灣	鳳山	諸羅	合計(厘)
上田	八五七、二一	一、八〇四、三八	一七、二〇	二、六七八、七九
中田	七八七、五九	一八七、二三	九二七、一七	一、九〇一、九八
下田	二、二四〇、八三	六八六、八八	二六、〇五	二、九五三、七六
上園	二〇五、三五	七三八、五一	一、六二一、五二	二、五六五、三八
中園	一、三六七、八二	二二九、二一	一、七五〇、二四	三、三四七、二七
下園	三、一〇二、九九	一、四〇一、九八	五〇一、六二	五、〇〇六、五八

清代田園徵賦表康熙二十三年

縣分	田額	園額	合計(厘)	賦額(合)
臺灣	三、八八五、六四	四、六七六、一七	八、五六一、八二	三九、六四一、五五七
鳳山	二、六七八、四九	二、三六九、七一	五、〇四八、六〇	二九、〇一八、一二二
諸羅	九七〇、四三	三、八七三、三八	四、八四三、八二	二三、四六八、三〇七
計	七、五三四、五七	一〇、九一九、二八	一、八四五三、八六	九二、一二七、九八七

臺灣通史卷九

臺南　連雅堂　撰

度支志

連橫曰。臺灣天富之國也。官山府海。利盡東南。荷人得之。欲以掌握通商之霸權。顧其時地利未啓。移民未多。歲入不過十數萬盾。故猶仰東印度公司之津貼也。延平建宅。萬衆偕來。蓄銳待時。百事俱舉。養兵之數。多至七十有二鎮。使鎮爲千人。則器械糧秣之數。將何所給。而延平乃布屯田之制。自耕自贍。不取於民。諮議參軍陳永華又整飭之。內興土宜。而外張貿易。販洋之利。歲率數十萬圓。故無竭蹶之患。及經西伐。軍費浩繁。轉粟餽餉。取之無窮。而歷年積蓄。因而漸罄。然猶不歛之民。而以王家所儲者用之。蓋以鄭氏志圖恢復。傾家紓難。固非有自私自利之心也。文武勳舊。皆有官田。諸王湯沐之奉。亦別有所給。而土田初闢。徵賦甚輕。故民皆樂業。先公而後私。跡其所以治國治民者。猶有西周遺法。天不祚明。三世而隕。此則無可如何者也。清人得臺之後。僅設一府三縣。正供雜稅多沿舊制。歲入不過八萬八千一百四十八兩。而歲出亦祇五千六百七十四兩。臺灣之兵均調自福建。自總兵以至把總。合以戰守之兵七千四百六十八。俸祿餉糈歲給四千八百五十一兩。兼以福建各營兵米八萬九千七百八十五石。折價二萬六千九百三十六兩。計爲三萬七千四百六十一兩。入款尙有餘裕。蓋其時米價甚賤。銀則貴。殆多今日十倍。故以一府三縣之大。而經費竟若是之少也。正款之外。尙有私款。可以調劑。其貪者則取之於民。以肥私橐。而省中巧宦且以臺灣爲金穴矣。雍正以後。拓地漸廣。增設廳縣。而物價亦起。官吏俸祿不足以贍。故有復設官莊之議。並布鹽制。歸府辦之。迨乾隆八年。增加文武養廉。歲出爲之驟多。五十一年林爽文之役。用兵逾年。耗財甚巨。及平。尙存兵餉五十餘萬兩。大將軍福康安奏設隆恩官莊。購置田園。徵收租息。以爲班兵賞卹之資。又有叛產數萬石。似可以彌其缺。然多爲武弁所呑沒。故臺灣財政。猶未裕也。蔡牽之亂。商船多損。貿易遏絕。官民咸受其困。夫臺灣土產米糖爲巨。米糖不能出口。則商務停滯。而農業衰頹。業戶因之而貧。官斯土者亦不能有所沾潤。此其所以交困也。續以英人之役。俶擾頻年。防洋經費數十萬兩。道府兩庫以是漸罄。然臺灣每有大繇役。輒由紳富捐輸。急公樂義。故政府亦不致拮据。道光三十年。兵備道徐宗幹以臺灣財政困難。須謀補救。乃以籌議備貯書上之督撫。其言曰。自古官有餘俸。而後可以講吏治。即無餘而非不足。尙可責備也。民有恒產。而後可以講風俗。即無產而得以謀生。尙可措理也。惟日不足。而萬無不足之時。其臺灣之官乎。不能謀生。而萬無生之理。其臺灣之民乎。其不足也。皆自至足來也。其謀生之難也。皆自謀生之易致之也。府有叛租。有鹽課。廳有口費。縣有正供。有雜稅。皆有羨餘也。皆有津貼也。倉有餘粟。庫有餘帑。民有餘錢。商有餘貨。昔之官於此者。皆公私綽綽然。加以存項充牣。無慮支絀。故至今無不以爲臺地之勝於內地。信而有徵。履其地而後知十年前之不如二十年前也。五年前之不如十年前也。一二年內之不如五六年前也。其故安在。兩言以蔽之。曰銀日少。穀日多。銀何以日少。洋烟愈甚也。穀何以日多。洋米愈賤也。他郡縣猶或可以補救。臺地居海中。既無去路。又無來路。他郡縣不過曰穀賤傷農。與其穀貴而有損於貧民。不如穀賤而有損於富民。臺民則無業者十之七。皆仰食於富民。富民貧。貧民益貧。而官亦因之而貧。府中叛產。每年額徵洋八萬餘圓。皆糶穀完納。今易穀十石。纔五六圓。而額完且多在十圓以上。民間正供少亦在二十圓以內。設法墊納。以昔之有餘補今日之不足。亦未爲苦也。乃逾一年而賤。逾二三年而更賤。向來承辦之殷戶。今皆紛紛稟退。懇求查抄以延餘喘。此難之在民者。於昔日至足而今日至不足也。府庫積欠歷年。統計叛租墊二十餘萬。鹽課欠十餘萬。營中官租欠六萬零。司中按年照額劃扣。庫中按年挪款墊支。此外生息之款。及應由廳縣歸補而未解者。尚有二十餘萬。正供與叛租情形相同。辦公日形竭蹶。是以司庫已扣而府庫未收者。愈積愈多。無怪同任初接交代存庫數十萬。至今日而一空。此難之在官者。昔日至足而今日至不足也。叛租既不足。尚有鹽項。此向來府中之出息也。乃鹽戶又不能支持。問其故。則以私鹽之日多也。私鹽之所以日多。則以穀價日賤。富民不能養貧民。貧民無所傭趁。無所挑負。而私販餬口也。禁之過嚴。緝之過猛。將趨而爲盜矣。往年商船流通。地方繁富。鮮有饑寒者。故窮民無不以臺爲退步。今則不然。懦者爲道殣餓死。强者犯法以苟免。昔無恒業而寄居求食。便於自贍。今無生路而惰游已慣。不耐勞苦。此謀生之難。皆自謀生之易致之也。夫生財之道。不外開其源。節其流。臺地無源可開。但通其流而源自裕。米穀不通。日積日多。望豐年乎。賤更甚矣。抑待歉年乎。賤如故也。蓋由內地食洋米而不食臺米也。不食臺米。則臺米無去處而無內渡之米船。無內渡之米船。卽無外來之貨船。往年春夏外來洋圓數十萬。今則來者寥寥。已數月無廈口商船矣。各廳縣雖有海口。幾成虛設。然無來亦無去。猶可也。而烟土之禁不弛而弛。卽以每人每日約計之。須銀二錢。就臺地貴賤貧富良莠男女約略喫烟者。不下數十萬人。以五十萬計之。每日卽耗銀十萬兩矣。此有去之日無來之日。業數十餘年矣。安得而不窮。且盜乎穀多而銀不缺。銀少而穀易銷。尚可苟延。二者夾攻。其何以堪。且穀已賤或有可貴之日。銀已貴萬無再賤之時。則以洋夷之殖本愈厚。而牟利愈巧也。臺商之貨糖爲主。今聞夷亦販糖矣。臺商困則臺民敝。臺民敝則臺吏窮。夫事有便於官而不便於民。或便於民而不便於官。而今則官民皆淪胥以敗。奚暇講吏治哉。奚暇講風俗哉。現存備貯道庫十萬兩。府庫截至夏季止。僅存三萬餘兩。秋餉尚敷。冬季已須別爲籌墊。然非有叛租鹽課等項之羨餘。無可墊也。各處內地劃餉。而由府轉劃者。兵丁不能嗷嗷以待。又須別爲設措。然亦非叛租鹽課等項之羨餘所可措也。此兩項同任未征完及外欠者。將五十餘萬。近年征而未完。欠而未繳者。又將十餘萬。承辦者求退。來查抄之不暇。比追豈能如數。則欲墊而無可墊。欲措而無可措。所恃者道庫之十餘萬兩。例不准無事擅動。然府中既無所籌應海外兵餉攸關。不得不移借應之。及來年大餉到臺。提還後。所存又無幾。今年冬餉不敷。來年秋餉不敷。後年春夏餉亦不敷矣。地方殷富之時。干戈尚且屢起。窮蹙至此。尤可寒心。萬一偶有蠢動。道庫所存無多也。府庫懸罄也。紳商大半皆破落戶也。智如諸葛。勇如武穆。亦束手而無可如何。是非早爲綢繆。大爲更張。將有坐視其一潰而不可復振者。議者或請減兵額以節餉。曰止見兵來擾民。未見兵去殺賊。減之似非防患之道。而寔所以去患。兵不擾民。民必不亂。宋范鎭所謂憂不在四夷。而在冗兵與窮民也。此一說也。或請籌公費以養吏。曰於正供劃出。如昔年耗羨歸官。俾得辦公有資。當此國用短絀之秋。尙爲官吏計養贍。亦愚且誣矣。然臺地縣官無漕餘也。無陋規也。地方紳商無通融借貸也。止有正供之羨。而正供之難征如此。加以兵穀半折等項。按年全數劃扣而後收。總不能清款。並有僅完至六七分以上者。賠貼從何而來。全臺攤款已十九萬有奇。又從何彌補。卽如幕丁之資。費僚友之應酬。眷口之食用。究出於何項乎。賢者虧挪耳。不肖者卽不至簠簋不飭。惟望辦軍需耳。是惟恐不亂也。窮生貪。貪生酷。酷以濟貪。終亦未有不亂者。卽惟正之供。民間已有敲骨吸髓之苦。從前臺地郭光侯洪協因抗糧激成巨獄。尙在殷實之時。今則禍變更易。人心散而盜賊起。所耗於國家者不可以數計。何如先爲籌其餼廩。似費而所省實多。元崔彧曰。百官月俸不能副養贍之資。難責以廉勤之操。宜議者增俸鈔。民必受恩惠。其有以貪抵罪。又復何辭。此又一說。或請減糧賦以安民。曰。額賦不能求減。每十石一車減價收洋十圓。上下其軍餉不敷者。由內地另爲籌撥。則民氣大舒。而官無掣肘。始可責其盡心以治民。爲此說者。亦知其不可而強爲之詞也。然其說似迂。而寔爲切要之計。明吳甘來曰。所慮兵聞賊而逃。民見賊而喜。恐非無餉之患。而無民之患。宜急輕賦稅。收人心。其迹似損。而所益實大。此又一說也。總之。臺地之難。難於孤懸海外。非內地輔車相依可比。諺云。三年一小反。五年一大反。豈眞氣數使然也耶。天地所生以養人者。止有此數。財用有去無來。流民有來無去。欲不擾攘而不能。如咫尺之地。四面皆水。蒿莠叢生。其勢不能相容。非斬刈之。則焚燒之。理勢固然也。爲今之計。先其急者。司庫有應發還府庫之項。籌撥若干。以爲備貯。或以後扣劃。少爲變通。使常變皆有所恃。而無恐。卽一切支墊。亦易於轉運。而不至坐受其困。仍取責欠之有着者。設法追補。兼採衆論之可行者。次第圖維。臺人有云。萬不能斷洋烟。不得已本地聽其種烟。而銀兩或不至外出也。萬不能絕洋米。不得已內地所附近各省均辦採買。而米穀或可以流通也。皆言之易。而行之艱也。朱子所謂大勢如人身重病。內自腹心。外達四肢。無一毛一髮不受病者。臺地先設法備貯府庫。殆如奄奄待斃者。進之以參苓。姑延一息耳。近日么麼海賊。洋面刧掠。不久卽去。而僱備商艘。籌給舟師口糧。已覺摒擋之難。設有大懟如曩日朱蔡者。其若之何。嗚乎敗壞至此。非一朝一夕之故。其所由來者漸矣。大約元氣之大傷。由於歷年疊次豎旗分類。而又繼以夷氛之擾。其一切逋欠之積重難返也。亦以近年官斯土者。衰病已久也。前官去者去。亡者亡。後人欲求近功速效。而不能。悠悠忽忽。文恬武熙。苟安目前。得過且過。而病根日深。不發則已。發則不可問。知而不言。其咎益重。嘗讀雍正年間陝西潘總戎疏云。地方事宜。有可設法措置者。以錢糧爲重。而斷不肯耗費於無用之地。若地方及營伍事宜。有必用錢糧。始得謐安。當以地方爲重。而斷不敢博節省之名。是以不揣狂吠。激切上陳。無任干冒悚惶之至。一爲府庫稍輕籌墊也。府中經征叛產。多在嘉彰兩縣。自道光二十五年風災案內呈報水衝沙壓者。不可勝計。勘驗淸丈。分別是否堪以墾復。一時未及詳辦。佃戶拖欠。有因。而司庫則已全劃。營餉卽須全支。佃首不能墊納。府中不得籌款以應。以致日形支絀。可否將加餉六萬四千兩。除叛租征收五萬四千兩。盡數支除。並鹽課項下撥給一萬而外。再行加撥一萬餘兩。減鹽課應劃之額。以補叛產短征之數。臺地鹽販欠課。與內地鹽商倒懸逢額無二。現在難於濟求者。以租產先其所亟。而亦知更張之未易也。一爲廳員稍輕賠累也。廳員承辦配運。商船日見其少。每屆奏銷。卽須由官僱運鹿口向運本色。船價之加貼。盤量之所耗。友丁押運之脩伙。皆在其次。風濤之險。一船失事則數千圓去矣。盤穀之費。一船上倉。又數百圓去矣。臺淡二口向俱賫價赴買而收穀者。以穀非臺產。不肯盤收。於是私自議折。每十石自十八九圓至二十二圓爲止。縣交一三。餘俱廳貼。淡口並有收本色而交折價者。其賠貼尤重。可否將僱運之事。議一定章。或交穀而酌加倉費。或折價而按照時值。此爲非內地收穀。廳縣裁減規費。寔由船少短配。逼於無可如何。盡歸海外口員賠貼。似未足以示平允也。一爲各縣屬庫稍輕籌墊也。縣征正供。皆以爲每石折收銀二圓二角。並不爲少。而供穀最多之臺灣縣。已僅收二圓。蘭淡則本收一圓八角。經胥工伙食等項。均出其中。卽隨征之耗羨。各項之案費。亦出其中。其買米給兵。買穀配運。穀價既賤。非無羨餘。而應買米穀。祇十分之三。所餘無幾。僱運則須一三交價。眷穀半折。則須一四劃餉。而所收正供中之營租學租叛產等項。則每石僅折納一圓。又動業官租書院寺廟等租均折納一圓二角不等。是名為有餘。而寔則不足。所劃所運所給。俱應年清年款。方能抵兌。當此民力凋敝之時。彰化至多收七分。淡蘭臺嘉至多收八分。惟鳳山可收至九分。而各項支應不容稍短。是以地方一切公事。有不暇兼顧者。可否將眷穀半折兩項。量為減價。援內地部定例價每石七錢八分之數。照額劃扣。蓋兵祗領穀。近年米價大賤。按二穀一米。每石已得銀一兩五錢六分。銀價大貴。每石已得錢三千二百餘文。在內地足數買給。似無用每石二兩折錢四千二百餘文之多也。以上姑為目前補救之計。府廳縣辦公稍裕。始得盡心於地方公事。卽如防冬緝匪稽查海口。一切須有餘資。乃能應手。而催科聽斷中。不失撫字之道。庶幾海外蒼生陰受其福。或可望其日久相安。不至生事。若徒恃兵刑。是遏其流而非清其源。且有事以後。必至糜帑殃民。幸而安定。隱患終在。更可慮者。卽使地方無事。萬一兵丁餉項支給不及。尤難約束。昔人所謂兵數不抽。軍餉不減。食既不足。衆何以安。不安之中。何事不有也。今如期支放。近日雖稍形歛戢。而間有串通匪徒。攘奪之時。餉項再不能隨時應付。尙可問耶。至道署精兵之經費。船工之賠墊。以各前任捐攤。每年須五六千兩。此職道已事。不敢嘵瀆。惟各屬情形。為全臺休戚所關。既有所見。不敢不據寔直陳。為保全地方起見非謂見好屬員輕議紛更喜事多言上煩厪念也此心無他諒蒙涵鑒於是督撫議奏歲由福建協濟財政稍裕而官民亦相安無事矣臺灣之錢多自各省運來舊志引海東札記謂臺地多用宋錢如太平元祐天禧至道等年號錢質小薄千文貫之長不盈尺相傳初闢時土中掘出古錢千百甕或云來自粵東海船余往北路家僮於笨港海泥中得古錢數百肉好深翠古色奇玩乃知從前互市未必不取道此間畢竟邈與世絕矣按笨港古名北港爲宋時海船通商之口顏鄭入臺亦由此道故府志有臺灣一名北港之言也惜其所稱古錢不載年號漢歟唐歟將近代歟其詳不可知已永歷二十八年夏延平郡王經命兵都事李德赴日本鑄永歷錢而日本以與鄭氏有婚姻之好歲以寬永錢相餽其後人多鎔之以作鐘鼎之器至今始絕少也當是時海船通商於西南洋者絡繹於道故錢貨多隨商務以來而呂宋銀尤夥是爲西班牙政府所鑄面畫王象則臺人所稱佛銀者也重六錢八分市上貿易以此爲準三十七年臺灣改隸始用清廷制錢而納稅者以紋銀權以兩然銀有爐火之耗有貼水之費凡納洋銀者每兩例加四錢然後以元寶解省藏藩庫臺有所需乃請而發用焉鎔鑄之繁押運之緩奸吏上下其手藉飽私肥而市井之流滯不計也初清

廷詔禁前代舊錢。諸羅知縣季麒光上書大吏。略謂臺灣民番雜處。家無百金之產。各社番人不識銀等。其所買賣不過尺布升鹽斗粟斤肉。若將舊錢驟禁。勢必野絕肩挑。市無收販。煢々小民。寔所難堪。竊思功令不得不遵。而民情不容不卹。查漳泉等處尚有老錢。金錢未盡革除。況臺灣兩隔重洋。實非內地可比。古者一道同風。必俟三年。今臺灣聲教雖通。而耳目未盡改觀。性情未盡孚感。又非如鄭氏之時。興販各洋。以滋其利。若一旦禁革。不特分釐出入輕重難平。且使從前之錢。竟歸無用。民番益貧而困。敢請俯順輿情。暫行通用。新鑄之錢源源而來。則舊錢不禁而自絕矣。已而內閣學士徐乾學亦奏言閩處嶺外。聽民兼用舊錢為便。從之。乃罷其禁。康熙二十七年。福建巡撫奏請臺灣就地鑄錢。部頒錢模。文曰康熙通寶。陰畫臺字以為別。當是時。天下殷富。各省多即山鑄錢。唯臺錢略小。每貫不及六斤。故不行於內地。商旅得錢。必降價易銀。歸鑄日多。而錢日賤。銀一兩至值錢三四千。而給兵餉者。定例銀七錢三。兵民皆弗便。市上貿易。每生事。總兵殷化行屢請停鑄。當事者不從。及調鎮襄陽。入覲。力言臺錢之害。旨下福建督撫議奏。三十一年。始停鑄焉。乾隆四年。省中以臺灣錢貴。殊常。從前通用小錢。每三文僅值內地制錢二文。而番銀一兩前易小錢一千五百文近祇八百餘文兵民交困議將收存黃銅器皿八萬餘斤先於省城開鑄萬貫儘數運往以充搭放班兵月餉至福建鼓鑄之處另行籌議翼年巡撫王士任奏請採買滇銅二十萬斤照鼓鑄靑錢之例添辦白鉛黑鉛點錫合爲四十萬斤在省開鑄陰畫滿文寶福二字先後計鑄四萬八千餘貫以時運至臺灣流衍市上而海舶自天津甯波運入者歲率數十萬貫每銀一圓易錢二千物價亦平米一斗二百肉一斤四十生計豊裕兵革不生閩粵之氓先後而至拓地遠及兩鄙其後乃稍淩夷焉物盛而衰固其所也咸豐三年林恭之變攻圍郡治塘報時絕藩餉不至而府庫存元寶數十萬兩滯重不易行乃爲權宜之策召匠鼓鑄爲銀三種曰壽星曰花籃曰劍秤各就其形以名重六錢八分銀面有文如其重又有府庫二字所以別洋銀也是爲臺灣自鑄之銀又銷舊礟鑄錢文曰咸豐通寶有値千値百値十三種發貧軍餉略得支持事後乃少用焉八年許開臺灣爲互市自是西人歲至設關徵稅百貨釐金次第舉辦入款漸多然關稅歸福州將軍監督統併南厦兩口奏銷而釐金初亦不過數萬元而已當是時各國貿易各以其銀唯香港銀爲盛重七錢二分次爲墨西哥銀亦重七錢二分流衍遍及內地反奪元寶之利同治元年彰化戴潮春起事北路俱亂兵備

道洪毓琛駐郡籌防。協款未至。請兵請餉。日不暇給。乃向德記洋行借款十五萬兩。約以關稅抵還。不足又行鈔票。臺灣之借外債。始於此。十三年牡丹之役。福建船政大臣沈葆楨視師臺灣。及平。開山撫番。折疆增吏。經費浩繁。奏請臺灣關稅釐金等儘數截留。以充防務。然猶慮不足。并請以閩海關四成洋稅撥付二十萬兩。每年湊足八十萬兩。撥交臺灣。以資經畫。奉旨允准。蓋以臺灣孤立海上。爲東南七省藩籬。列強環視。爭思染指。固不得如前之閉關自守也。夫欲防外侮。必張內力。欲張內力。必籌財政。築礮臺。練防軍。固爲抵禦之具。而興農造士。移民殖邊。以大啓利源。尤爲富強之基。故葆楨之汲汲於善後。則其逐逐於創始也。

初臺灣徵收雜稅。分爲水陸兩餉。歲入不過五千餘兩。而名目瑣碎。影射牽連。輸於官者十。取於民者百。猾胥土豪。夤緣爲利。光緒三年。巡撫丁日昌奏請豁免。臺人頌焉。法人之役。兵備道劉璈治軍臺南。分全臺爲五路。駐兵二萬。月需餉銀十二三萬兩。加以採辦軍器。購用輪船。添造營壘。歲共需銀二百萬兩。是時道庫存款百萬兩。府庫亦五十餘萬兩。全臺正供之外。關稅釐金鹽課阿片。歲收約八十六七萬兩。欲爲一年軍費。已苦不足。而福建協濟又未能照數解至。璈以防務緊急。措置爲難。稟請督撫。飭善後局豫籌。按月指撥。或奏請江西湖北兩省。以關稅鹽課月撥十萬兩。以協臺餉。亦爲保衛海疆之計。不從。已而法軍來伐南北封口。詔以基隆要地。不容法兵久據。臺灣銀米尚未缺乏。且多富戶豪民。尤應切寔激勵。如紳民中有能糾義逐法者。朝廷破格施恩。不惜爵賞。劉銘傳向有謀略。着卽隨機應變。迅速籌辦。捐餉者從優給獎。總期兵民合一。以紓厪系。防務大臣劉銘傳卽定捐借兩法。飭瓛辦之。瓛以臺灣軍餉先以十個月計之。需銀二百萬兩。全臺各縣。彰化最廣。殷戶較多。應派四十萬兩。淡水嘉義次之。各三十萬。鳳山臺灣新竹宜蘭又次之。各二十萬。澎湖地瘠。恒春新建。均免派。南北兩郡郊商各十萬。分爲十月勻繳。凡家資萬兩者。以五釐計。應捐五百兩。由地方官先給印票。俟奉部章。由官給予寔收。從優獎敍。而借者以一分計。應一千兩。亦由官給予印單。定以一年歸還。逾期不歸。逐月加息五釐。俟款到後。本息核還。其家資不及一萬兩者。暫免捐借。捐借之單。爲三連票。編列號數。由道蓋印。轉發府縣。加印以一聯給與銀戶。其一存縣。一則送府彙報備查。臺屬連年豐稔。米穀甚多。現在封港。貨銀兩滯。捐借之款。應准八成繳銀。二成繳米。繳米之法。以上白米爲率。糙米照加一成。按該屬時價折銀。各就近防米舖具票繳納。官中發餉。搭放二成。由營自向米舖支取。是爲臺灣籌辦內債之法。瓛以捐借之款。擬行鈔票。卽以派辦殷紳。開辦銀號。印訂三聯票式。自行編號。先盖圖章。送縣加印。左右票根。一存縣案。一存本號。以便核對。而中票行用。銀票分爲一圓五圓。錢票以五百文爲率。各縣徵解正供鹽課稅釐。均准繳納。民間亦一律通行。如某戶捐借者。至期乏銀繳納。許以田房印契胎押。悉照契面借與五成。月息六釐。多至一分二釐。三年取贖。凡銀號家貲十萬以上者。准發鈔票五萬。貲愈多。票亦遞多。如家貲不及十萬。及由非官指名出示者。不得開設。銀號票銀如逢短促。准向道府縣三庫暫借接濟。初借歸清。始許續借。出入皆行息五釐。至民間通行銀票。出入均照各省行規。稟縣示遵。是爲臺灣行用鈔票之法。先是內閣學士陳寶琛奏陳持久之策。有議借民債一條。總理衙門議駁。奉旨通飭。故不得行。其時淡水林維源先捐二十萬兩。各屬紳富亦慷慨報效。故防務之中。兵餉得以無缺。軍事稍敉。銘傳任福建巡撫。奏陳設防練兵淸賦撫番四事。及建省議成。十二年四月。復與福建總督楊昌濬奏陳改設事宜。略謂臺灣爲南洋七省藩籬。整頓海防。百廢俱擧。加以改設行省。經費浩繁。如澎湖一島。辦防需銀八十萬兩。業經先後奏請。飭部指撥。此外辦防製械設電添官分治。招墾撫番。在在均關緊要。至建立省城衙署壇廟各項工程。雖不妨稍緩。然旣已分省亦不能不次第舉辦。臺地防營除裁撤外。尚存三十五營。分布沿海二千餘里。勢難再減。臣等悉心籌畫。擬由閩海關本年照舊協銀二十萬兩。經臣銘傳咨請署福州將軍古尼音布嗣後由厦關徑撥解臺。其閩省各庫局無論如何爲難。每年按限協銀二十四萬兩。陸續籌解。并請旨飭下粵海江海浙海九江江漢五關。每年協銀三十六萬兩。共成八十萬兩。以五年爲度。統計閩省及閩海關所協四十四萬兩。合之臺地歲入百萬兩。專爲防軍月餉之需。其五關每歲各協七萬餘兩。尙屬輕而易舉。而臺事稍得藉手。庶不致盡託空言。仍求朝廷寬以時日。容臣銘傳分別緩急輕重。次第舉辦。現已奏明清理田賦。并隨地隨事力求整飭。變私爲公。如三五年後能照部議。以臺地自有之財。供臺地之用。卽當奏請停止協款。一切改設事宜。清單內有未核裁者。容臣等續行奏咨辦理。當是時全臺入款歲祇一百十餘萬兩。而地丁稅餉供粟餘租官莊叛產秏羨共有十八萬六千六百六十六兩有奇。臺灣土田甲天下。而供賦如此之少。則以清廷有永不加賦之諭。新墾田園多未徵租。而各地官業又多中飽。未能涓滴歸公也。銘傳深知其弊。故整理財政。則以清賦爲始。隱匿者揭報開墾者陞科。於是課額增爲五十一萬一千九百六十九兩餘。隨征補水秤餘十二萬八千二百四十六兩。加以官莊租額三萬三千六百五十七兩。共徵六十七萬四千四百六十八兩。較舊溢有四十九萬一千五百零二兩。除補水秤餘以充各項津貼。歲寔增收三十六萬三千三百四十九兩。而後可以經營新政也。初建省之時。奏設布政使。下置布庫大使一名。兼理臺灣徵收地丁稅餉等款。吏部議准。以各屬徵收及營兵糧餉統歸布政使。案照福建舊制。核明詳辦。內地布政使無庸會奏。乃設支應善後兩局於臺北。由布政使管之。而海關事務。照浙江之例。亦歸巡撫就近監督。十三年奏准每三箇月造報一次。臺灣財政至是稍平。而銘傳乃得展布矣。築鐵路。購輪船。闢商場。通郵傳。設學堂。行保甲。製軍器。籌邊防。勸農桑。振工藝。凡百新政。次第舉行。又以外幣紛入。制錢日亡。鄉曲細民每以小錢之故。攘臂相爭。怒起械鬬。殺人罷市。屢見疊聞。有司雖歲時示禁。數月而弛。圜法之亂。莫此爲甚。乃議籌自鑄。飭通商局辦之。十六年。向德國購入機器。設官銀局於臺北。以候補知府督辦。先鑄副幣。面畫龍文。重七分二釐。歲鑄數十萬圓。南北各通用焉。十七年春三月。邵友濂任巡撫。新政皆罷。而臺灣之生機一挫矣。當是時。海關洋稅歲入五十餘萬兩。洋藥釐金二十萬兩。百貨釐金七萬餘兩。茶釐十三萬餘兩。鹽課十二萬餘兩。腦磺餘利四萬餘兩。兼以正供官莊三十六萬餘兩。計爲一百四十二萬餘兩。而福建協餉四十四萬兩。至是停止。於是出款不敷三十餘萬兩。使得竭力整頓。足以彌縫。而友濂乃自畏多事。甘心保守。其足以阻臺灣之進步者大矣。是年友濂奏請於藩庫地糧項下。除額支外。歲撥臺防經費二十萬兩。倘能再有盈餘。每年奏銷之時。截數報部。專款封留。以備海防有事之用。詔曰可。先是銘傳在時。部議以臺灣財政漸裕。飭歲解京餉五萬兩。奏准於百貨釐金項下撥付。自十六年起。滙交海軍衙門。嗣接北洋大臣李鴻章來咨。以奏辦關東鐵路。令解天津。而部咨不許。開支補水。飭將應解之款。改於地糧項下。按年提解。其已經解者。亦於地糧提還。是爲臺灣協濟中央之款。二十年。臺灣有事。募兵購械。需費頗巨。已而布告自主。設籌防局。各省亦多協濟。臺北既破。劉永福駐南。治軍。設官票局於府治。以郊商莊明德辦之。權發銀票。凡三種。爲一圓五圓十圓。票長九寸二分。濶五寸二分。爲三聯式。一存知府。一存局中。而一爲用。上列號數及年月日。鈐蓋臺灣總兵臺南知府及辦理全臺防務總局之印。又有民主國之章。流行市上。衆咸用之。既又發行股份票。則公債也。名曰安全公司。票式鈐印與銀票同。分爲一圓五圓十圓。俟克復後。付息三倍。一時頗多派購。藉助餉源。是爲臺灣軍事公債。乃未幾而嘉鳳俱沒。永福省遭。戎馬倥傯。檔案盡失。臺灣財政遂不能詳。而僅於故紙中約略得之。具如表。

臺灣縣歲入表乾隆二十年據臺灣府誌

項目	款數
正供	一萬五千三百五兩四錢供穀五萬一千十八石餘每石折銀三錢
丁銀	六百八十一兩五錢五分四厘
番餉	七十三兩
陸餉	二千三十兩七錢九分九厘
水餉	一千三百十四兩二錢五厘
官莊	一千四百八十六兩一錢九分二厘
鹽課	七百五十六兩一錢四分三厘

計款二萬一千六百四十七兩二錢八分三厘

臺灣縣歲出表乾隆二十年據臺灣府誌

分巡道俸銀	六十二兩四分四厘

分巡道衙役	六十八兩二錢
鋪兵二名	十二兩四錢
知府俸銀	六十二兩四分四厘
知府衙役	二百二十九兩四錢
同知俸銀	四十二兩五錢五分六厘
同知衙役	一百零五兩四錢
府經歷俸銀	二十四兩二錢二厘
經歷衙役	三十一兩
府儒學教授訓導	八十五兩
府廩生二十名	五十七兩八錢六分六厘
膳夫	十三兩三錢三分三厘
本縣知縣俸薪	四十五兩
縣衙役	三百零三兩八錢
鋪司兵	一百零八兩三錢三分三厘

新港鋪司番	二十八兩二錢七分二厘
縣丞俸薪	四十兩
又衙役民壯	八十六兩八錢
縣儒學教諭訓導	八十兩
廩生十名	二十八兩九錢三分三厘
齋膳夫門斗	五十三兩五錢三分三厘
典史俸薪	三十一兩五錢二分
又衙役民壯	六十二兩
新港巡檢俸薪	三十一兩五錢二分
又衙役弓兵	五十一兩二錢六分
兩察院吏役	六十八兩二錢
府縣聖廟香燈費	五兩四分
祀典費	一百九十六兩二錢
鄉飲費	十五兩三分

拜賀費	六錢
祈禱費	三兩
壇廟修理費	四十兩
新中擧人旗匾年額	一兩三錢三分三厘
會試擧人盤費年額	三十兩
進士旗匾年額	二兩
府縣歲貢生旗匾年額	三兩七錢五分
存恤孤貧費	二百六十兩六錢二分六厘
囚犯口糧	三十兩

計款二千三百七十四兩八錢四分六厘

鳳山縣歲入表乾隆二十年據臺灣府誌

項目	款數
正供	一萬三千一百五十三兩五錢 供穀四萬五千八百四十五石餘每石折銀三錢

丁銀	七百九兩四分五厘
番餉	五百五十一兩三錢八分二厘
陸餉	五百七十三兩八錢
水餉	一千四十六兩五錢三分二厘
官莊	九千三百三十二兩九錢六分七厘
鹽課	一千六百八十兩

計款二萬七千四十七兩二錢二分六厘

鳳山縣歲出表乾隆二十年據臺灣府誌

分巡道薪湊銀	四十二兩九錢五分六厘
分巡道衙役	一百六十一兩二錢
知府薪湊銀	四十二兩九錢五分六厘
知府衙役	二十四兩八錢
府經歷民壯	四十九兩六錢

府儒學齋夫	十二兩四錢
本縣知縣俸薪	五十兩
縣衙役	三百零三兩八錢
鋪司兵	一百九十七兩九錢四厘
縣丞俸銀	四十兩
又衙役民壯	八十六兩八錢
典史俸薪	三十一兩五錢二分
又衙役民壯	八十二兩
縣儒學敎諭訓導	八十兩
廩生十名	二十八兩九錢三分三厘
齋膳夫門斗	五十兩五錢三分三厘
下淡水巡檢俸薪	三十一兩五錢二分
又衙役弓兵	四十五兩二錢六分
兩察院吏役	六十八兩二錢

聖廟香燈費	二兩五錢二分
祀典費	一百六十二兩
拜賀費	六錢
祈禱費	一兩二錢
鄉飲費	六兩
壇廟修理費	十一兩三錢五分七厘
新中舉人旗匾年額	一兩三錢三分三厘
會試舉人盤費年額	三十兩
進士旗匾年額	二兩
歲貢生旗匾年額	一兩二錢五分
存恤孤貧費	二百七十八兩五錢二厘
四犯口糧	二十兩

計款一千九百二十兩七錢五分一厘

諸羅縣歲入表乾隆二十年據臺灣府誌

項目	款數
正供	一萬四千四百二十八兩八錢 供穀四萬八千九十六石餘每石折銀三錢
丁銀	一千二十九兩八錢三分九厘
番餉	二百十八兩三錢二分
陸餉	一千二百六十二兩九錢
水餉	七百八十兩七厘
官莊	一萬八千八百八十八兩二錢一厘

計款三萬六千六百八兩六錢七厘

諸羅縣歲出表 乾隆二十年據臺灣府誌

同知薪湊銀	三十七兩四錢四分四厘
同知衙役	七十四兩四錢
知府衙役	一百九十三兩四錢
府經歷俸銀	十五兩七錢九分八厘

府經歷衙役	六兩二錢
府儒學門斗	十八兩六錢
澎湖通判民壯	一百二十四兩
本縣知縣俸薪	四十五兩
縣衙役	三百零三兩八錢
鋪司兵	二百九十六兩八錢五分六厘
縣丞俸銀	四十兩
又衙役民壯	八十六兩八錢
典史俸薪	三十一兩五錢二分
又衙役民壯	六十二兩
佳里興巡檢俸薪	三十一兩五錢二分
又衙役弓兵	四十五兩二錢六分
斗六門巡檢俸薪	三十一兩五錢二分
又衙役弓兵	四十五兩二錢六分

縣儒學教諭訓導	八十兩
廩生十名	二十八兩九錢三分三厘
齋膳夫門斗	五十兩五錢三分三厘
兩察院吏役	六十八兩二錢
聖廟香燈費	二兩五錢二分
祀典費	一百六十六兩
拜賀費	六錢
祈禱費	一兩二錢
鄉飲費	六兩
壇廟修理費	十一兩三錢五分七厘
新中舉人旗匾年額	一兩三錢三分三厘
會試舉人盤費年額	三十兩
進士旗匾年額	二兩
歲貢生旗匾年額	一兩二錢五分

存恤孤貧費	二百三十八兩六錢一分五厘
囚犯口糧	二十兩

計款二千一百九十七兩九錢一分六厘

彰化縣歲入表 乾隆二十年據臺灣府誌

項目	款數
正供	八千八百二十六兩九錢 供粟二萬九千四百二十三石餘每石折銀三錢
丁銀	一千一百三十四兩四錢六分四厘
番餉	四百六十七兩九錢二分
陸餉	四百四十八兩
水餉	二百六兩三錢四分三厘
官莊	四百七十三兩三錢六分六厘

計款一萬一千五百五十六兩九錢九分三厘

彰化縣歲出表 乾隆二十年據臺灣府誌

本縣知縣俸薪	四十五兩
縣衙役	三百零三兩八錢
鋪司兵	一百二十七兩二錢二分四厘
縣儒學教諭訓導	八十兩
廩生十名	二十八兩九錢三分三厘
齋膳夫門斗	五十兩五錢三分三厘
典史俸薪	三十一兩五錢二分
又衙役民壯	五十二兩
鹿子港巡檢俸薪	三十一兩五錢二分
又衙役弓兵	四十五兩二錢六
猫霧捒巡檢俸薪	三十一兩五錢二分
又衙役弓兵	四十五兩二錢六分
兩寮院吏役	六十八兩二錢
聖廟香燈費	二兩五錢二分

祀典費	一百六十六兩
拜賀費	六錢
祈禱費	一兩二錢
鄉飲費	六兩
壇廟修理費	十一兩三錢五分七厘
新中舉人旗匾年額	一兩三錢三分三厘
會試舉人盤費年額	三十兩
進士旗匾年額	二兩
歲貢生旗匾年額	一兩二錢五分
存恤孤貧費	一百九十兩六錢九分七厘
四犯口糧	二十兩
協濟淡水廳費	二百零三兩二分

計款一千五百七十七兩八錢三分七厘

淡水廳歲入表乾隆二十年據臺灣府誌

項目	款數
正供	一千八十二兩一錢 供穀三千六百零七石餘每石折銀三錢
丁銀	一百五十七兩六錢七分三厘
番餉	二百六十六兩四錢四分
陸餉	十六兩八錢
水餉	十一兩七錢六分

計款一千五百三十四兩七錢七分三厘

淡水廳歲出表乾隆二十年據臺灣府誌

同知俸薪	八十兩
同知衙役	二百零四兩六錢
鋪司兵	二百十二兩四分
竹塹巡檢俸薪	三十一兩五錢二分
又衙役民壯	七十兩六分

八里坌巡檢俸薪	三十一兩五錢二分
又衙役民壯	七十兩六分

計款九百零二兩八錢八分

澎湖廳歲入表乾隆二十年據臺灣府誌

項目	款數
正供	一百五十九兩六錢一分 地種折銀
丁銀	一百三十四兩四錢
水餉	四百四十兩八錢六分

計款七百三十四兩八錢七分

澎湖廳歲出表乾隆二十年據臺灣府誌

通判俸銀	六十兩
通判衙役	一百七十九兩八錢

祀典費	十八兩

計款二百五十七兩八錢

噶瑪蘭廳歲入表道光十五年據噶瑪蘭志略

地丁	五千五百四十三兩四錢 徵穀九千二百三十九石餘每石折銀六錢
耗羨	五百五十四兩三錢四分 徵穀九百二十三石九斗餘每石折銀六錢
餘租	一千一百八兩六錢八分 徵穀一千八百四十七石八斗
鹽課盈利	一千六百七十九兩 年引七千石每石售銀三錢三分計二千三百十兩除繳引價八百四十兩實盈此數

計款八千八百八十五兩四錢二分

噶瑪蘭廳歲出表道光十五年據噶瑪蘭志略

通判俸銀	六十兩
又養廉	五百兩
廳衙役	三百五十一兩八錢

鋪司兵	二百四十八兩八錢八分
頭圍縣丞俸銀	四十兩
又養廉	四十兩
又衙役	三十七兩二錢
又民壯	四十九兩六錢
羅東巡檢俸銀	三十一兩五錢二分
又養廉	四十兩
又衙役	五兩八錢四分
又弓兵民壯	六十四兩二錢二分
祀典費	二十兩

計款一千四百八十九兩零六分

臺灣文官養廉表乾隆八年頒定

巡視兩察院	二千四百兩　臺鳳諸彰各解四百兩府徵鹽價八百兩

分巡臺灣道	一千六百兩	臺鳳各解四百兩諸羅八百兩
臺灣府	一千六百兩	臺彰各解二百兩鳳山四百兩諸羅八百兩
臺防廳	五百兩	鳳山解二百兩諸羅三百兩
淡防廳	五百兩	本廳耗羨支給一百九十八兩一錢八厘彰化解三百零一兩八錢九分一厘
澎糧廳	五百兩	本廳耗羨支給八十七兩五錢二分二厘臺灣解四百十二兩四錢七分七厘
臺灣縣	一千兩	本縣耗羨內支給
鳳山縣	八百兩	本縣耗羨內支給
諸羅縣	八百兩	本縣耗羨內支給
彰化縣	八百兩	本縣耗羨內支給
府經歷	四十兩	臺灣耗羨支給二十兩府徵鹽價二十兩
臺灣縣縣丞	四十兩	
臺灣縣典史	四十兩	以上與經歷同
鳳山縣縣丞	四十兩	本縣耗羨支給二十兩府徵鹽價二十兩
鳳山縣典史	四十兩	

下淡水巡檢	四十兩	以上與縣丞同
諸羅縣縣丞	四十兩	本縣耗羨支給二十兩府徵鹽價二十兩
諸羅縣典史	四十兩	
佳里興巡檢	四十兩	
斗六門巡檢	四十兩	以上與縣丞同
彰化縣縣丞	四十兩	本縣耗羨支給二十兩府徵鹽價二十兩
彰化縣典史	四十兩	
鹿子港巡檢	四十兩	
猫霧捒巡檢	四十兩	以上與縣丞同
淡水竹塹巡檢	四十兩	諸羅縣耗羨支給二十兩府徵鹽價二十兩
淡水八里坌巡檢	四十兩	同上

右巡視御史二道一府一廳三縣四經歷一縣丞四典史四巡檢七計欵一萬一千一百四十兩

臺灣武官養廉表乾隆五十年據臺灣府誌

總兵	一千五百兩

副將	八百兩
參將	五百兩
游擊	四百兩
都司	二百六十兩
守備	二百六十兩
千總	一百二十兩
把總	九十兩
外委	十八兩

右總兵一副將三參將二游擊六都司三守備十二千總二十六把總五十二計款一萬九千兩

臺灣武官俸薪表乾隆五十年據臺灣府誌

總兵俸銀	六十七兩
又薪湊銀	一百四十四兩
副將俸銀	五十三兩

又薪湊銀	一百四十四兩
參將俸銀	三十九兩
又薪湊銀	一百二十兩
游擊俸銀	三十九兩
又薪湊銀	一百二十兩
都司俸銀	二十七兩
又薪湊銀	七十二兩
守備俸銀	二十七兩
又薪湊銀	七十二兩
千總俸銀	十四兩
又薪湊銀	三十三兩
把總俸銀	十二兩
又薪湊銀	二十三兩
外委俸銀	十八兩

右總兵一副將三參將二游擊六都司三守備十二千總二十六把總五十二計款六萬六千零十兩而外委在戰兵之內不給薪湊銀月給白米三斗

臺灣兵餉支給表乾隆五十年據臺灣府誌

鎮標三營兵二千七百七十名	共銀五千五百四十兩
城守營兵一千名	共銀二千兩
南路營兵一千五百名	共銀三千兩
北路三營兵二千四百名	共銀四千八百兩
淡水營兵五百名	共銀一千兩
安平水師三營兵二千五百名	共銀五千兩
澎湖水師二營兵二千名	共銀四千兩

計兵一萬二千六百七十名共銀二萬五千三百四十兩此外每兵一月給米三斗由各縣徵收正供碾放又兵丁䘏賞之款例由官莊租息支給

噶瑪蘭營兵餉表道光十五年據噶瑪蘭志略此款定由噶瑪蘭廳入款支給

都司一員俸廉	四百四十九兩三錢九分四厘	
守備一員俸廉	三百三十八兩七錢五厘六毫	
千總二員俸廉	三百八十四兩	每員一百九十二兩
把總二員俸廉	三百兩	每員一百五十兩
外委四員俸廉	七十二兩	每員十八兩
戰兵四百六十二名餉銀	八千三百十六兩	每名十八兩
守兵二百四十名餉銀	二千八百八十兩	每名十二兩
加餉	三千三百五十兩四錢	每兵年加四兩八錢除外委外共六百九十八名
月米折銀	三千八十六兩六錢四分	每兵月給米三斗共七百零二名年湏二千五百七十二石二斗每石折銀一兩二錢
眷穀折銀	一千十兩八錢八分	每兵年給穀二石四斗共七百零二名湏一千六百八十四石八斗每石折銀六錢
盤費賞恤等	一千兩	

計款二萬一百九十五兩九錢九分

臺灣勇營月餉表

營制	勇營餉額錢	練營餉額錢	屯兵營餉額錢
管帶官	五〇、〇	五〇、〇	五〇、〇
帮帶官	五〇、〇	五〇、〇	—
文案	三〇、〇	三〇、〇	二〇、〇
册籍	二四、〇	二四、〇	二〇、〇
帳房	二四、〇	二、四〇	一二、〇
營伍帮帶	一二、〇	一二、〇	三〇、〇
哨官	九、〇	九、〇	一八、〇
哨長	六、〇	六、〇	—
書識	四、五	四、五	八、〇
親兵什長	四、八	四、八	六、八
親兵	四、五	四、五	六、五
護勇	四、五	四、五	六、五
什長	四、八	四、八	六、八

正勇	四、二	三、六	六、〇
伏勇	三、三	三、三	四、〇
長夫	三、〇	三、〇	—

建省以後歲入總表 光緒十四年至二十年

款目	兩數
地丁寔徵	五十一萬一千九百六十九兩 光緒十四年清賦之額
補水秤餘	十二萬八千二百四十六兩 隨糧徵收
抄封叛產	五萬六千五百兩 照舊
官莊租息	三萬三千六百五十七兩 照舊
隆恩租息	三千七百五十兩 歲收租穀三千七百五十石每石折銀一兩
城租	八千兩 歲收租穀八千石每石折銀一兩
學租	
陸餉	一萬兩 照舊

水餉	一千兩	照舊
鹽課	十三萬兩	十五年寔收之額
腦礦盈利	四十萬兩	
商務局	四十萬兩	火船鐵路等欵
電報局	六萬兩	
郵政局	三萬兩	
煤務局	四十萬兩	十五年收入之額
伐木局	十萬兩	十五年收入之額
金沙局	二萬兩	十八年商辦認繳之額
茶釐局	十四萬四千兩	十六年商辦認繳之額二十萬圓折兩如是
海關稅鈔	九十九萬一百四十六兩	十五年收入之額
船鈔	五千九百二十三兩	十五年收入之額
阿片釐金	四十四萬六千六百四十兩	十七年收入之額
百貨釐金	七萬五千兩	此欵未寔

文口規費	五千兩　十四年歸縣徵收
武口規費	二千五百兩
福建協餉	四十四萬兩　十七年停止

計款四百四十萬二千三百二十五兩

臺灣通史卷十

臺南　連雅堂　撰

典禮志

連橫曰。禮所以輔治者也。經國家。序人民。睦親疏。防禍亂。非禮莫行。故曰道之以政。齊之以刑。民免而無恥。道之以德。齊之以禮。有恥且格。臺灣爲海上荒服。我延平郡王闢而治之。文德武功。震鑠區宇。其禮皆先王之禮也。至今二百數十年。而秉彝之性。歷刼不沒。此則禮意之存也。起而興之。是在君子。

慶賀

鄭氏之時。朔望必朝。每有封拜。輒朝服北向。望永歷帝座。疏而焚之。君雖不在。不敢忘也。歸清之際。每有慶賀。行禮於府學之明倫堂。康熙五十年。巡道陳璸始擇地於城東永康里。建萬壽亭。前立午門。門旁列朝房。後爲祝聖殿。五十六年。巡道梁文科脩環以垣。東西闢門曰敷文曰振武。六十年。颶風圮。雍正元年。重建後置僧室奉掃除。乾隆十七年。巡道金溶知府陳玉友以地屬城外。啓閉非便。仍行禮於明倫堂。三十年。知府蔣允焄乃擇地東安坊縣學之東。南向。爲校士院舊址。結構宏敞。崇臺巨宇。以奉龍幄。設東西臺班房廳事、殿門外左右爲更衣廳。正南爲午門。外爲東西朝房。周以繞垣。爲東西闕門。凡萬壽令節元旦冬至。文武官於前一日齋沐。率屬赴明倫堂習儀。至日四鼓。朝服入宮。文東武西。行三跪九叩禮。先期晋呈賀表。朝服行禮。派員賫至省垣附進。

接詔

詔至之時。總督遣官賫送。舟進鹿耳門。傳報文武官具龍亭綵輿儀仗鼓樂。至西門外接官亭迎接。恭捧詔書置於龍亭。文武官朝服北向跪迎。鼓樂前導至萬壽宮。文武官東西立。賫送官南向立。贊唱排班。樂作。行三跪九叩禮。賫送官捧詔讀詔官跪受。詣案前宣讀。衆官跪聽。畢。仍授賫送官。恭置龍亭。又行三跪九叩禮。以次退。詔交知府。分送各縣宣讀頒布。

迎春

立春之前。有司豫塑春牛芒神。以桑柘布土爲之。牛身高四尺。按四時也。長三尺有六寸。三百六十日也。自頭至尾凡八尺。八節也。尾一尺有二寸。十二時也。鞭用柳枝二尺有四寸。二十四氣也。牛色以本年爲法。頭耳角用天干。身用地支。蹄尾腹用納音。籠頭以立春之日干爲色。拘用桑木。索孟日用麻。仲日用苧。季日用絲。造牛之土。以冬至後辰日於歲德之方取之。芒神身高三尺有六寸。一年三百六十日也。服以立春之日支受尅爲衣色。尅衣爲帶色。髻以立春之日納音爲法。罨耳以時爲法。鞋袴行纏亦以納音爲法。老少以本年爲法。塑成置於東郊之春牛亭。先期一日。府廳縣各率屬盛服鳴騶而至。贊導至位前。就位上香。鞠躬拜。獻爵三。讀祝。再拜。禮畢。簪花飲酒。屬官先行。長官次之。迎至府廳縣頭門之外。春牛南向。芒神西向。是日清晨。刑牲設醴。府廳縣各率屬朝服。贊導至位前。就位鞠躬。拜。獻爵三。讀祝。再拜。興。至春牛之前。各官執綵仗左右立。長官擊鼓。次各擊牛三揖。至芒神前。又揖而退。是爲鞭春之禮。

藉田

直省各府州縣均於東郊建先農壇。高二尺有一寸。寬二丈五尺。祀先農。旁置藉田。備農具黑牛。擇土宜之穀。貯之。以農人二。免其役。給口糧。使耕之。仲春之日。有司先期齋沐。至日。文武官率屬朝服致祭。帛一、羊一、豕一、鉶一、簠一、簋一、籩四、豆四。行三跪九叩禮。畢。易服。知府秉耒。佐執靑箱。知縣播種。其在州縣。則知州知縣秉耒。佐執靑箱播種。耆老一人牽牛。兩農扶犂。九推九返。農夫終畝。既畢。朝服率耆老農夫望闕謝恩。行三跪九叩禮。藉田之穀。以供祭祀。重農也。

祭社

府州縣皆建社稷壇。府稱府社之神。府稷之神。爲紅牌金字。壇制坐南向北。高三尺。方廣各二丈有五尺。四出陛。各三級。歲以春秋仲月上戊致祭。主祭官先期三日齋戒。將祭之前一日。省牲。治器。除壇上下。設幕次中門。宿焉。祭日夙興。執事者陳禮器。設社位於稷之東。各列羊豕一、帛一、鉶一、簠二、簋二、籩四、豆四。主祭官祭服行禮如儀。而退。納主於城隍之廟。風雲雷雨山川城隍同壇。在社稷壇之右。亦以春秋仲月致祭。壇高二尺五寸。方廣各二丈有五尺。陛四出。南向五級。餘各三級。雍正二年。奏准風雲雷雨之神居中。山川左。城隍右。禮與社稷同。各以府州縣爲主祭。武官陪祭。祭畢。納主於城隍之廟。

釋菜

永歷二十年春。文廟成。延平郡王經親行釋菜之禮。歸淸以後。康熙二十四年。巡道周昌知府蔣毓英重建。是爲府學。三十九年。巡道王之麟建明倫堂。自是以後。各府縣皆建文廟。尊先師也。每歲春秋二仲上丁之日。恭行釋菜之禮。先期三日。地方官齋沐停刑。將祭之前一日。習儀於明倫堂。省牲治器。四鼓齊集。執事者各司其事。文官爲主祭。武官陪祭。先祭崇聖祠。禮畢。祭孔子。祀以太牢。舞六佾。以復聖顏子。宗聖曾子。述聖子思子。亞望孟子配。祭官各就位。啓扉迎神。舞佾。樂奏咸平之章。行三跪九叩禮。興。樂止。行初獻禮。主祭官詣盥洗所。次詣酒尊所。至神位前。樂奏寧平之章。主祭官跪。皆跪。奠帛獻爵。叩首。興。跪。讀祝。樂止。行三叩禮。復位。行亞獻禮。樂奏和平之章。畢。復位。行三獻禮。樂奏永平之章。畢。復位。飲福受胙。叩首。興。復位。各官皆行三跪九叩禮。興。徹饌。樂奏咸平之章。送神。各官俱行三跪九叩禮。興。讀祝者捧祝。司帛者捧帛。各詣燎所。望燎。偃佾。止樂。以次退。

祭纛

纛。大旗也。臺灣鎭爲掛印總兵。統率師干。權在閫外。每年霜降之前一日。鎭標城守各營將士盛裝鎧仗。迎纛於北門外之較場。張幕駐軍。翌日黎明。陳兵致祭。祀以羊豕。獻帛。酹酒三獻而畢。揚旗鳴礮。以萬秋獮之禮。薄暮束裝入城。歸纛於廟。各營皆然。

大操

督撫巡臺之時。奉旨閱操。先期。總兵檄召各營。駐較場左右。至日。督撫蒞場。立於演武廳之中。總兵以下皆執櫜鞬之儀。督撫辭焉。行裝入謁。禮畢。總兵下令開操。爲兩軍攻擊之狀。考其優劣。犒以牛酒。副參以下。戎裝佩劍。送迎如禮。督撫回轅。各營亦拔隊歸。

旌表

鄉黨士女。有孝於父母。友於兄弟。守節勵烈者。縉紳列其事狀。於教官。鄰里爲之保。教官告之有司。有司詳之督撫。乃具奏。禮部詳覆。下旨旌表。賜帑二十兩。建坊入祀。有司造其家。鄰里以爲光。各具賀。祭之日。教官率搢紳行禮。子弟衣冠入拜。恭錄恩旨。藏於家。又有壽躋期頤。一產三子。爲國之瑞。以至急公樂善者。亦各賜匾錫物。昭示後人。旌表之禮。以勸善也。

鄉飲

鄉飲之禮尚矣。漢制饗三老於太學。所以教孝。順治初。詔令京府直省各州縣。每歲以正月望日十月朔日。各於儒學行鄉飲酒之禮。先日執事者陳設禮堂。司正習禮。黎明。宰牲治饌。

主席率僚屬司正至。遣伻速賓僎。比至。執事報曰。賓至。主席迎於庠門之外。賓西行。三讓三揖。而後升堂。東西立。各拜。就坐。執事者又報曰。僎至。主席又迎如前禮。已而介至。各就坐。執事者告司正揚觶。司正由西階升。詣堂中北向立。賓僎以下皆立。司正揖賓僎。皆揖。執事者以觶酌酒。授司正。司正舉酒曰。恭維朝廷率由舊章。敦崇禮教。舉行鄉飲。非爲飲食。凡我長幼。各相勸勉。爲臣盡忠。爲子盡孝。長幼有序。兄友弟恭。內睦宗族。外和鄉里。無或廢墜。以忝所生。讀畢。司正飲酒。以觶授執事。司正賓僎皆揖。就坐。執事者舉律案於堂中。讀律者詣案前。北向立。衆皆立。行禮如前。既畢。徹案。供饌。賓前。次僎。次介。次主。賓主乃起。北向立。執事者酌酒授主。主詣賓前置席上。稍退。兩拜。賓答拜。執事者又酌酒授主。詣僎前。如前禮。於是賓起。酬酒。僎從。執事者酌酒授賓。賓詣主前置席上。如前禮。介三賓三僎以次酌酒。舉爵飲。供湯。復酌酒三品。畢。徹饌。賓主起。僎主僚屬居東。賓介三賓等居西。兩拜。訖。送賓出門。東西行三揖而退。凡鄉飲酒。主以府州縣爲之。位於東南。賓以致仕之紳爲之。位於西北。僎以鄉黨年高有德之人。位於東北。介以次長。位於西南。三賓以賓之次者爲之。位於賓主介僎之間。衆賓序齒。僚屬序爵。司正以教職爲之。執事者以老生爲之。凡有違犯科條者。不許於良善之席。違者罪以違制。敢有喧譁失禮者。揚觶以禮責之。然臺灣久已不行。但存其制而已。

祀典

傳曰。國之大事。在祀與戎。是故法施於民則祀之。以死勤事則祀之。以勞定國則祀之。能禦大災則祀之。能捍大患則祀之。非是族也。不在祀典。臺灣為荒服之地。鄭氏之時。始建文廟。尊先師也。清代因之。復祀武廟。崇武德也。若夫山川社稷之壇。城隍祝融之廟。名宦義民之祠。凡屬禦災捍患者。俎豆馨香。鼙鼓軒舞。其禮重矣。延平郡王為臺烈祖。精忠大義。沒而為神。臺人祀之。同治十三年冬。欽差大臣沈葆楨奏請建祠。賜謚以明季諸臣配。功德在民。負乎尚矣。是篇所載。皆在祀典之列。若夫叢祠薄祭。則缺如焉。

臺南府附郭安平

社稷壇在府治東安坊。舊為永康里。康熙五十年巡道陳璸建

風雲雷雨山川壇在府治東安坊。康熙五十年巡道陳璸建

先農壇在府治東門外長興里。雍正五年知縣張廷琰建

文廟在府治寧南坊。鄭氏之時所建。祀先師孔子。康熙二十四年臺廈道周昌知府蔣毓英改建。中為大成殿。東西兩

廡配祀先賢先儒前爲戟門爲櫺星門爲泮池後爲崇聖祠三十九年臺厦道王之麟建明倫堂於殿左五十一年巡道陳璸建名宦鄉賢兩祠五十七年知府王珍移泮池於櫺星門之外乾隆十四年廩生侯世輝等捐貲改建正殿居中左右爲兩廡前爲大成門又前爲櫺星門爲泮池後爲崇聖祠左右爲禮樂庫典籍庫門之左右爲名宦祠鄉賢祠門外之左爲禮門右爲義路又外爲大成坊泮宮坊廟左爲明倫堂又左爲朱子祠後爲文昌閣並鑄祭器樂器規制完備

武廟在府治鎭北坊永歷二十二年鄭氏建祀漢忠義侯關羽中有寧靖王手書之額題曰亘古一人康熙二十九年巡道王效宗脩有碑記在廟中雍正五年詔以春秋仲月上戊致祭用太牢樂舞八佾追封三代後殿爲三代祠此外在坊里者列於宗敎志中

天后宮在府治西定坊爲明寧靖王故宅康熙二十三年靖海將軍施琅建內有施琅紀功碑五十九年列入祀典歲以春秋仲月致祭乾隆五年鎭標游擊石良臣於後殿增建左右廳以右廳祀總兵張玉麟四十三年知府蔣元樞脩有碑記在廟中其後疊修唯臺灣奉祀天后甚多其在坊里不列祀典者載於宗敎志中

府城隍廟在東安坊府署之右永歷二十三年鄭氏建康熙二十五年脩乾隆二十四年知府覺羅四明重脩增建兩廡戲臺有碑記在廟中四十二年知府蔣元樞復脩

龍神廟在寧南坊康熙五十五年巡道梁文科建

田祖廟在鎭北坊康熙五十五年巡道梁文科建而鄭氏所建者一在廣儲西里一在保大西里今圮

倉神廟在鎭北坊雍正十年知縣林興泗建

風神廟在西門外乾隆四年巡道鄂善建

火神廟在小南門外康熙四十七年鳳山知縣宋永淸建

海神廟在鎭北坊爲赤嵌樓故址光緒十二年建

五子祠在鎭北坊蓬壺書院之內祀宋關閩濂洛五子光緒十二年知縣沈受謙建

朱子祠在府學之左康熙五十一年巡道陳璸建歲以春秋仲月致祭

文昌祠在東安坊歲以春秋仲月致祭

名宦祠在文廟欞星門之左

鄉賢祠在文廟欞星門之右

孝悌祠在府學之右

節孝祠原在鎭北坊雍正元年奉旨建祀烈女節婦後改建於府學之右

旌義祠在鎭北坊乾隆五十三年知府楊廷理建祀林爽文之役陣沒義民歲時致祭嘉慶十年蔡牽之役附祀者二

十有七人

府厲壇在小北門外爲康熙辛丑死事臺協水師游擊游崇功棲神之所前爲地藏庵雍正元年巡道陳大輦建嗣有司議舉厲祀則於其地以行名爲北壇歲以淸明七月望日十月朔日致祭先牒本府城隍設位於壇之上祀以羊豕下設無祀鬼神之位陳牲焚楮以妥其靈乾隆十一年知縣魯鼎梅脩三十七年巡道奇寵格重脩有記縣爲附郭不別爲壇

延平郡王祠在東安坊永歷間郡人建稱開山王廟乾隆間邑人何㦿鳩貲重建同治十三年冬十月欽差大臣沈葆楨奏請建祠列祀春秋二仲有司致祭中祀延平郡王東西兩廡以明季諸臣配後殿中祀翁太妃左爲寧靖王祠右爲監國世子祠

施將軍祠在寧南坊檨子林康熙二十五年郡人建祀靖海將軍施琅五十九年地震圮

吳將軍祠在東安坊康熙二十六年郡人建祀總兵吳英欽賜作萬人敵之額祠後有樓曰仰止乾隆五十三年知府楊廷理脩後改爲吳氏家廟今圮

衞公祠在東安坊府城隍廟康熙四十六年建祀臺灣府知府衞台揆

吳公祠在西定坊關帝廟右雍正七年建祀臺廈道吳昌祚

蔣公祠在鎭北坊眞武廟後康熙三十年建祀臺灣府知府蔣毓英

高公祠原在鎮北坊關帝廟左康熙三十三年建祀臺厦道高拱乾後移於寧南坊

靳公祠在東安坊康熙三十六年建祀臺灣府知府靳治揚後圮

洪公祠在東安坊同治二年奏建祀臺灣道洪毓琛

游將軍祠在小北門外厲壇後雍正元年建祀水師游擊游崇功

王公祠在東安坊清水寺街光緒元年奏建祀提督王德成

五忠祠在安平鎮水師協署之左雍正五年水師副將陳燗倫建祀水師副將許雲游擊游崇功千總林文煌趙奇奉把總李茂吉

功臣祠在寧南坊文廟之南向西乾隆五十三年勅建供林爽文之役平臺功臣牌位則大將軍太子太保大學士貝子公福康安參贊大臣超勇公海蘭察成都將軍鄂輝護軍統領舒亮護軍統領普爾普閩浙總督李侍堯福建巡撫徐嗣曾等三十八棟宇崔巍地亦寬敞有御碑八方高各丈餘下承贔屭鐫御製平臺及諸功臣贊滿漢文各四上覆以亭又有一碑立於中刻詩一首字大徑寸文曰命於臺灣建福康安等功臣生祠詩以誌事三月成功速且奇紀勳合與建生祠亟斯琬琰忠明著消彼萑苻志默移臺地恒期樂民業海隅不復動王師曰爲曰毀似殊致（近來以各省建立生祠最爲欺世盜名惡習因令嚴行飭禁並將現有者暨令毀棄若今特命臺灣建立福康安等生祠寔因臺灣當逆匪肆逆以來荼毒生靈無慮數萬福康安等於三月之內掃蕩無遺全部之民咸登袵席此其勳績固實有可

紀且令奸頑之徒觸目驚心亦可以潛消狠戾是此舉似與前此之禁毀雖相殊而崇實斥虛之意則原相同孰能橫議且以勵大小諸臣果能實心爲國愛民確有美政者原不禁其立生祠也）崇實斥虛意在玆旁譯滿文道光二年飭臺灣縣學教諭鄭兼才訓導王承緯監脩今漸傾圮

昭忠祠原在縣學之左雍正元年敕建祀臺灣鎭總兵歐陽凱等後圮嘉慶七年奉敕再建附於功臣祠之側十一年乃設位以祭道光元年巡道葉始將康熙以來殉難官弁兵丁一律入祀十三年巡道徐宗幹知府裕鐸率紳士等重修立牌祀之光緒十四年改建於右營埔

縣文廟在東安坊是爲縣學康熙二十三年知縣沈朝聘建中爲大成殿東西兩廡前爲大成門後爲崇聖祠四十二年知縣陳璸增建明倫堂於殿右五十四年巡道陳璸改建崇聖祠以左爲名宦祠右爲鄉賢祠雍正十二年貢生陳應魁建欞星門於泮池之前乾隆十五年廩生侯世輝等捐資重建大成門左爲忠義祠右爲孝悌祠

縣城隍廟在鎭北坊康熙五十年知縣張宏建乾隆十年知縣李閶權修有記嘉慶十二年知縣薛志亮乃廣其規建兩廊而安平鎭亦有城隍廟乾隆十四年水師副將沈廷耀建五十年副將丁朝雄修自後曡修

嘉義縣

社稷壇在縣治東南康熙二十四年建

風雲雷雨山川壇在縣治東南康熙二十四年建

先農壇在縣治東南雍正五年建

文廟　舊在縣治西門內康熙四十五年署知縣孫元衡建乾隆十八年知縣徐德峻改建於西門外中爲大成殿東西兩廡前爲戟門又前爲櫺星門後爲崇聖祠

武廟在縣署東北隅康熙五十二年參將翁國禎建

天后宮在縣署之左康熙五十六年知縣周鍾瑄募建

城隍廟在縣署之左康熙二十四年建

邑厲壇在縣治東北康熙二十四年建

名宦祠在文廟之內

鄉賢祠在文廟之內

忠義孝悌祠在文廟之內雍正元年奉旨建

烈女節婦祠在文廟之旁雍正元年奉旨建

羅將軍祠在縣治東門之內雍正二年奏建祀北路營參將羅萬倉

鳳山縣

社稷壇在舊縣治北門
風雲雷雨山川壇在舊縣治北門
先農壇在舊縣治東門外
文廟在舊縣治北門外康熙二十三年知縣楊芳聲建中爲大成殿東西兩廡前爲戟門又前爲櫺星門後爲崇聖祠
四十三年知縣宋永清重建
武廟在舊縣治東門內雍正五年知縣蕭震建
天后宮在舊縣治龜山之頂康熙二十二年奉旨建乾隆二十七年知縣王瑛曾重建
八蜡祠在舊縣治龜山之北康熙四十五年知縣宋永清建
城隍廟在舊縣治北門外嘉慶十九年改建於今治縣署之東
邑厲壇一在舊縣治北門外一在下淡水康熙五十八年知縣李丕煜建
名宦祠在文廟之內
鄉賢祠在文廟之內
忠義孝悌祠在文廟之左雍正元年奉旨建

烈女節婦祠在舊縣治北門雍正元年奉旨建

曹公祠在今治鳳儀書院內之東咸豐十年建祀前鳳山知縣曹瑾

昭忠祠在縣城外光緒三年勅建祀開山難殉之提督王德成張光亮李常孚總兵胡國恒福建候補道田勤生等鳳陽柳銘撰碑在祠中

恒春縣

社稷壇

風雲雷雨山川壇

先農壇均未建

文廟在城外猴洞山上光緒十二年知縣周有基建中爲大成殿爲兩廡前爲櫺星門後爲崇聖祠左爲明倫堂右爲學廨

武廟

天后宮

城隍廟

邑厲壇

澎湖廳

社稷壇

風雲雷雨山川壇

先農壇均未建

文廟在文澳

武廟舊在媽宮澳之西乾隆三十一年通判胡建偉修今圮光緒元年水師副將吳奇勳改建於紅木埕法人之役被毁十七年三月總兵吳宏洛倡捐重建

城隍廟一在文澳舊廳署之東咸豐元年署典史呂純孝重修規模不大一在媽宮城內乾隆四十四年通判謝維祺捐建有碑記自後續修光緒十一年亂後通判程邦基飭紳士黃濟時等重修

程朱祠在城內光緒十一年通判程邦基建十九年紳士蔡玉成等捐貲於祠之左建文昌閣右築講壇以書院距城稍遠以此爲諸生講學之所二十年夏竣工

文昌祠在文石書院之後乾隆三十一年建光緒元年紳士蔡玉成等重建有碑記

天后宮在媽宮澳萬歷間建康熙二十二年靖海將軍施琅攻克澎湖以爲神佑奏請加封遣官致祭鐫文廟中

風神廟在媽宮澳城隍廟東乾隆五十五年通判王慶奎水師副將黃象新等捐建光緒七年都司郁文勝重建

龍王廟在媽宮澳觀音亭之東道光六年通判蔣鏞水師副將孫得發等捐建

施將軍祠在媽宮澳康熙二十四年人民合建祀靖海將軍施琅道光六年通判蔣鏞籌款生息祔祀在澎 殉難文武官員春秋致祭

昭忠祠在媽宮澳光緒四年十二月副將吳奇勳等倡建祀同治元年之役協營各標調赴臺灣弁兵助剿陣沒者則署左營守備蔡安邦等暨兵丁 一百三十四名

武忠祠在媽宮澳協署之西建置無考乾隆五十六年護理水師副將黃象新等捐修

胡公祠在文石書院內祀通判胡建偉等

節孝祠在天后宮之西道光十八年署通判魏彥儀建春秋致祭光緒五年媽宮澳商戶黃學周黃鶴 年重修

臺北府附郭淡水

社稷壇在府治東南光緒十四年建

風雲雷雨山川壇在府治東南光緒十四年建

先農壇在府治東門外光緒十四年建
文廟在府治文武街光緒十四年建
武廟在文廟之左光緒十四年建
天后宮在府治府後街光緒十四年建
府城隍廟在府治撫臺衙後光緒十四年建
縣城隍廟附於府城隍廟之內
厲壇在府治北門外光緒十四年建
名宦祠在文廟欞星門之左
鄉賢祠在文廟欞星門之右
忠義孝悌祠
烈女節婦祠

新竹縣

社稷壇在縣治東門外道光九年同知李愼彝建

山川壇在縣治東門外道光九年同知李愼彝建

先農壇在縣治東門外道光九年同知李愼彝建

田祖祠舊在南門內乾隆三十四年同知宋應麟建道光九年同知李愼彝移於先農壇之右

龍神祠在縣治南門內乾隆三十四年同知宋應麟建

風雲雷雨壇未建道光九年同知李愼彝始設神位附祀於龍王祠

文廟在縣治東門內嘉慶二十二年同知張學溥建道光四年同知吳性誠乃竣成之中爲大成殿東西兩廡後爲崇祠左爲明倫堂

武廟在縣治南門大街乾隆四十一年同知王右弼倡建同治十年邑人重修

文昌祠在文廟之左嘉慶八年同知胡應魁建

天后宮在縣治西門內乾隆十三年邑人陳玉友捐建四十二年同知王右弼修之

城隍廟在縣署之右乾隆十三年同知曾曰瑛建

邑厲壇在縣治北門外水田街嘉慶九年同知胡應魁建

火神廟在縣治試院之左光緒十三年知縣方祖蔭建

名宦祠在文廟之左道光九年同知李愼彝建

鄉賢祠在文廟之左道光十三年奏建

昭忠祠在文廟之左道光十三年奏建

節孝祠在文廟之左道光九年同知李愼彝建光緒十七年改建

孝友祠在文廟之左道光九年同知李愼彝建光緒十七年移祀於節孝祠

德政祠在明志書院之左舊爲敬業堂咸豐七年紳士許超英等改祀同知曹謹曹士桂後又祀同知袁秉義薛志亮李愼彝婁雲等

宜蘭縣

社稷壇在縣治南門外嘉慶十七年通判翟淦建

風雲雷雨山川壇在縣治南門外嘉慶十八年通判翟淦建

先農壇在縣治南門外嘉慶十七年通判翟淦建

文廟在縣治光緒二年進士楊士芳舉人李望洋等捐建中爲大成殿東西兩廡後爲崇聖祠

武廟在縣治西門嘉慶十三年居民原祀於米市街二十三年文昌宮落成通判高大鏞移祀於宮之前殿

文昌宮在縣治西門嘉慶二十三年通判高大鏞倡建前殿祀漢忠義侯後殿祀文昌

天后宮在縣治之南嘉慶十二年居民合建

城隍廟在縣治西街嘉慶十八年官民合建

火神廟在縣署之右嘉慶二十五年居民合建

神祇壇即邑厲壇在縣治南門外嘉慶十七年通判翟淦建

名宦祠在文廟之內

鄉賢祠在文廟之內

忠義孝悌祠

烈女節婦祠

楊公祠在文昌宮之右供開蘭官長楊廷理七人祿位

南雅廳

社稷壇

風雲雷雨山川壇

先農壇均未建

昭忠祠在廳治光緒十九年巡撫邵友濂建祀十二年討番病沒陣亡兵勇友濂題額文曰俎豆同榮

臺灣府附郭臺灣

社稷壇在府治東門外光緒十五年建

風雲雷雨山川壇在府治東門外光緒十五年建

先農壇在府治南門外光緒十五年建

文廟在府治小北門內光緒十五年建中爲大成殿東西兩廡後爲崇聖祠左爲明倫堂右爲學廨

天后宮在府治大墩街

府城隍廟在府治新莊光緒十五年建

厲壇在府治北門外光緒十五年建

名宦祠在文廟欞星門之左

鄉賢祠在文廟欞星門之右

林剛愍公祠在府治田中光緒十五年巡撫劉銘傳據全臺紳士奏建祀福建陸路提督林文察

彰化縣

社稷壇在縣治東門外雍正二年建

風雲雷雨山川壇在縣治東門外雍正二年建

先農壇在縣治南門外雍正二年建

文廟在縣治東門內雍正四年知縣張鎬建中為大成殿東西兩廡後為崇聖祠右為明倫堂後為學廨乾隆五十一年明倫堂學廨燬於亂嘉慶二年歲貢鄭士模捐修未竣十六年知縣楊桂森乃成之改建明倫堂於廟左

武廟在縣治南門內雍正十三年知縣秦士望捐建嘉慶五年知縣胡應魁移建於同知舊署

文昌祠在縣治文廟西畔嘉慶二十一年知縣吳性誠建而縣轄鹿港西螺北斗員林大肚犁頭店牛罵頭等處人士亦各自建

天后宮一在縣治北門內協署之後乾隆三年北路營副將靳光瀚建一在東門內乾隆十三年知縣陸廣霖建一在鹿港海隅乾隆五十五年大將軍福康安建

城隍廟在縣治東門內雍正十一年知縣秦士望建

龍神廟在縣治南門內嘉慶八年知縣曹世駿建

邑厲壇在縣治北門外乾隆三十五年北路理番同知李本楠捐建

名宦祠在文廟崇聖祠之左道光十年知縣託克通阿與邑紳捐建

鄉賢祠在文廟崇聖祠之右與名宦祠同建

忠烈祠在縣治西門內道光二年知縣吳性誠捐建祀林陳蔡三役殉難文武官兵

節孝祠在縣治東門內建省之後合祀臺彰雲苗四邑節婦孝子

朱公祠在縣治西門內光緒十五年巡撫劉銘傳奏建祀提督朱煥明爲戴案義民祠之址

義民祠在縣治西門內乾隆五十五年建祀林爽文之役殉難義民

十八義民祠在縣治西門外先是雍正十年春大甲　社番林武力作亂總兵呂瑞麟率兵討累戰弗克番益猖獗恣焚殺縣治戒嚴淡水同知張宏章適率鄉勇巡莊過阿束社番突襲之幾不得脫鄰近粵人方負耒出見而大呼衆爭至與番鬬宏章乃免死者十八人曰黃仕遠黃展期陳世英陳世亮湯邦連湯仕麟李伯壽李任淑賴德旺劉志瑞吳伴雲謝仕德江運德廖時雨盧俊德張啓寧周潮德林東伯越日鄉人塟之西門外題曰十八義民之墓已而番平大府上其事下旨嘉許賜祭各發銀五十兩飭有司購地建祠春秋肹蠁以旌其義

雲林縣

社稷壇未建

風雲雷雨山川壇未建

先農壇未建

文廟未建光緒十五年暫就文昌祠奉祀孔子

武廟

城隍廟原在舊治光緒十四年知縣陳世烈建後移今治暫蓋竹屋

厲壇在縣治南門外光緒十年建

朝天宮在縣轄大槺榔東堡北港街祀天后廟宇巍峩人民信仰先是康熙年間僧樹璧自湄洲奉神像來結廬祀之香火日盛雍正八年乃建廟乾隆十六年笨港縣丞薛肇廣貢生陳瑞玉等捐貲修之以三十八年十月起工翌年九月落成費款一萬五千圓道光十七年子爵王得祿以平定海寇之役爲神顯祐奏列祀典勅賜神照海表之額命江安十郡儲糧道王朝偏代祭咸豐五年重修

義民祠在縣轄北港街林爽文之役街民固守拒戰死者百零八人高宗手書旌義二字刻石建亭號旌義亭壽於亭後建義民祠以祀

昭忠祠在縣治西南道光十三年奉旨建祀張丙之亂殉難官員兵民等則贈知府銜方振聲贈游擊馬步衢贈都司陳玉成等光緒十四年斗六鹽舘委員葉大鏞監修以荖葉稅爲祭費

將軍廟在都司署內祀二十四將軍後楹祀臺灣鎮總兵林向榮光緒四年都司凌定國修

文昌祠在縣治同治七年建又一在林圯埔街光緒二十年重修

苗栗縣

社稷壇未建

風雲雷雨山川壇未建

先農壇未建

文廟未建光緒十五年暫就文昌祠奉祀孔子

武廟

城隍廟在縣治

臺東直隸州

社稷壇

風雲雷雨山川壇

先農壇均未建

天后宮在卑南馬蘭街光緒十五年統領張兆連建先是兆連詳請巡撫奏請賜給匾額十七年卑南大庥里各社正副社長及通事等捐銀七百五十圓購置田園以爲祀費

昭忠祠在卑南寶桑海濱光緒七年同知袁聞柝建十四年番亂被燬十八年重建於鰲魚山

臺灣通史卷十一

臺南　連雅堂　撰

教育志

連橫曰嗟乎自井田廢而學校息人才衰朝廷之所以取士者唯科舉爾夫科舉非能得人才也而人才不得不由科舉故以管商之政治仲舒之經學相如子雲之文章苟非一入主司之目亦終其身而不遇是科舉非能得人才也又且抑遏之摧殘之蔀其耳目錮其心思使天下英雄盡入吾彀而精捍者亦不敢與我抗而吾乃可無憂故學校之設公也科舉之制私也以私害公霸者之術也古者量人授田一夫百畝八口之家可以無饑設爲庠序以敎之八歲入小學學六甲五方書計之事十五入大學學先聖禮樂其秀異者移鄉學於庠序庠序之異者移國學於少學諸侯歲貢少學之異者於天子學於太學命曰造士行同能偶則別之以射論定然後官之任官然後爵之位定然後祿之故古之取士也寬其用之也

嚴後之取士也嚴其用之也寬人才何得而見之哉臺灣爲海上荒島靡有先王之制也荷蘭得之始教土番教以爲隸而已領臺之三年乃派牧師布教以崇信基督其時歸化土番曰新港曰目加溜灣曰蕭壠曰蔴荳曰大目降曰大傑顚各設教堂每逢星期衆皆休息群集於此禱福講經以是從者日多永歷二年各社始設小學每學三十人課以荷語荷文及新舊約牧師嘉齊宇士又以番語譯耶教問答及摩西十誡以授番童拔畢業者爲教習於是番人多習羅馬字能作書削鵝管略尖斜注墨於中揮寫甚速凡契券公文均用之故不數年而前後學生計有六百人然其所以教之者敬天也尊上也忠愛宗國也故終荷蘭之世土番無反亂者則教化之力也延平克臺制度初建休兵息民學校之設猶未遑也永歷十九年八月嗣王經以陳永華爲勇衛永華既治國歲又大熟請建聖廟立學校經曰荒服新創地狹民寡公且待之永華曰昔成湯以百里而王文王以七十里而興國家之治豈必廣土衆民唯在國君之用人求賢以相佐理爾今臺灣沃野千里遠濱海外人民數十萬其俗素醇若得賢才而理之則十年生聚十年教養三十年之後足與中原抗衡又何慮其狹小哉夫逸居無教則近於禽獸今幸民食稍足寓兵待時自當速行教化以造人才庶國有

賢士邦以永寧而世運日昌矣從之擇地寧南坊面魁斗山旁建明倫堂二十年春正月聖廟成經率文武行釋菜之禮環泮宮而觀者數千人雍雍穆穆皆有禮讓之風焉命各社設學校延中土通儒以教子弟凡民八歲入小學課以經史文章天興萬年二州三年一試州試有名者移府府試有名者移院各試策論取進者入太學月課一次給廩膳三年大試拔其尤者補六科內都事三月以永華爲學院葉亨爲國子助教教之育之臺人自是始奮學當是時太僕寺卿沈光文居羅漢門亦以漢文教授番黎而避難搢紳多屬鴻博之士懷挾圖書奔集幕府橫經講學誦法先王洋洋乎濟濟乎盛於一時矣清人得臺之後康熙二十二年知府蔣毓英始設社學二所於東安坊以教童蒙亦曰義塾其後各縣增設二十三年新建臺鳳兩縣儒學翌年巡道周昌知府蔣毓英就文廟故趾擴而大之旁置府學由省派駐教授一員以理學務而縣學置教諭隸於學政其後各增訓導一員然學宮虛設義塾空名四民之子凡年七八歲皆入書房蒙師坐而教之先讀三字經或千字文既畢乃授以四子書嚴其背誦且讀朱註爲將來考試之資其不能者威以夏楚又畢授詩書易三經及左傳未竣而教以制藝課以試帖命題而監之作肄業十年可以應試其聰頴者則旁讀古文

橫覽史乘。以求淹博。父詔其子。兄勉其弟。莫不以考試爲一生大業。克苦勵志。爭先而恐後焉。舊制三年兩試。一爲科考。一爲歲考。康熙二十五年。福建總督王新命巡撫張仲舉奏准臺灣歲進文武童各二十名。科進文童二十名。廩膳生二十名。增廣生如之。歲貢以廩生食餼爲先後。年貢一人。將試之時。童生赴縣投考。書其姓名年貌三代籍貫。廩生保之。皂隸厮養倡優賤戶之子不得試。有其人者。諸生逐之。廩保同坐。臨試之日。知縣入考棚。考棚亦曰校士院。點名給卷。扃門而試。兩文一詩。日暝乃出。考官校其上下。數日發榜。而覆試之。遞次而減。以至終覆。乃移之府。各縣俱集。制亦如之。臺灣隸於福建。以分巡道兼理提督學政。雍正五年。改歸漢御史。乾隆十七年。仍歸道。將試之前一日。學政朝服謁聖至明倫堂。席地坐中。置一案。廩膳生立而讀經。諸生侍。禮畢。入院。先考古學。試以詩賦策論經解。新舊生畢至。其不考者聽之。次考舊生。廩增生員畢至。上舍之外。列一等者以次食餼。其不考者不得鄉試。試列四等。發學戒飭。三試不至者。褫其衣頂。次考童生。扃門而試。禁挾書。搜而焚之。數日發榜。拔其尤者十數名。而覆試之。照額取進。再錄聖諭。而發紅榜。分發府縣各學。是爲生員。學政率之謁聖。禮畢而退。臺灣府學歲貢一人。各縣學二歲貢一人。其後漸增。是曰歲貢。以廩生食餼之先後爲序。廩生者在學讀書。歲給廩餼。故謂之上舍生。凡遇覃恩。則以是年當貢者爲恩貢。以其次一人爲歲貢。順治初。詔選府縣學生之尤者赴廷試。十二年一行。是曰拔貢。雍正初定爲六年一行。府學二人。縣學一人。無其人則缺。乾隆八年。遂定十二年一行。著爲例。鄉試之時。諸生赴試。其文優而限於額者。取爲副榜。臺灣定額皆正榜。雋者不備。或以副榜足之。謂之副貢。鄉試之後。學政就通省所舉優行生。考取數名。謂之優貢。五者皆爲選士。又有納捐者爲例貢。雍正二年。詔命各省。凡例貢非廩生者。不得以教職用。其現用者皆罷之。所以重師道也。其後廢之。捐納盛行。臯比堂皇。且多不通之士矣。故例三年大比。諸生畢至。天子命使者至其鄉。秋八月。三試於省闈。雋者登解榜。有司表其門。具聘幣。致之京師。曰舉人。明年春三月。天子命大臣扃禮闈而三試之。及第者詔集殿廷。天子親策問焉。遂甲乙其榜。曰進士。臺灣自康熙二十五年設學。二十六年。陸路提督張雲翼奏言。臺士鄉試請照甘肅寧夏之例。閩省鄉闈。另編字號。額取一二名。俟應試者衆。乃撤去。詔准編字額中一名。三十六年。總督郭世隆以臺士僉請。撤去一體勻中。入奏報可。自後每多輟科。渡海危難。試者益少。雍正七年。巡臺御史夏之芳奏准。照舊編號額中一名。十三年。巡道張嗣昌請加解額。巡撫盧焯具奏。詔許加中一名。乾隆元年恩科。福建加中三十名。臺灣亦加一名。遂以爲例。嘉慶十一年。海寇之亂。臺人士多募義禦侮。其明年。糧儲道趙三元巡臺。言於總督阿林保巡撫張師誠。請加解額。並令臺士選舉優貢。十五年。詔可。遂定三名。初臺灣粵籍小試。附於各縣。乾隆五年。巡臺御史楊二酉以粵人流寓已久。戶册可稽。現堪應試者計有七百餘名。奏准另編新號。四邑通校。共取八名。附入府學。俟取進漸多。再將廩增並出貢之處。奏請定議。而鄉試仍附閩省一體匀中。道光八年。總督孫爾準奏准於閩省內另編字號。別取粵生一名。蓋以粵人來臺。至是已多。釋耒讀書者亦不少也。故例府縣泮額。應視錢糧爲差。而臺灣自乾嘉以來。開墾日進。人民富庶。文風丕振。士之講經習史者。足與直省相埒。故至建省之時。全臺泮額驟增。而解額亦定爲七名矣。乾隆四年。巡臺御史諾穆布單德謨等奏請臺士會試。照鄉試例另編字號。取中一名。部議以臺士與試。果至十人。乃奏請取中一名。著爲例。其後遂有掇危科而入詞林者矣。武科之制。始於唐代。其制與文士等。清代沿明之例。設爲甲乙兩科。其初試武童者。必先通四字書。以文事與武備相爲表裡也。其後僅錄武經。每逢歲試。試以刀石馬步之箭。拔其尤者而進之。鄉會亦同。初乾隆二十九年。巡臺御史李宜青歸京覆命之後。奏言臺灣四縣應試。多福興泉漳四府之人。稍通文墨。不得志於本籍。則指同姓在臺居住者。認爲弟姪。公然赴考。教官不及問。廩保互結不暇詳。至竊取一衿。褰裳而歸。是按名爲臺之士。寔則臺無其人。臣於上年抵臺。行文觀風。四縣生員祇八十餘。卷詢之官吏。據稱俱在內地。夫庠序之設。凡以宏奬風敎。使居其土者知所方向。今臺灣南北二路。廣袤一千數百餘里。計其莊戶不下數萬。而博士弟子員寥寥不少概見。則皆內地竄名之所致也。查臺地考試。從前具有明禁。非生長臺地者。不得隸於臺學。聖朝作養邊陲之至意。人所共見。又定例入籍二十年。亦無原籍可歸者。方准予寄籍考試。今四府人士。其本籍不患無可以應試之處。而遠涉重洋。或兩地重考。或頂名混冒。藐功令而竊榮名。莫此爲甚。請將內地冒籍臺屬各文武生員。照冒籍北闈中式之例。悉改歸本籍。仍請勅下該督撫。飭行兼管提督學政之臺灣道。嗣後府縣試及該道考試。應作何設法稽查識認。精細其廩保等不敢通同徇隱及受賄等弊。斯則海邦皆鄒魯。而作人之化。無遠弗屆矣。旨下禮部議。覆禮部奏可。是爲禁止冒籍之令。及蔡牽之役。臺人士義勇奉公。郊商亦捐餉助軍事後。奏增泮額。並定郊籍三名。附於府學。以爲郊商子弟考試之途。先是順治九年。頒發學規。

詔命各學刋立臥碑於明倫堂以爲教育根本其所以勅勵之者則爲忠臣爲淸官而所以監督之者則不許上書陳述利弊不許結社武斷鄉曲不許刋文以要名譽違者褫革有司同罪可謂嚴矣夫國家養士所以培元氣也東漢太學三萬人危言深論不隱豪强公卿避其貶議天下視爲指歸宋諸生伏闕撾鼓請起李綱三代遺風唯此相近今乃並國家大事而不許言則諸生讀書奚用哉斁亂民彝摧殘民氣其旨酷矣夫淸人以弓馬得天下入關之後仍沿明制以科擧可籠絡人才也故又範之以程式約之以楷書士子束髮入學窮年矻矻唯此是圖其幸而得志者則可以紆靑紫佩印綬博富貴爲宗族交游光寵其不幸而失志者則侘傺終身老死牖下而無一顧問焉烏乎人才之進退乃以此爲權衡政何由而治學何由而興哉康熙九年頒發聖諭十六條命各地方官以朔望之日集紳衿於明倫堂宣講以俾軍民周悉雍正元年又刋欽定聖諭廣訓頒發各鄉命生童誦讀朔望之日亦集地方公所逐條宣講乾隆元年復頒書院規訓其所以造士者可謂切矣然而學校不興浮華相尙文字之獄捕戮無遺其所以鈐制士類玩弄賢才焚書阬儒猶未若斯之甚也臺灣爲海上新服躬耕之士多屬遺民麥秀禾油眷懷故國故多不樂仕進康熙二十三年知府

衞台撥始建崇文書院。十九年。分巡道梁文煊亦建海東書院。各縣後先繼起。以爲諸生肄業之地。內設齋舍。延師主席。設監院以督之。每月官師各試一次。取生童各二十名。每名給膏火銀七錢。課外各四十名。每名三錢七分。而山長束脩四百圓。加考小課一百二十圓。監院月薪十兩。扃試之日。別給飯膳五十圓。均由學租支之。乾隆五年。分巡道劉良璧手定海東書院學規五條。一曰明大義。二曰端學則。三曰務實學。四曰正文體。五曰愼交游。二十七年。分巡道覺羅四明又勘定之。一曰端士習。二曰重師友。三曰立課程。四曰敦實行。五曰看書理。六曰正文體。七曰崇詩學。八曰習舉業。道光間。徐宗幹任巡道。力整學規。拔其尤者入院肄業。每夜必至。以與諸生問難。訓之以保身立志之方。勉之以讀書作文之法。一時諸生競起。互相觀摩。及門之士。多成材焉。臺郡爲首善之區。文風丕振。東西南北各設文社。而以奎樓爲中樞。故奎樓亦謂之書院。每有學事。群集討議。以進有司。唯不敢爲過激之論。而賞奇析疑。亦以時會文焉。故例有司下車。必行觀風之試。試以詩賦策論。或詢地方利弊。猶有博採芻蕘之意。古者士傳言。庶人謗。商旅於市。工執藝事以諫。正月孟春。輶人以木鐸循於路。采其風詩。以陳天子。故王者不出朝廷。而知天下治亂。然而三代以下。天下之是非一出於朝廷。而不出於學校。是故天子榮之。則群趨以爲是。天子辱之。則群摘以爲非。習毒所中。利祿薰心。而道義鑠矣。光緒十一年。劉銘傳任巡撫。析疆置吏。增設學額。嗣經禮部議准。乃飭各學查明。其由南北兩府學撥歸臺灣府學廩膳附增生員一百五十名。武生八十六名。又由彰化縣學撥歸臺灣縣學者五十二名。武生十一名。撥歸苗栗者十一名。武生十一名。嘉彰兩學撥歸雲林者四十九名。武生二十二名。原設廩生增額。應照名次由新籍各生帮補。自十八年起。改歸新籍支膳。是時巡撫兼理提督學政。核定考費。歲科兩屆一萬二千圓。南北兩府均半。歲試三千三百圓。科試二千七百圓。而新設之臺灣府。定自辛卯科試分棚開考。卽照南北章程。歲科兩試共六千圓。科試二千七百圓。均於鹽課餘款支用。南北兩府考費則歲試各八百五十圓。科試七百圓。亦由鹽餘支用。初臺士鄉試。例由海東書院給發盤費。以助肄業諸生。建省以後。官船往來。改發船票。而會試者從前新科舉人在院肄業者給以百圓。雖不在院而連捷者亦同。否則僅給四十圓。應赴書院監督報名。而後分發。若臺北府則由該府自行提給。臺灣府亦就近報名。送道核給。其所以獎勵科舉者至矣。當是時百事俱興。農工路礦。次第舉辦。而多借才異國。銘傳乃爲樹人之計。十二年。先設電報學堂於大稻埕。以習其藝。十六年。又設西學堂於城內。聘西人爲敎習。擇全臺聰慧之子弟而敎之。課以英法之文。地理歷史測繪算術理化之學。又以中國敎習四名。分課漢文及各課程。學生皆給官費。每年約用一萬餘兩。成效大著。臺灣敎育。爲之一新。夫撫墾之事。爲治臺之大政。前者番社雖設社學。又拔其秀者爲佾生。以寵錫之。顧此爲覊縻之策。而非長治之計也。是年春三月。竝設番學堂。先選大嵙崁屈尺馬武督之番童二十名而敎之。聘羅步韓吳化龍簡受禧爲敎習。課以漢文算書。旁及官話臺語。起居禮儀。悉倣漢制。每三日導之出游。以與漢人晉接。消其頑獷之氣。生其觀感之心。而銘傳又時蒞學堂。以驗諸生功課。極力獎勵人才之盛。勃勃蓬蓬。再及數年。可以致用。然自邵友濂一至。十七年而撤西學堂。十八年。而番學堂亦廢矣。烏乎傷哉。

臺灣儒學表

臺南府儒學在臺南府治康熙二十四年建以下俱附見典禮志各文廟內

安平縣儒學在安平縣治康熙二十三年建

嘉義縣儒學在嘉義縣治康熙二十三年建

鳳山縣儒學在鳳山舊治康熙三十五年建
恒春縣儒學未建
臺灣府儒學在臺灣府治光緒十五年建
臺灣縣儒學未建
彰化縣儒學在彰化縣治雍正四年建
雲林縣儒學未建
苗栗縣儒學未建
臺北府儒學在臺北府治光緒六年建
淡水縣儒學未建
新竹縣儒學在新竹縣治嘉慶二十二年建
宜蘭縣儒學在宜蘭縣治光緒二年建

臺灣書院表

海東書院在臺南府治府學之西康熙五十九年巡道梁文煊請建後爲校士院乾隆四年巡臺御史單德謨奏

請別建校士院翌年巡臺御史楊二酉奏請照福建省直轄之例以府學教授爲師考取諸生而教之給以膏火於是拔貢生施世榜首捐穀千石以爲修繕之資又捐水田百甲以充經費遂延教授薛仲黃爲師六年巡道劉良璧手訂書院學規二酉立碑記之今在院中十五年知府方邦基知縣魯鼎梅改建縣署於赤嵌樓之右移書院於舊署十七年詔以巡道兼提督學政歲科校士遂在道署而校士院乃曠二十七年巡道覺羅四明又就舊院修理爲用立碑記之三十年知府蔣允焄護道事擇地於府學西崎之下別建今院廣三十丈袤八十丈東向講堂齋舍悉備其後疊修

崇文書院原在臺南府治東安坊爲府義學康熙四十三年知府衞台揆建乾隆十年巡道攝府事莊年重修十五年臺灣縣知縣魯鼎梅移海東書院於舊縣署而以舊海東書院爲崇文書院二十四年知府覺羅四明乃就府署之東新築講堂齋舍立碑記之現在院中

南湖書院在臺南府治法華寺傍乾隆二十九年臺灣府知府蔣允焄建以爲諸生肄業之地今廢允焄所撰碑文載於臺灣縣志

正音書院在臺灣縣署之左雍正七年奉文設立鳳山諸羅兩縣亦設今俱廢

引心書院原在縣治檨仔林街嘉慶十五年邑紳黃拔萃就白蓮敎齋堂抄用稱爲引心文社獨任膏火十八年知縣黎溶與拔萃議改爲臺灣縣書院各捐款置產嗣移於柱仔行街知縣姚瑩又捐款生息光緒十二年改爲

蓬壺書院

蓬壺書院在縣治赤嵌樓之右光緒十二年臺灣縣知縣沈受謙建

奎樓書院在臺南府治道署之旁雍正四年建爲諸生集議之所

鳳儀書院在鳳山縣署之東嘉慶十九年知縣吳性誠建

屏東書院在鳳山阿猴街嘉慶二十年鳳山知縣吳性誠下淡水縣丞劉蔭棠建

玉峯書院在嘉義縣治西門內爲舊時縣學之址乾隆二十四年諸羅知縣李倓改建

宏文書院在臺灣府治光緒十五年建

白沙書院在彰化文廟之左乾隆十年淡水同知攝彰化縣曾曰瑛建二十四年知縣張世珍重修五十一年之役被燬知縣宋學灝乃改建於文祠之西嘉慶二十一年署知縣吳性誠重修規模較大先是嘉慶十六年知縣楊桂森議以南門外舊倉改建主靜書院延師主講以爲貧士肄業之地勸捐千餘圓置田生息後不果建遂以此租撥歸白沙書院

文開書院在彰化縣轄鹿港之新興街道光四年鹿港海防同知鄧傳安倡建中祀朱子旁以沈光文徐孚遠盧若騰王忠孝沈佺期辜朝薦郭貞一藍鼎元配皆臺之寓賢也光文字文開故以其表德名書院傳安自撰之記載於彰化縣志

龍門書院在雲林縣治乾隆十八年建

藍田書院在雲林縣轄南投街道光十一年南投縣丞朱懋延請南北投水沙連兩堡士庶議建書院乃以生員曾作雲管俊升等董其事十三年成內祀朱子爲講堂旁爲齋舍費款四千一百餘圓衆又捐款置田延聘山長以爲膏火諸費貢生曾作霖立碑記之現在院中同治三年五月紳士吳聯輝重建兵備道丁曰健題曰奏凱崇文以戴潮春之役方平也光緒十年聯輝之子朝陽又修之

英才書院在苗栗縣治光緒十三年建

登瀛書院在臺北府治光緒六年臺北府知府陳星聚建

明道書院在臺北府治光緒十九年臺灣布政使司沈應奎建

學海書院在臺北府治艋舺下崁莊原名文甲書院道光十七年淡水同知婁雲議建未行二十三年同知曹謹續成之二十七年總督劉韻珂巡臺至艋舺易以今名同知曹士桂自爲山長諸生肄業者數十人文風丕振同治三年十月重修

明志書院在新竹縣治西門內先是乾隆二十八年永定貢生胡焯猷以其興直堡新莊山脚之舊宅自設義學顏曰明志並捐學租以爲經費淡水同知胡邦翰嘉之禀請大吏改爲書院翌年總督楊廷璋立碑記之三十年同知李俊原以書院距治太遠課士不便議移南門內四十二年同知王右弼乃以校士經費存款以事改建四

十六年同知成履泰又以南門地勢低窪移於西門之內道光九年同知李愼彝修之

仰山書院在宜蘭縣治文昌宮之左初楊廷理入蘭籌辦時以宋楊龜山爲閩學之宗而蘭之海中亦有龜山嶼故名仰山志景行也嘉慶十五年始建一椽至二十四年噶瑪蘭通判高大鏞乃延師開課而屋漸圮道光元年署通判姚瑩改築於後殿左廂亦祇一廳一室未幾復圮十年閏四月署通判薩廉乃就舊址新築三楹爲課士之地自道光初年以淸丈餘款充爲租息歲入約千圓以供諸費

崇基書院在基隆廳治光緒十九年建

文石書院在澎湖廳轄文澳之西乾隆三十一年通判胡建偉循貢生許應元等之請捐款新建中爲講堂祀宋代周程朱張五子旁爲齋舍各十間以澎產文石故以名之其後疊修道光七年通判蔣鏞與副將孫得發游擊江鶴等捐俸倡修自爲主講以束修充工資九年春改建魁星樓於巽方以取文明之象並請籌款生息光緒元年董事蔡玉成邀集士商重議修建計捐二千餘兩二年冬落成規制宏敞然以經費支絀玉成又親赴道署稟請籌撥巡道劉璈許之而賓興膏火之費始裕

臺灣通史卷十二

臺南　連雅堂　撰

刑法志

連橫曰。余聞之老者曰。道亡而後有德。德亡而後有仁。仁亡而後有義。義亡而後有禮。禮亡而後有法。法亡而後有刑。是刑者固不得已而用之也。人處一國之中。相生相養相愛相親。固不能泯然而無爭。爭則強者勝而弱者敗。貴者伸而賤者抑。不平之氣。鬱於國中而亂作矣。是故聖人作刑以威之。使之相戒而勿犯。然後能得其平。而民無邪心。故曰刑以止刑。然而法者禁於已然之後。而禮者施於未然之前。故禮之爲用也微。而法之爲用也顯。微則用遠而效著。顯則用久而弊生。故曰。道之以政。齊之以刑。民免而無恥。道之以德。齊之以禮。有恥且格。烏乎。世非渾穆。人非狉獉。其能無法以相守哉。唯在善惡而已。臺灣爲荒服之地。我先民之來。居聚者耕漁並耦。無詐無虞。出入相友。守望相助。疾病相扶持。但有鄉約。而無國法固不知其幾何世也及明之季荷蘭入處布政施教始以其法頒之臺灣所謂屬地之法也其賤乃不得與齊民齒荷人以此法頒之爪哇且以行之臺灣土番晛晛伈伈受其約束莫敢支吾而郭懷一則憤其暴而欲逐之事雖不成死者相繼而積怨日深內訌不息鄭師一至而荷人且敗走矣延平郡王鄭成功既克臺灣養銳待時與民休息而立法嚴犯者無赦諸將以爲立國之初宜用寬典王不可初王在思明設刑官以理訟獄遵用明律又設行軍司馬以理軍政王之治軍信賞必罰衆莫敢犯永歷十年左先鋒鎭蘇茂敗績揭陽王以其私縱施琅也今又失律命文武議罪斬之然茂建功多諸將或以爲過王乃自爲文祭之曰王恢非不忠於漢然誤國家之計雖武帝不能爲之赦馬謖非無功於蜀然違三軍之令雖武侯不能爲之解國無私法余敢私恩斷不敢以私恩而廢國法今行國法而廢私恩眷言酬之神其格之諸將聞之乃服及克臺後任賢使能詢民疾苦民亦守法奉公上下輯睦奸宄不生而訟獄幾息矣經立遵用成法民樂其業閩粵之人至者日多盡力農功相安無事及經西伐委政陳永華以元子克𡒉監國克𡒉明毅果斷親貴畏憚而永華又輔相之興利祛弊民歸其德臺灣之人以是大集清朝得臺之後頒行清律清律之制始於順治三年

入關未久。多沿明律。康雍兩朝時有修改。及乾隆而大備。所謂大淸律例者也。內分六律。一曰吏律。二曰戶律。三曰禮律。四曰兵律。五曰刑律。六曰工律。凡四百三十六欵。千數百條。五刑。一曰笞。二曰杖。三曰徒。四曰流。五曰死。十惡。一曰謀反。二曰大逆。三曰謀叛。四曰惡逆。五曰不道。六曰大不敬。七曰不孝。八曰不睦。九曰不義。十曰內亂。八議。一曰議親。二曰議故。三曰議功。四曰議賢。五曰議能。六曰議勤。七曰議貴。八曰議賓。此則博採歷代成法也。臺灣隸福建布政使之下。分設廳縣。而寄其權於巡道。乾隆五十二年。詔加按察使銜。以理訟獄。凡人民之赴訴者。先告代書。書其事。呈之廳縣。定日召訊。判其曲直。搢紳命婦可使家人代之。謂之抱告。其不服者則控之府。不服復控之道。然道控之案。每飭府再勘。唯重大者親鞫之。道判不服。控之省。復不服則控之京。謂之叩閽。天子不能親聽。命刑部與都察院大理寺訊之。所謂三司會審也。路遠費重。遷延歲月。非有奇寃巨案。未嘗至於京控也。命盜之案。廳縣訊之。取其口供。合以證據。有不招者。以刑威之。擬定罪名。案詳之府。復詳之道。由道造册送省。秋審。酌其輕重緩急。乃由督撫彙奏刑部議。復其有疑者。發道再審。擬死之犯。錄其姓名。奏請天子親勾。部文到時。就地處決。未勾者監候。如遇恩赦。則減其罪。監獄之制。典史司之。

有輕罪重罪之房。已擬未擬之別。而獄中汚穢。暗無天日。饑寒交迫。疾病叢生。每多瘐斃。獄吏禁卒。又多勒索。一有不從。遭其荼毒。陰房寂寞。與鬼爲鄰。可哀也已。徒流之犯。定其遠近。徒者近至澎湖。遠至泉州。而流者則配口外。或發烟瘴之地。押解之時。必黥其面。以爲識別。非遇恩赦。久不得歸。零丁凄楚。與死爲鄰。亦可悲也。夫人肖天地之貌。懷五常之性。聰明精粹。有生之最靈也。乃以困苦之餘。或爲盜賊。或以一朝之忿。至於殺人。此固國法所當誅。而人情所宜宥者也。是以聖王之治民也。制井田以養之。設庠序以敎之。勸其職業。修其人倫。入則孝弟。出則忠信。穆穆棣棣。和樂且閒。後王無道。廢棄典章。刑罰不中。法令如毛。乃復橫征暴歛。財殫力痛。使民無所措手足。怨毒之中。遂生叛亂。而國祚隨之。此則任法而不任人之過也。臺屬各廳縣招解命盜人犯到郡。勘定後。卽將各犯留禁府縣二監。命犯隨時起解。盜案遣軍流徒之犯。俟奉到部覆。卽由該廳縣造册撥役。由鹿耳門口配搭商船。對渡厦門。若命犯直解赴按察司審辦。而盜犯則至同安縣交收。逐程接遞。到省定地。請咨發配。故無積壓之弊。及道光十九年英人之役。海上不穩。大府以泉州辦理軍務。文書旁午。凡臺灣起解人犯。有由漳泉二府經過者。概行緩解。而淡水廳適獲英兵及印度兵二百餘名。解郡收禁。府縣二監一時擁擠。兵備道姚瑩飭將各屬定案人犯發回監禁。至發回者。如臺鳳二縣仍由鹿耳門配渡。其餘不必解府。淡水則由八里坌。嘉義則五條港。彰化則鹿港。逕行配渡。以軍務敉平爲止。而商船來者較少。未足配運。愈積愈多。解費益難籌措。廳縣交卸。諉諸後任。接辦之員。又以前任無費交存。竟付高閣。而囹圄充斥矣。前時解犯之費。由臺防廳支給。迨道光十年。署同知蔣鏞牒言。命犯每名應給船價三十圓。盜犯二十圓。廳中賠墊不貲。署知府王衍慶乃詳准承審廳縣勻貼一半。相安數載。十四年。署同知沈汝瀚以同知爲閒曹薄俸。未肯認賠。知府周彥始飭廳縣悉行支理。而人犯愈多。解費愈絀矣。及徐宗幹任兵備道。大府議飭清理。宗幹以爲酌減費用爲先。推廣配船章程次之。另立嚴催期限又次之。三者俱備。或不致再有積壓。查臺灣廳縣解犯費用。較之內地各縣。不啻數倍之多。姚前道已將在臺各衙門用費。大加核減。嗣據淡蘭二廳。臺鳳嘉彰四縣。請將命犯解費。新案減四。舊案減六。夫出水人犯。書有紙筆之費。差有看管之勞。需用在所不免。唯通計尚鉅。似應如府議。毋分新舊。再行一律減半。以免瑣碎。盜犯一名。費不及命犯之半。爲數無多。該廳縣亦復請減。姑再准減十分之四。臺費既減。各廳縣又以請減內地沿途解費之說進。犯人抵廈。應繳廈防廳投批費。及同安等縣寄監費。爲數多寡不一。夫廈防廳不過點收人犯。同安等縣不過寄禁一宿。何需重費。尤應大加裁減。至現在各口船隻稀少。宜照舊章。量爲推廣。竊思哨船一項。配載戍兵來臺之便。必換載各兵內渡。若令權宜撥配。則兵力厚集。可資防護。非如商船之不敢多配。自應酌貼一半船費。分給舵水。以昭奬賞。夫費已核減。船又推廣。各廳縣如再敢諉延。漫無限制。應另立期限。分別記過撤參。從此明立章程。可冀振刷精神。卽不能囹圄空虛。或可望其漸就清理也。書上。大府從之。先是命盜立決人犯。皆由臺灣道奏辦。監候雜犯則由道提審成招。給批解司勘轉。宗幹至省。歷謁督撫。擬援他省由道勘轉。請免解司之議。及歸臺後。詢之僚屬。以案犯情寔者。皆留省處決。例應由院審題。其遺軍流徒等犯。終須由司定地。卽免過臬司衙門。而解省則一。惟有道署勘定後。祇將招冊送省。由省具題。部准部覆轉行到臺。屆秋審時。仍解省彙勘。至遺軍等犯悉照臺地奏案。解司定地發配。則辦理簡易。自不至於煩難。宗幹以此陳之大府。又從之。臺灣刑法既遵清律。世有其書。故不載。唯其所異者。則挈眷偸渡之律。侵墾番地之律。娶納番婦之律。及同治十三年。欽差大臣沈葆楨視臺。開山撫番。奏請解禁。而墾務乃日進矣。光緒初。白鸞卿爲臺灣知縣。善治盜。

又設各種刑具。輕者斷指。重則殛斃。群盜屏跡。鸞卿以皂總李榮爲耳目。盜莫得逃。榮遂怙權納賄。攬詞訟。巡撫丁日昌諗其惡。誅之。一時吏治整肅。初道控之案。需費多。審問又久。訟者莫敢至。及劉璈任兵備道。深知民間疾苦。每逢二八等日。自坐堂上。許人民入控。旁侍胥役。每呈收費兩圓。隨到隨審。案多平反。故璈雖獲罪遠流。而人民猶念其德。光緒十三年。建省之後。部議以臺灣道原加按察使銜。毋庸特設。一切刑名由道管理。乃設按察使司獄一員。凡遇秋審。由道酌擬罪名。以十月造册送院。嗣由巡撫核定分別寔緩。以二三月再請巡撫示期審錄。派撥官船至南。帶同經書案卷到北。襄辦。仍由巡撫咨明閩浙總督。轉咨具題。以候朝旨。十七年十一月。巡撫邵友濂札道。以臺灣盜案向係稟請就地正法。今南北相距密邇。解勘迅速。凡非叛逆土匪之犯。皆不許。